セルバ出版

は じ め に

　日頃から業績・評判ともに好調な企業が備えている資質・特性の共通要素をあげると、気配りが次の10項目に集約できます。
① 　企業理念が本質的なCSM（顧客満足経営）となっている。
② 　常に顧客を中核として考え行動する組織のDNAを生む経営を目指している。
③ 　トップが情熱とこだわりをもって顧客を中核とする経営哲学を実践している。
④ 　社員一人ひとりが常に自分の仕事に関し一挙手一投足、限りなく顧客のためになることを考え、それを素直にそして誠実に日常業務と行動に移している。
⑤ 　そのための労力は全く惜しんでいない。
⑥ 　社員が臨機応変、機転を利かすことについて企業が高く評価している。
⑦ 　顧客の「要望」「困っていること」「不満」、特に「クレーム」については常に隠すことなく企業・組織の共通資産にしている。
⑧ 　顧客の不満・クレーム・困っていることを解決するために、現場にかなりの権限委譲をしている。
⑨ 　企業・組織を上げて「やる気」「気づき」「気配り」など前向きの「気」を大切にしている。
⑩ 　「誉める」「叱る」に関する評価制度をもっている。

　業績のよい企業・組織は、こうしてしっかりした「理念」「哲学」をもち、ひたすらこだわり続けているのです。また、「商品品質」「サービス品質」「設備品質」「システム品質」そして「人間品質」の向上にあくなき力を注いで経営品質の向上を目指しています。

　設備やシステムに関しては、他社の真似をすることは可能ですが、こと「人」に関してはそう簡単に真似することはできません。つまり企業にとって最大の差別化要素は「人」なのです。ともあれ、商品・設備・システム品質に加え、「サービス・マインド」を備えた企業が顧客に支持され、他社に差をつけることができるのです。

　そこで本書では、他社に差をつける・他社に1歩も2歩も先んじる経営力が発揮できるCS（顧客満足）経営の考え方・進め方と気配り組織力の育成に関する成功事例をまとめました。

ぜひとも気配り組織力・経営力の採用をお勧めする次第です。

　顧客の心を掴む気配り経営の考え方・進め方❶から❺を（武田執筆担当）、❻以下で「業績＝顧客の支持率」を達成し続けている企業の事例30（〈30事例のうち、事例3・7・8・15・16・17・23・30以外は武田推薦〉平田取材・執筆担当）を、それぞれまとめています。

　本書で取り上げた各社の成功事例は、非常に学ぶべき点が多く、きっと読者の皆様に多くの勇気と元気と発展性を与えてくれると確信します。

　最後になりますが、取材に応じてくださった企業の皆様に、深くお礼を申し上げます。

　また本書の上梓にあたって、私たちを支えてくれた多くの方々に、この場を借りて心からの感謝を申し上げます。

　平成18年7月

武　田　哲　男
平　田　未　緒

「気配り経営力」が業績を伸ばす！　目　次

はじめに

1　感動・サービス時代の「気配り経営」のポイントは

1　「業績＝顧客の支持率」こそ喫緊の課題 ……… 12
2　お客様が離れてしまうのはなぜ ……… 17
3　サービスの質を競い合う時代は
　　人で差がつく ……… 24
4　顧客の心を掴むのは気配り社員 ……… 29
5　CS（顧客満足）とES（社員満足）は
　　どちらが先か ……… 33
6　CSとESのプラスのスパイラルを回そう ……… 38

2　CS（顧客満足）経営がすべての基本

7　まずは何よりも企業理念・経営哲学が大切！ … 42
8　CS経営とは…女神のサイクルを回す ……… 46
9　顧客は感動・サービスを求めている ……… 51
10　みえない顧客不満足を発掘する方法 ……… 56
11　顧客中心に考え・行動する組織づくりをしよう … 60

③ ES（社員満足）が経営の要

- 12　サービス・マインド不足の時代に直面している……68
- 13　サービス・マインドが不足している人たちとは……72
- 14　顧客の心を掴むサービス・マインドをもつには……79
- 15　ES（社員満足）が「気配り社員」を生み出す……83
- 16　顧客によって満足と不満足は異なる……87
- 17　バリューチェーン（価値の連鎖）で付加価値を生む……92
- 18　「期待以上」の感動・サービスで永いご縁をつくる……97

④ 「サービス・マインド」向上が業績アップにつながる

- 19　新規顧客開拓と顧客継続の視点……102
- 20　口コミ・紹介が業績に貢献する……107
- 21　何よりもお客様第一で対応しよう……111
- 22　顧客不満を知るための具体策を練ろう……116
- 23　顧客の率直な生の声を活かすためには……122

⑤ サービス・マインドの高い「気配り社員」を育てる5つのポイント

- 24　「気配り」とは何かの理解を促そう……128
- 25　「気配り」を重視する意識づけ教育が不可欠……133
- 26　「気配り」を促す仕組みづくりを考えよう……139

27　「気配り」を醸成する組織の活動は ……………………… 144
　28　「気配り」一杯の企業の風土をつくろう …………………… 148

⑥ 社員満足度アップで成果を上げた事例

事例1　「入院したい」「働きたい」の
　　　　好循環スパイラルに人が集まる ……………………… 152
　　　　川越胃腸病院【病院】

事例2　調理人が「気持よく働ける」ことを
　　　　大切にし料理で勝負！ ……………………………… 156
　　　　新橋亭【中国料理店】

事例3　ベテランパワーがお客様をつなぎとめる …… 160
　　　　前川製作所グループ【冷凍機などの製造販売】

事例4　従業員が喜んでママについていく
　　　　銀座文壇バー ………………………………………… 164
　　　　クラブ数寄屋橋【バー】

事例5　名旅館を支える
　　　　「ノーといわない」おもてなし ……………………… 168
　　　　加賀屋【旅館】

⑦ 顧客の不満足をヒントに他社に差をつけた事例

事例6　みえない不満足を満足に変える ……………………… 174
　　　　インビトロジェン【バイオ研究の支援】

事例7	過疎の町の化粧品店・ 1ブランドで年商7,000万円の実行力 ……… 178 安達太陽堂【薬・化粧品の販売】
事例8	「欲しいものが必ずある」スーパーになる！……182 オオゼキ【食品スーパー】
事例9	お客様の声を聴き美容激戦区を勝ち残る ……186 アンジュ【美容室】

8 「気づきをうながす」意識づけ教育で業績を上げた事例

事例10	人の力で"聞きしに勝る"サービスを ……192 千葉夷隅ゴルフクラブ【ゴルフクラブ】
事例11	求められる価値を追求し生活情報サービス業へ……196 柳原新聞店【新聞販売】
事例12	技術者の"心"を育てアフターサービス ……200 ブラザー工業 M＆Sカンパニー【工作機械の製造販売】
事例13	社員180人で目指す年商12億5,000万円 ……… 204 中央タクシー【タクシー】
事例14	CSの徹底で業界水準2倍の車を売り上げる ……208 ホンダクリオ新神奈川【車の販売・修理】
事例15	技術より表情で満足！ 女性が支える"子ども写真館" ……………212 スタジオアリス【子ども写真館】

⑨ パート・アルバイトの「サービス・マインド」の向上で他社に差をつけた事例

事例16　パートの力でお客様を喜ばせる店づくり……216
Aコープこま野白根店【食品スーパー】

事例17　高い処遇で"精鋭パート"を採用し「気配り」の店に……220
しまむら【衣料品の販売】

事例18　会員と「会話する」仕組みと研修でアルバイトを戦力に……224
ジェイアール東日本スポーツ【フィットネスクラブ】

⑩ お客様に「心」を届けて業績アップに成功した事例

事例19　夫婦の心を豆腐に乗せて宣伝せずに年商1億3,000万円……230
安心堂白雪姫【豆腐の製造販売】

事例20　営業は「お客様」・リピート率65％の温泉旅館……234
花の宿「松や」【旅館】

事例21　お客様の気持がわかるクリーニングを仕組みと教育で実現……238
クリーンサワ【クリーニング】

事例22　お客様に響く産直"活け造り米"に15年続くリピーター……242
只野農場【有機減農薬栽培米等の生産加工販売】

事例23　主婦の目でみた徹底的な消費者志向で
　　　　右上がりの顧客増 ……………………………… 246
　　　　NBBデリコム【高齢者向け弁当の宅配】

事例24　菓子職人のこだわりがリピート客を魅了 ……… 250
　　　　ニコラス【ケーキ・洋菓子の製造販売】

11 「気づく心」で新商品を開発し業績向上を果たした事例

事例25　愛犬家の「真の願い」をかなえる商品を ……… 256
　　　　ジャジーズチョイス・ジャパン【ドッグフードの輸入・製造販売】

事例26　ニーズ追求型新商品でシェア20％アップ ……… 260
　　　　ヤンマー農機【農機具の製造販売】

事例27　おから100％ケーキに「4～5日待ち」
　　　　心が人を引きつける ……………………………… 264
　　　　そ屋【おからケーキの製造販売】

事例28　コンビニ的戦略とサービスが
　　　　マンションをブランド化 ………………………… 268
　　　　穴吹興産【マンションの企画・販売】

事例29　伝統工芸「津軽塗」をイタリアのブランド万年筆に … 272
　　　　田中屋【津軽塗の製造販売】

事例30　生徒の人間性を育て
　　　　「第一志望校合格率100％」の塾に ……………… 276
　　　　新学フォーラム【学習塾】

 感動・サービス時代の「気配り経営」のポイントは

❶では、感動・サービス時代の喫緊の課題である「業績＝顧客の支持率」の考え方、顧客の心を掴む必要性をまとめています。

「業績＝顧客の支持率」こそ喫緊の課題

Point

♤ 貴方の会社は「他責型」ですか？ それとも「自責型」ですか。
♤ 人々の多くは「物」を求めているのではありません。
♤ 去って行った顧客が戻らない理由を把握していますか。

♠「景気が悪い、当業界が振るわない、だから当社も…」って本当？

　バブル経済の崩壊後、業界によっては市場規模が60〜70％も縮小してしまっている例をみます。確かに経済環境のマイナスの影響であり、業界自体が被っている問題点といえましょう。

　しかし、だからといって、すべての企業が売上や利益を落としているかというと、必ずしもそうではないのです。

　むしろ売上も利益率も、ともに急ピッチに上昇している企業があるほどです。

　そこでいえることは、経済環境の変化は、日本に存在していればどんな企業もすべて同様に影響を受けているし、業界自体が相当厳しい環境に置かれている場面をみれば、条件はどこも同じです。

　ところが、実態からみると、非常に状況が悪化している企業とダントツの成果を上げている企業といった具合に、二極化が進んでいるのです。この場合、業績を上げている企業が少なく、業績を落としている企業が多いのが実態です。

　そのうえ、中間に位置する企業であっても、状況が悪化の一途を辿っているケースと、上昇機運に添っているケースにどんどん移行しているのですから、ますます二極化の方向に進んでいるのです。

　ですから「景気がよくない、当業界が振るわない」などは、単なる言い訳になってしまいます。しかも業績が悪化している企業ほど、「他責型」すなわち他の責任にする、すなわち「自分の問題ではない」「お役所が悪い」「商店連合会がよくない」などという立場で物事を考えているのが特色です。

　自責型の姿勢は、採らないのです。

♠ 企業格差がつくわけは

　こうした企業は「来年になれば、来月になったら、明日こそ」と環境がよ

くなる期待をしているのです。

　しかし、百歩譲って景気が急によくなったり、業界が活気づいたりしたとしても、自社がよくなるかどうかは約束されません。それどころか、むしろ他責型の企業はその恩恵にあずかれないのが通例です。

　商品やサービスの普及を追求する市場環境、右肩上がりの経済環境にある時代は、確かにどの企業もこぞってその勢いに後押しされ上昇機運にありました。

　ところが、もちたい物を一通りもち、体験したいサービスを端から体験することにより、いわゆる市場の成熟時代に到達します。すると、それまでのように急速に右肩上がりの業績は、期待できなくなります。

　それにもかかわらず、右肩上がり時の体験・経験をもった人たちは、それが自分の実力と勘違いしてしまうのです。

　企業間格差は、こうして発生するのです。努力する企業と、"棚からぼた餅"が落ちてくるのを黙って口を開けて待っている企業との差です。

♠市場のサイズはますます縮小し、顧客数は減少するばかり

　生まれて初めて商品やサービスを購入する新規顧客は、少子化の影響を受け減少の一途を辿っています。

　特定業種・業態において成熟市場全体の規模を100％とした場合、初めて購入体験をもつ消費者・生活者・ユーザーは、数パーセントないしはゼロに等しいのが実態です。

　ほとんどの人々は、買替え・買増しの状況にあるのです。そして、ここが巨大市場なのです。

　買替え・買増し市場では、「購入した後トラブルが多いのでもう二度とこのメーカーの商品は購入しない」「こんな不親切で雑なお店では今後購入するのは止めよう」「この会社は情報をくれない、企画・提案がない。だから、この会社から別の会社に取引を移そう」などということが起こると、成り立たなくなるという特色をもっています。

　「また今度も、このメーカーの商品にしよう」「このお店は、親切できめ細かい」「当社で役立つ情報の提供・企画・提案をしてくれるから、この企業としか取引するつもりがない」でなければ成り立たないのです。

　しかも、この巨大市場規模は、更に縮小の一途を辿っているのですから、ますますこうした状況が進行するのです。

　高齢化もその一因です。いろいろな理由がありますが、物を大切にして物

❶「業績＝顧客の支持率」こそ喫緊の課題

の寿命を全うするまで使用するような考え方をする人たちが増えています。

例えば、家具のように修理しながら使用するケースがあげられます。また、乗用車を3年ごとに買い替えていた人たちが、現在では7年近くも乗っているなどは、商品の使用期間がどんどん伸びている実態を示しています。

物が欲しいといういわゆる物欲は、衰える一方です。欲しいのは、物ではなく、その機能などのいわゆる付加価値です。

さて、海外からも日本の市場に進出が発生します。またビジネスの境界線が不明確になり、今まで同業他社のみがライバルだと思っていたところに、全く異なった業界から突然市場参入してくる例も増えています。

♠商品の魅力で購入する人たちはわずかに7～8％

筆者の調査では「商品の魅力で購入する人たちはわずかに7～8％しかない」というデータがあります。

これは、商品の差別化率と表現してもよいと思います。

このデータからみる限り、顧客が求めている要素の92～93％は、総体的な意味でのサービスなのです。

例えば、笑顔の接客、温もりのある電話対応、ミスの少ないシステム、快適な設備などなどがあげられます。

つまり、既存の商品・サービスに魅力を感じる人たちが少なくなる様子を示し、ほとんどの場合サービスが求められているということです。

商品・サービスの普及率向上を目指していた当時は、確かに物を求めていたのですが、現在、物を購入するのは、そこから先の目的を達成するための行為なのです。

例えば、カメラを購入する人は「赤ちゃん誕生の記録をドキュメンタリー・タッチで残していこう」とか、「大好きな電車を型式ごとに撮って趣味の世界を楽しもう」などといったところです。

したがって、「どのような物をつくれば売れるか」「どうやって売ろうか」などと企業側の発想でいたのでは、物が売れるはずはありません。

顧客が一体何を求め、どのようにして欲しいかの理解をする発想が必要なのです。

♠顧客満足度の時代的な変化をみると

顧客満足度の時代的な変化をみると、図表1に示すとおりです。

簡単に図表1の説明をすると、次のとおりです。

❶ 感動・サービス時代の「気配り経営」のポイントは

【図表1　顧客満足度の時代的な変化】

	昭和20年代	昭和30年代・昭和40年代・昭和50年代	昭和60年代	平成年代
	戦後の復興期	高度成長長期		
	欠乏時代	数や量が不足の時代	数量のバランス化時代	オイルショック①様子を見る②コストダウン③ソフトに投資	質を追求する時代	イメージを追求する時代	バブル経済とその崩壊 心の時代 情報化・IT社会への移行 コンプライアンスとモラルのバランス 満足感の需要>満足感の提供 しあわせ感の創造 経済環境の構造的変革 個人個人の満足 ワン・トゥ・ワン
	需要>供給	需要≒供給	需要<供給	イメージ需要>イメージ提供	満足感の需要>満足感の提供
日本における顧客満足度の時代的な変化	食の不足 (生きるためのニーズ)	せめて一度でいいからお腹一杯食べてみたいと思った時代	味覚覚を満足させるニーズ	香りを満足させるニーズ	目を楽しませるニーズ 頭脳的ニーズ
	衣の不足 (身にまとうためのニーズ)	数量を求めるニーズ	新鮮さを求めるニーズ	イメージテイスト・センス重視	快適、便利、安全、安心、スピード、面白さ、楽しさ、ゆとり感、清潔感、活き感、明るさといった要素を得ることが満足となっている時代
	住の不足 (夜露をしのぐためのニーズ)			生活をエンジョイするニーズ	
	ともかく何もない。「物」であればそれで何でもよかった時代	もっと沢山、もっと多くの物をという数量を求めた時代 「物」づくり側の立場優先時代	良い物、悪い物といった品質で選ぶ時代	どちらが好きか、好みで選ぶ時代 「売り手」のパワー発揮時代 セールスマン、販売店の時代	成熟市場=買い替え、買い増し市場 リピーター=リピートオーダー確保の時代 顧客の心の充足・満足の時代 顧客とのコミュニケーション・サービス	少子化/高齢化 外国人の増加 セキュリティの充実 顧客数の減少・市場サイズの縮小
	欠陥だらけだが商品らしきものをなしていればよかった時代	量の拡大・規模の拡大に伴う大量生産技術に力を入れた時期	商品の品質管理・QCに力を入れた時期	イメージ重点、デザイン、ビジュアル、テイスト面に重点を置くCIに力を入れた時期	ふれあい、感動、ネットワーク化 顧客を中核としたCSM =CSマネジメント	ITバブル「顧客不満足度調査」の採用が大幅に造展 本質的な情報化への進展
	製造技術に力を入れた作り手の時期	工場の規模の拡大				インターネット
	作り手優位	大型店化・チェーン店の増加	作り手と売り手が次第に対当に	買い手主導時代	「業績=顧客の支持率」達成	インターメイド・カスタムメイドの広がり
	<スケールメリットを求める時代>		<1対1のコミュニケーションネットワークメリットを求める時代>	<オーダーメイド・カスタムメイドの広がり>
		<作り手・売り手と買い手の時代>		<作り手=顧客の支持率>そこの啓蒙の緊密契機の課題	<作り手・売り手が「酷合」し、独自の開拓が造展>

❶「業績=顧客の支持率」そこの啓蒙の緊密契機の課題

15

① 戦争に負けた日本では、衣食住を初めとするあらゆる「物」が欠乏状態にありました。そこで「物としての機能がある程度整ってさえいればそれでよい」というほど物を求める人たちが圧倒的に多かった時代です。

② 企業の努力の結果、少しずつ物が市場に出回ってきます。すると、人々の欲求は「もっと沢山、もっと多くの物が欲しい」というように変化します。量産の体制づくりです。

③ この要望が達成できるようになると、今度は「品質のよいものが欲しい」に変わります。企業がデミング賞・QC活動などにチャレンジした時代です。日本の商品の質がこうして世界で評価されるようになったのです。

④ すると今度は、人々の求めは「量も質も満たされた。次はデザイン・センス・イメージ向上」に変化します。企業がCIに力点を置いた時代です。
　表面的には企業のマークやロゴが一斉に変化し、デザインもまた世界に羽ばたくように高い評価をされるようになったのです。

⑤ すると今度は「心の満足・充足感」が求められるようになります。
　というのは、購入するか否か、購入した顧客が引き続き購入するかどうかを決めるのはあくまでも顧客ですから、過去のように企業が「供給してやる」「売ってやる」式の川上発想・主導的立場や発想でいたのでは顧客から見放され、企業は成り立たなくなる時代が到来したからです。
　CS（顧客満足）・CSM（顧客満足経営）に企業が取り組む背景です。企業第一主義・企業中心主義・企業重点主義から顧客第一主義・顧客中心（中核）主義・顧客重点主義に移ったのです。顧客とのコミュニケーションが重要になったのです。

⑥ 「情報」というキーワードが盛んに使用されるようになったのは、一方で情報に伴う技術が顕著な発展を遂げ、インターネットをベースとした情報網の整備に従い情報量の供給も増え、新たなコミュニケーションの手段として活用されるようになったからです。

⑦ ただし、反面「人」と「人」が会って行うコミュニケーションは次第に減少し、メールや携帯電話のように装置を経由して行うように変化してしまったのです。結果として、顧客に対する接客や人が実際に行う各種のサービスの提供が次第に苦手となる主として若年層の増加につながる面が目立ち始めたのです。
　どのような場合でも、結局は「人」と「人」の関係によって成り立っているのですから、これからは「人間品質」「サービスマインド」を磨くことが重要な基盤となるのです。

❶ 感動・サービス時代の「気配り経営」のポイントは

お客様が離れてしまうのはなぜ

Point
♤ 新規顧客の開拓にのみ、力を注いでいませんか。
♤ お客様とは誰のことですか。
♤ 求められていることは「後追い」「修復」「改善」ではありません。

♠ 購入者減少傾向の中での新規顧客の開拓と顧客の継続

生まれて初めて物・商品を購入する人たちが更に減っていくのですから、新規顧客の開拓は今後ますます容易なことではありません。

そのうえ、新規顧客の開拓に要する経費と既に購入した顧客に再度購入を促す際に要する経費の差をみると、新規顧客の開拓はアメリカで約5倍、日本では約8倍（筆者調べ）も余計に経費がかかる計算になります。

したがって、常に新規顧客の開拓に力を注いでいると、経費ばかり余計にかかり、経費倒れになって企業存立の危機さえ招きかねません。更に、売れば売るほど顧客を失う活動になるのですから、新規顧客の開拓にのみ力を注いでいる企業は早晩、成り立たなくなってしまいます。

この実態は、図表2のとおり、企業の経営指標や販売担当者の業績評価・査定などに活用されています。

【図表2　新規顧客の開拓と顧客の継続の関係】

①新規顧客の開拓数（率）は顕著で、顧客の継続数（率）も顕著
②新規顧客の開拓数（率）は低調で、顧客の継続数（率）は顕著
③新規顧客の開拓数（率）は顕著で、顧客の継続数（率）は低調
④新規顧客の開拓数（率）は低調で、顧客の継続数（率）も低調

つまり、①は一番望ましいが、②はその次に望ましい。そして、③はあまり好ましくなく、④は非常に悪い状況という評価になるのです。

♠ 顧客の離脱理由とクレーム顧客の対応

図表3のアメリカのデータと筆者のデータをみてください。

♠ 顧客の継続こそもっと重要

図表3のことから、明白になることは「新規顧客の開拓は大切だが、顧客

【図表3　顧客の離脱理由とクレーム顧客の対応】

① 　1年間に商品・サービスの新規購入顧客数（消費者・生活者）や売上全体を100%とする。
② 　そのうち、購入直後に60%の顧客はほどほど以上の満足をしている。
③ 　その後1年間に大したサービスを提供しないでいた場合であっても、そのうち60%（60%のうちの60%だから36%）の顧客は再購入する。
④ 　60%のうち、約40%（60%のうちの40%だから24%）は、固定顧客を含めて毎年離脱する。
⑤ 　100%のうち、全体の40%の顧客は何らかの不満をもつ。
⑥ 　40%のうち、96%の顧客は不満を口に出していわない。ないしは企業に届かない。
⑦ 　96%のうち、94%の顧客は戻ってこない。
⑧ 　残り4%のクレーム顧客が不満を表明する（ないしは企業に届く不満の比率）。
⑨ 　この場合、去っていってしまった顧客数、その売上金額を算定すると企業はいかに大きな損失をしているかがわかる。
⑩ 　しかし、ほとんどの企業が毎年その繰り返しをしていて比率は変わっていない。
⑪ 　その理由は去っていってしまった顧客の離脱理由を調べ、離脱しないような然るべき手を打っていないからである。
⑫ 　もし去っていく顧客の5%・10%が食い止められたら、どれだけ業績に貢献するかは明らかである。是非とも自社における計算をお勧めする。
⑬ 　極端なことをいえばその後、新規顧客の開拓を全く行わなかったとしても、条件を同様にした場合、顧客が100%継続すれば業績に貢献する。
⑭ 　4%のクレーム顧客に対して「誠意」と「スピード」で対応すると、80%の顧客が再購入する。「誠意」のみの場合であったとしても、30%のクレーム顧客が再購入する。
⑮ 　「クレーム処理」的対応、すなわち慇懃無礼（いんぎんぶれい）で片づける、人をないがしろにするような、処理的対応をした場合、クレーム顧客の再購入はほぼゼロとなる（それでも購入する人は何らかの親密な関係がある人のみ）。
⑯ 　1人のクレーム顧客は、1年間に約40～45人に不満の内容をこと細かく伝える。ちなみに1年間に40人に不満の内容を伝え、それを聞いた顧客の一人ひとりが更に40名に伝え、これを5回繰り返した場合、40の5乗となり、その総数は1億240万人となる。
⑰ 　逆に満足した1人の顧客がプラスの口コミをしてくれる人数は、1年間に5～6人である。
⑱ 　したがって、満足を製造し、クレームには誠意とスピードで対応することが、顧客との良質な関係構築に貢献し企業発展の秘訣となる。

❶ 感動・サービス時代の「気配り経営」のポイントは

の継続はもっと重要である」ということです。
　ここで顧客が継続するということは、顧客が何らかの満足を得ている、ないしは致命的な不満をもたないことが条件となります。
　もっといえば、継続性が高まることは顧客との良質な関係が構築されていることが前提となり、これが業績に貢献するのです。
　したがって、離脱した顧客の理由を知ることにより今後の継続率が高めら

れ、なお顧客との良質な関係を得るもとになるのです。
　特に顧客の「要望」「困っていること」「不満」を顧客から教えてもらい、その課題を解決することにより顧客の満足が得られ、更に新商品・新サービス・新システム等の開発にもつながり更なる顧客の支持が得られるのです。
　「景気が悪い」「当業界が振るわない」ということが言い訳であり、同じ環境に身を置いている企業で業績を向上させている企業との相違がどこにあるのかの理由の一端がこれでおわかりのことと思います。
　まさに「業績＝顧客の支持率」の達成を示している結果なのです。

♠一言でお客様とはいうものの意識はちぐはぐになっている

　社内で語られているお客様についての表現は、お得意先・お取引さん・ご贔屓・お客様・顧客など様々です。
　そして、この中には法人顧客や個人顧客、消費者・生活者・ユーザーなどが含まれていて、一体どの顧客を指しているのか明確ではないのが実態です。
　しかし、何となく話が通じているのは不思議なことです。
　つい最近ある大手メーカーの本社の人と話しているときに、盛んに顧客について語っている幹部がいました。しかし、どうも話が明確ではないので疑問に思い「ところで御社にとって大切な顧客は？」といわずもがなの質問をしたのです。
　筆者は「それは最終消費者・生活者・ユーザーです」という答えを期待していたのですが、「当然ディーラーです」という回答でした。
　幹部社員ですらこのとおりですから、この会社のディーラーに対して最終ユーザーからは「偉そうだ」「官僚的」「サービスの概念がない」と悪評判なのは、幹部社員の考え方によるものだといえます。
　当然のことですが、当該企業の製品の売行きは、ライバル他社の徹底的にユーザーを大切にしている企業に大きく水を空けられているのが現状で、その差はますます広がる一方といったところです。
　このように、顧客に関する意識はちぐはぐなことが多いのです。
　そこで、顧客について整理すると、大まかに図表4のようになります。

♠最も大切な顧客は消費者・生活者・ユーザー等の最終顧客

　以上でおわかりのとおり、最も大切な顧客は消費者・生活者・ユーザー等の最終顧客です。次いで、顧客との接点を担っている人たちという順になります。

【図表4　顧客の範囲】

区　　分	範　　囲
❶ 社外顧客	① B to B（Business to Business）＝ 法人間の取引（メーカー、商社・卸・問屋、販売店（ディーラー）、代理店、特約店など）。 ② B to C（Business to Customer・Consumer）＝ 最終消費者・生活者・ユーザー ③ B to S（Business to Stockholder）＝ 株主
❷ 社内顧客（Employee） ＝社員・従業員	近年では、アウトソース（外注先）している企業の人たちやパート・アルバイトなども含む考え方をしています。

　つまり、消費者・生活者・ユーザーの満足を担っているのが顧客接点担当者、すなわち営業担当者や販売店、販売店の社員という構図です。
　これをメーカーや本部・本社でいえばその先の顧客との接点を担っている人たちが大切な組織内の顧客になります。
　顧客接点担当者が満足していなければ、その先の顧客に満足提供ができないからです。自分たちが満足していない、それどころか不満が充満しているのでは、いくら「笑顔で・親切に・気配り」しなさいなどと要求したところで「笑顔は引きつる」し、「お客様が困っていてもそれを見ないふり」をすることになるし「気づきが生まれない」のは当然です。

♠上司満足・役員満足・社長満足・会社満足で顧客不在になっていないか

　営業分野でよく耳にする上司の命令ですが、「お前なあ、サービスも大切かもしれないが、その前に今日、明日の飯の種をどうするんだ。ともかくしっかりと稼いでこい！　何としてでも売ってこい！」。これでは、すべて顧客無視にしかならないのは当然です。
　理由は「強引に売れ！」「騙してでも売ってこい！」「売りつけろ！」としか捉えようがなくなり、正に顧客無視の「押し売り」をさせている上司満足、役員満足、社長満足、会社満足としかいいようがありません。
　「どんな物をつくれば売れるか」「どのようにして売ろうか」は、顧客無視で企業の思惑でしかありません。
　業績が低迷ないしは下降線の会社によくみられる実態です。
　まずは顧客、そしてそれが評価されると業績につながるのです。
　逆にいえば、社外顧客も社内顧客も満足しなければ、心理的な離脱に加え、実質的な離脱も発生するのです。

♠ クレームが発生すると

クレームが発生したとします。

この場合、まずはそのクレームが確かに自社に責任がある深刻な内容であったとしたら、緊急対応、応急処置などをすることになります。

実際にそれほど深刻ではないとしたら、修復、穴埋めなどの改善・改良が当面の課題になります。

それでは、その結果、顧客はそれで満足するかというと、ほとんどの場合満足に至ることはありません。

なぜかというと、図表5と6のとおりとなるからです。

【図表5　クレーム・問題の発生】

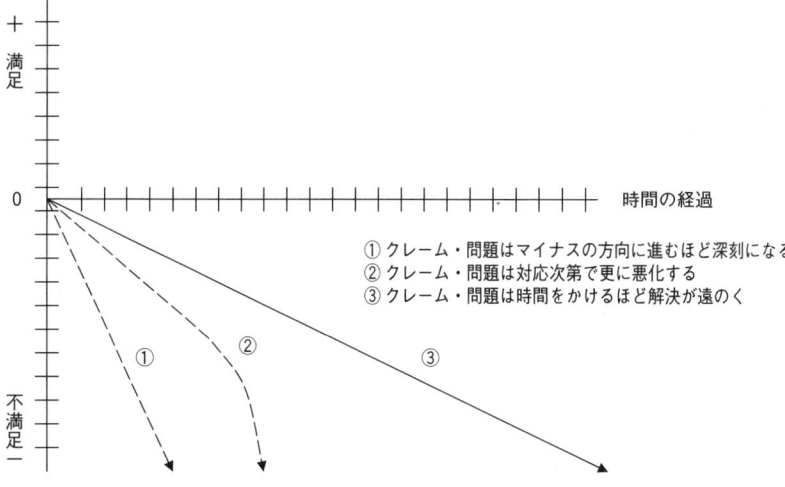

♠ ゼロから下の問題

図表5をみてください。ゼロを標準とした場合、ゼロから下は顧客の不満足・クレームといった問題発生エリアを意味します。

①の場合、深刻な問題発生ないしはクレームを意味します。

②の場合、①ほど深刻ではないが、対応次第で①よりも悪化してしまいます。

③の場合、時間をかけて取り組んでいるうちに次第に事態は悪化していきます。

♠ ゼロ＝満足でもなし・不満足でもなしのレベル

図表6で、ゼロを標準とした場合の取組結果が示す実態をみてみましょう。

【図表6　クレーム・問題の取組み→ゼロから下はうまくいってもゼロの位置】

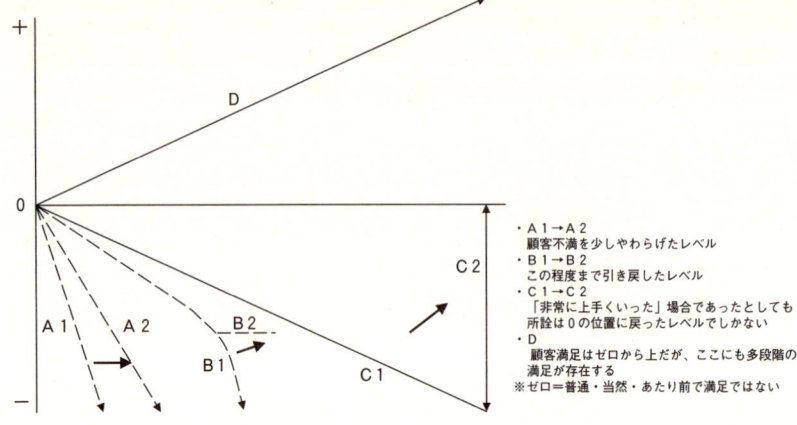

　A1の課題に取り組んだとしても、せいぜいA2程度の修復しかできません。次いでB1の取組結果は、B2程度にしか回復できないのが通例です。

　そして、C1の課題に取り組んだ結果、ゼロの位置にまで回復することができ、これは上手くいったと思ったとしても、実はゼロの位置は満足でもなし、不満足でもないということになりますから、ゼロから下の取組みに関しては結果としてほとんど顧客満足には至らないのです。

　だからといって、手を打たなければ深刻な事態に陥ります。

　先述したとおり、40の5乗すなわち1億240万人にマイナスの出来事がこと細かく伝わってしまうことになります。

▲「修復」「穴埋め」「改善」では不満が残るか・当たり前のレベルに

　「改善」とか「改良」といった表現がありますが、問題やクレームが発生した後に手を打つ場合、今までよりも少し良くすることを意味しています。

　一般的に日本は「改善活動」に熱心なのですが、それでいて「改善とは？」「革新・改革とは？」の定義が明快ではありません。

　それでは「改善」とは、一体どのようなことを意味しているのでしょうか。

▲改善というのは

　まずは「改善」のもっている意味は「すべて問題が発生してから手を打つ」後追いの活動を意味しています。事後対応、後追い、対処療法などの表現は皆この手の活動を示しています。

❶感動・サービス時代の「気配り経営」のポイントは

いずれにせよ、事が起こらなければ何もしないのが「改善」ということです。

ところが、先進国におけるサービスのあるべき姿とは顧客にいわれる前、要求される前に行うことであり、後追い、穴埋め、改善はしたがって顧客に評価されないのです。

むしろ「言わなきゃわからないのか」「要求したから仕方なくやっただけではないか」「顧客志向ではない企業だ」と不満を招くのです。

このことからわかるとおり、先進国のサービスとはいわれる前に行うこと、要求される前に提供する行為を意味しています。

♠革新・改革こそが顧客に求められている

さて、もう1つの問題は、「改善」とは「革新・改革」ではないということです。というのも、革新や改革は「今までにない方法ややり方、しかもかなり画期的で斬新な内容」を意味しているからです。

「今までにない全くの新しさ」「この業界で初めて」「当社で初めて」などが革新・改革の意味するところです。

そして、革新・改革こそが今、顧客に求められている要素なのです。

つまりゼロから上こそが顧客満足なのです。

いま業績低迷や業績下降線の現象が生じている企業に共通しているのが「改善」に力を注いでいるものの、「革新・改革」に取り組んでいない企業ということになります。

「改善」では、精一杯うまくいってもゼロの位置、すなわち「満足でもないし、不満足でもない」レベルということにしかならないだけではなく、むしろ顧客の不満足の問題やクレームを払拭しきれないレベルで顧客の不満を増幅してしまうのです。

これで、なぜ顧客が離脱してしまうのかの理由の一端がおわかりいただけたことと思います。

最大の理由は、"自社の取組みにあり"なのです。

まずは、顧客のほうを向いているのかいないのかがポイントです。次いで、目先に起こった問題をモグラ叩きさながらに後追いしている実態があります。

後追いしている限り、時代の変化が激しいときは問題点が増える一方で、修復も追いつかなくなります。こうして顧客に見離される環境を生み出してしまうのです。

3 サービスの質を競い合う時代は人で差がつく

Point

♤顧客が心の底で求めている満足を提供してこそ本当の満足に至ります。

♤どんなに素晴らしいシステムでも、顧客志向がなければ"絵に描いた餅"です。

♤そして、最初と最後は「人」で決まります。

♠顧客の求める満足レベル

ゼロから上が顧客満足になります。しかしこれを「顧客不満足度」アンケート調査の結果で指標化すると、およそ図表7のような点数評価と実態となります。図表7は、かなり過激な表現となっています。

この点数と表現は、中小企業で「顧客不満足度調査」を実施してその後顧客からもたらされた課題解決をしないで5年経過したときの実態を示しています。

ただし、この表現は大企業には当てはまりません。大企業は、深刻な状況に陥っても簡単に消滅することがないからです。

しかし時間を経るごとにどんどん経営状況は悪化し、いずれは中小企業と同様になる可能性が高いということを意味しています。

【図表7　顧客不満足度調査による点数評価】

点数評価	説　　　明
❶ 50点以下	この点数となってしまった場合、文字どおり危機的・破滅型企業の道をまっしぐらの状況にあるといえます。 したがって、緊急に抜本的な手を打つ必要があります。
❷ 51～65点	このままでは時間をあまり置かずして消滅する可能性が高い深刻な事態に陥っている状態を示します。 ここでも、かなりの革新的な手を打つ必要があります。
❸ 66～75点	顧客がどんどん離脱化し、評判も悪く経営に深刻な影響を与えている状態に陥っていますので、次第に衰退化する方向にあることを示しています。
❹ 76～80点	なんとか現状を維持するレベルにあるという状態を示していますが、現状維持は衰退化の方向であることは、いうまでもありません。 つまり、他社が努力し顧客にとって魅力ある状態になれば、顧客はそちらに移ってしまうからです。

❶ 感動・サービス時代の「気配り経営」のポイントは

❺	81〜90点	少しずつ他社に差をつけている状態を意味しています。あまり革新的ではありませんが、新商品・新サービス開発がなされ、前向きの変化をしているからです。
❻	91〜100点	他社に圧倒的な差をつける積極的、革新的な活動をしている状態を意味しています。

♠企業の業績低迷・業績悪化の原因の多くは顧客の不満を見逃しているため

　図表8をみてください。企業の業績低迷・業績悪化の原因の多くが顧客の不満を見逃し、企業論理で事を進め顧客離脱化を招いていることにあることがわかります。

　また、世の中の平均点・標準が非常に高いレベルにあるということです。それだけ各企業が努力しているからです。

　そのため、顧客の満足度レベルも高く、普通程度では当たり前のため他社より差がつくことがない、それどころか衰退化してしまうレベルであることになります。

　すなわち、80点が世の中の平均値であるということを意味していますが、ここで標準レベルがなぜ衰退化につながるかというと、「もっと良い」「もっと満足する」という標準以上の商品・サービスを提供する企業に顧客が移ってしまうからです。

　しかし本当に顧客が求めている要素は、顧客に「貴方が心の底で望んでいる世の中に存在しないモノ・サービスを教えてください」と尋ねることですが、顧客は、その質問には答えられません。少なくとも買替え・買増し・リピーター・リピートオーダーしか認識していないからです。

♠顧客の心の底に潜んでいる満足を発掘する

　それでは、顧客の心の底に潜んでいる満足を発掘するにはどうしたらいいのでしょうか。この問題は、難しく、今まではかなり不可能に近い要件と思われてきました。

　ところが、よい方法が見つかりました。それは、ゼロから下の顧客の「要望」「困っていること」「不満」を知ることにより、求めている要素がその裏に潜んでいるということがわかったからです。

　現在、多くのヒット商品・ヒットサービスの中には、かなり顧客不満足の発掘によって誕生している例が増えています。

　筆者が商品の魅力で購入する人たちがどれだけ存在するのかを調べてみた

■ポイントは「心の経営」の時代「サービス・動感」❶

[図表8 顧客満足・不満足にかかわるインデックスと実態]

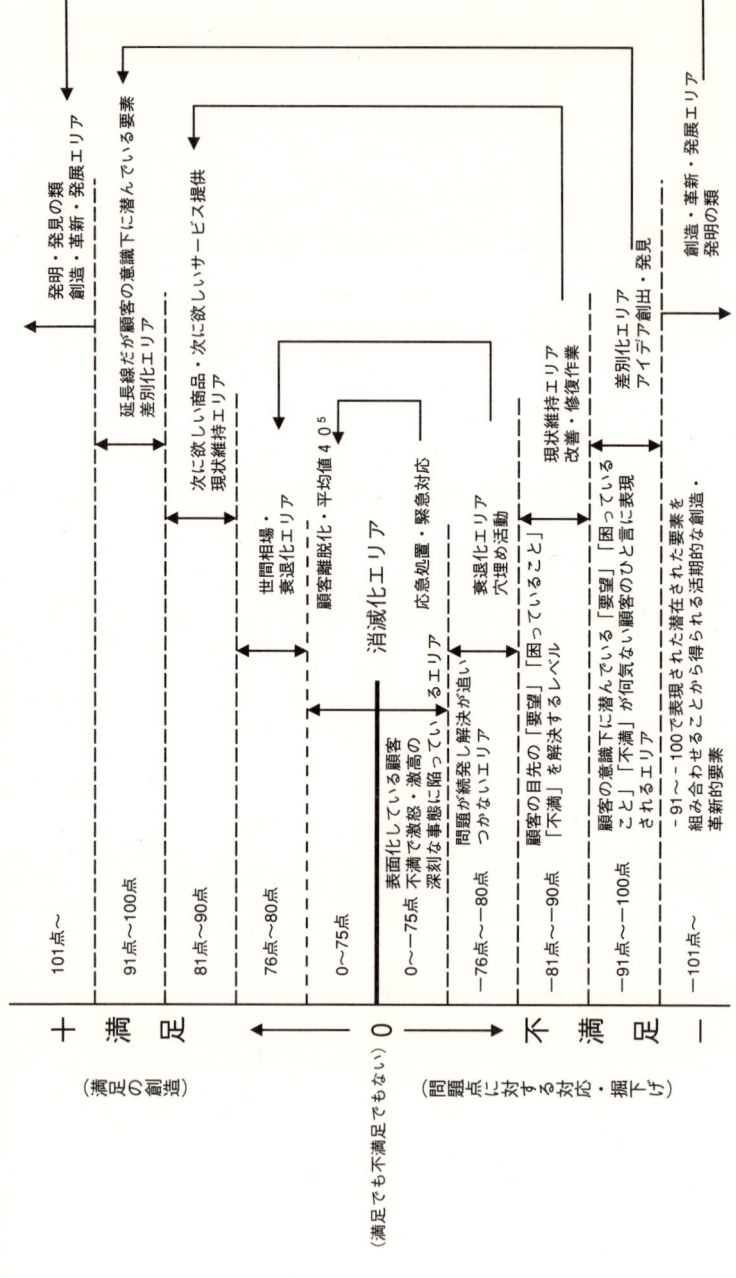

結果、なんとわずか7～8％しかいないということがわかりました。

つまり、92～93％は、総体的なサービスに焦点を当てて購入するというわけです。このことは、まさにサービスの質で競い合う時代に至っているということを意味しています。

♠ システムが優れているだけでは差がつかない

それでは、どのようにしてサービスの品質を高めたらいいのでしょうか。

先にあげたサービスを構成する要素の中に「設備サービス」がありますが、設備はお金をかけ、後からでも新しくつくればよくできます。

また「システムサービス」も費用をかけ、頭のよい人たちがつくれば魅力ある内容が生み出せます。

設備サービスにしてもシステムサービスにしても、真似することはそう難しいことではありません。後追いができるのです。

しかし、その競争をしているだけでは、常に先行投資が伴い、償却する前にまた次の投資に迫られるという「悪魔のサイクル」にはまりこんでしまいます。流通業界や旅館、飲食業などによくみられる実態です。

♠ 人間の質を高めることは一朝一夕にできない

ところが、簡単に真似をすることができないのが「人的サービス」です。

一朝一夕に人間の質を高めることはできないからです。

人間のサービス品質を高めることは、そう容易なことではありません。

長い年月、その課題にこだわり続けなければならないうえに、途中で少しでも間を空けると元に戻ってしまうからです。

そして、組織の全員が同質レベルに到達しその状態を維持し続けるためには、大袈裟にいえば永久の課題として取り組むことになります。

企業文化を醸成するのは、そう簡単なことではないのです。

そうかといって「そんな面倒なことはできない」といって最初からあきらめていたのでは、サービス社会では生き残れないし、企業の存在を危うくします。

♠ 安売方式を取ればサービスの質は関係ないというけれど

例えば、「値引で安売する方式を取ればサービスの質は関係ない」という意見もありますが、それは、次の(1)～(3)のような理由で大変難しいことになります。

③ サービスの質を競い合う時代は人で差がつく

(1) 値段を一度下げると、それがまもなく定価となり、更に下げなければ魅力にならなくなります。
　しかし、永久に価格を下げ続けることは不可能です。最後は、０円になってしまうからです。
(2) 同様に、ライバル他社が安売りに参入してきた場合、急ピッチな値引合戦に至り、資金力の豊富な企業にはかないません。
　しかし、その競争に勝ったほうも傷を負うのは、過去の多くの例が示しています。双方にとって決してよい結果とならないのです。
　そして、市場全体も荒れてしまうので、顧客にとってもよい方向には進まないのが常です。
(3) 「ともかく安くなければ購入しない」という顧客は確かに存在します。
　しかし「サービスが良ければそれに見合った価格はむしろ歓迎」という顧客も大勢います。安いだけでは購入しない顧客も、沢山存在するのです。
　このように価格に関しても、二極化の方向を歩んでいるのです。

◆差がつくのは「人」の問題

　結局のところ差がつけられるのは、やはり「人」ということになります。
　もちろん設備、システムが優れていて、そのうえで人間のサービスが伴っていれば"鬼に金棒"ということになり、それで圧倒的に他社を寄せ付けない顧客に評価される企業となることは、先進事例が証明しています。
　ところが"言うは易し、行うは難し"なのが「人」の問題です。人によってサービス・マインドのある人、ない人のバラツキや気づきのある人、気づかない人、きめ細かい人、雑で荒っぽい人が入り乱れているからです。
　逆にいえば、この凸凹の差が埋められ顧客に好評価されるようになれば、企業力が上昇するのです。ですから、何としてでも「人」の質を高めなければなりません。
　そうでない限り、値引合戦に捲き込まれるか、常に設備やシステムに多大な費用を投じなければならなくなります。
　いずれを選ぶかは、企業の姿勢・考え方次第です。
　「生き残り」を目指していても生き残れず、「勝ち残り」を目指さなければ、結果として生き残れない時代の大切な要件は、「人」あるということになります。
　今更いうまでもないことですが、初めと最後のあらゆる正否は、人により決ってしまうのですから、人の育成は手抜きができない課題です。

顧客の心を掴むのは気配り社員

Point

♤「気配り」のできない人は、とかく職場にいろいろな迷惑をかけます。
♤顧客が求めている「気配り」と心に響く「気配り」の極意を知っていますか。

♠「社内顧客」に対する気配り

「社員が2人以上いれば組織」という捉え方があります。社員同士、お互いに役割分担のもとに気遣い・気配り・思いやりがなければよい職場環境にはなりません。

そして、むしろ人数が少ないほど何事も直ちにダイレクトに影響を及ぼしますから、人間関係が特に大切になるのは当然です。

自分にとって、他の社員はすべて顧客、上司も顧客、他部門の人たちも顧客、そして社長も顧客です。

もう少しいえば、総務の人はすべての社員が顧客、経理・会計部門の人たちも他部門のスタッフは顧客です。

一方、上司にとってスタッフは顧客ですが、スタッフからすれば、上司は大事な顧客ですし、社長秘書と社長の関係も同様です。

さて、一般的に気配りは、社外の顧客に対する要件として語られますが、その前に社内における気配りは、その基盤となり、見過ごすことができない大切な要件なのです。

♠職場環境が悪ければ社外顧客にもその反動がでて嫌な思いをさせてしまう

職場環境がよくなければ、そして何かにつけぎくしゃくしていれば、必然的に社外顧客に対してもその反動がでて嫌な思いをさせてしまったり、迷惑をかけたりすることにつながります。

例えば、休暇の取り方1つとっても、1人だけが常に金曜日や月曜日に休むことによって社内の他の人たちに迷惑をかけることになりますし、雑な仕事はクレームにつながり他の社員に迷惑を及ぼします。

メモ1枚の書き方すら基本ができていなければ、迷惑をかけます。

基本とは、例えば5W2H（When＝いつ、Where＝どこで、Who＝だれが、

Why＝なぜ、What＝何を、How＝どのように、How Much＝いくらで）や「報・連・相＝ほうれんそう（報告・連絡・相談）」のようなことです。

例えば、上司から「〇〇さんに××の用件に関して電話をしておいて欲しい」と伝えられたAさんが、しばらく経って上司から「電話をしてくれたか？」と尋ねられるようでは失格です。つまり、電話をかけたことを報告していないからです。Bさんの場合は「〇〇さんに電話をしました」と報告するが、Cさんの場合は「〇〇さんに××の用件で電話をしました。〇〇さんは△△とおっしゃっていました」と報告。そしてDさんは「〇〇さんに××の用件で電話をしたところ△△さんは大変喜んで（あるいは不機嫌）いらっしゃいました」と報告する。

この場合、上司が一番知りたかったのはDさんの報告なのです。

その理由はもし〇〇さんが上機嫌なら電話をしたことが成功であり、不機嫌だったらすぐに手を打ってフォローすることができるからです。

♠ 電話応対の悪い人のため全社員がダメ社員という烙印を押されてしまう

たった1人の電話応対の悪い人がいるだけでその反動が企業に返ってきます。1日に20人とAさんが話をすると1か月間（22日として）では約440名、1年では延5,280名の人たちに不快な思いを与えてしまいます。

その結果、「あの会社は電話の対応が悪い」などとAさん1人のために全社員がダメ社員という烙印を押されてしまうのです。

同様に、メールの文章に丁寧語が使用できないで乱暴な表現をする人がいるだけで、この会社のすべての人間が「出来の悪いダメ人間」として捉えられてしまいます。要件が正確に伝えられるような文章構成が組み立てられない場合も同様です。

したがって、まず社外顧客に対する対応がきちんとできない人は、社内顧客にも迷惑をかけてしまうのです。

♠ メールのまずさから大事なお得意先を失ってしまう

近年は、メールが伝達方法の主流になってきました。

ところが、話し言葉と違って文章表現は難しく、特に短い文章ほどその組立には技術や知識を要します。もちろん、その前提としての誤字・脱字、言葉の使い方などは当然のレベルでなければなりません。

最近メールで社内に多くの問題が発生し、人間関係を悪くしてしまうケースが増えていますが、顧客との関係では更に深刻で、大事なお得意先を失っ

てしまうという取り返しのつかない事態を招いてしまう例も増えています。
　しかしもちろん、事はメールに留まりません。

♠ 連絡ミスなど初歩的な気配りが足りないばかりに生じるトラブル

　ちょっとした連絡ミスがいろいろなところに迷惑の波紋を広げてしまうことなど、深刻な事態を招いて大騒ぎになることもあります。

　それほど深刻ではなくても、商用で待合場所を再確認しなかったばかりにとんでもない場所でお互いに待っていたなどは、初歩的な気配りが足りないばかりに生じることです。

　例えば、日比谷と渋谷の発音（江戸っ子といわれる人で"ひ"を"し"と発音する人がいる）から聞き違える、人の名前を伝える際の確認が明確ではなく"えつ子（悦子）"さんと"いつ子"さんを間違え（栃木県の一部の方で"い"を"え"と発音する人がいます）トラブルを起こしたケースがあります。これらは現実にあった話です。

　反面、大切なお取引先の〇〇様が××様と親しいので「ご存じかとも思いますが、この度××様のお嬢様がご結婚なさるそうですので、念のためご連絡をさせていただきます」といったことで、大変喜ばれたケースもあります。

♠ 特定の顧客である限りその対応・気配りは異なってくる

　いずれにせよ、特定の顧客である限り顧客のことをどれだけ知っているかにより、その対応や気配りは異なってきます。

　例えば、時々来社されるAさんは日本茶が好み、Bさんは温かいミルクティ、Cさんはコーヒー党、砂糖抜きといったことを知っておくなどは最も基本的なことです。

　飲食業の場合であれば、Dさんをいつもの席にご案内する、煙草の嫌いなEさんには禁煙席をご用意する、お年を召したFさんにはエアコンの風が当たらない席に誘導するなども基本中の基本です。

　しかし、こうしたことに全く気がつかない無神経な人も一方では存在していますので、採用時点で気をつける、採用したら基本から教える、ことが必要です。

♠ 1日の終了時に反省会を行い気配りのレベルアップに力を注ぐ

　浦和にある美容サロン・アンジュでは、1日が終了したときに反省会を行い、気配りのレベルアップに力を注いでいます。

例えば、先ほどお客様が「○○をしてくださる？」とおっしゃったとき、Gさんは「いいですよ」という表現を使用したが、その瞬間、お客様が嫌な顔をされた。その理由は「いいですよ」はお客様に対する表現としては乱暴なうえに「仕方ないがやりましょう」とか「やって上げてもいいですよ」などの意味となり、「お客様に対する表現としてはまことに不適切」だという反省会での風景となります。

　このアンジュにおける顧客の口コミ・紹介率が高いのは、こうした日頃の活動が積極的に行われている成果だといえます。口コミ、紹介の場合、その顧客と同質の価値観をもった方の紹介ですから、これほどありがたいことはないのです。

　ところで、「気配り」ができる人の共通要素をみると、仕事・人生に「夢」「ロマン」「志」をもっている人、ということができます。

【図表9　一般的な従業員の不満足要素例】

一般的な従業員の不満足要素例

① お客様から日頃希望されているにもかかわらず、提供できていないで悩んでいること。

② お客様のためにしなければならないと思いながらできないで困っていること。

③ 取引形態がお客様のために考えられた内容ではないために、こちらの都合を押しつけている。したがって、後ろめたく思っていること。

④ 物づくりの体制が自分達の都合でできているため、お客様にご不便をおかけして、いつもお詫びしている状況にあること。

⑤ アフターケアのシステムがこちらの都合でできあがっているために、お客様との関係がギクシャクしていること。

⑥ お届のシステムが顧客志向に組み立てられていないために、お客様から見放されつつあり弱っていること。

⑦ 書かなければならない書類が多すぎて、デスクワークに力を入れるため、お客様のために時間を割けないで業績を落としつつあること。

♠ **反省したうえで新たな方向性を打ち出す**

　反省することは大切ですが、反省することがゴールではありません。

　反省時には今までに行ってなかった穴埋めのみならず、何らかの新しい発想を加え、顧客が喜び評価してくれる付加価値を提供してこそ初めて一人前といえます。何事に対しても、前向きに、そして積極的に取組みたいものです。

 CS(顧客満足)とES(社員満足)はどちらが先か

Point

♠ CS（顧客満足）とES（社員満足）はどちらが先でしょうか。
♠ 企業継続・発展の道はCSしかありません。
♠ 仕組みだけでもダメ、個人の能力だけでもダメです。

♦ 顧客満足・取引先満足・社員満足・株主満足のバランスが取れているか

　多分にゴロ合わせ的表現になりますが、CS（Customer Satisfaction＝顧客満足）、DS（Dealer Satisfaction＝取引先満足）、ES（Employee Satisfaction＝社員満足）、そしてSS（Stockholder Satisfaction＝株主満足）といった表現を使用しています。

　このバランスが図表10のとおり上手くとれていると、それぞれの満足が満たされるということになるのです。

【図表10　顧客満足・取引先満足・社員満足・株主満足のバランス】

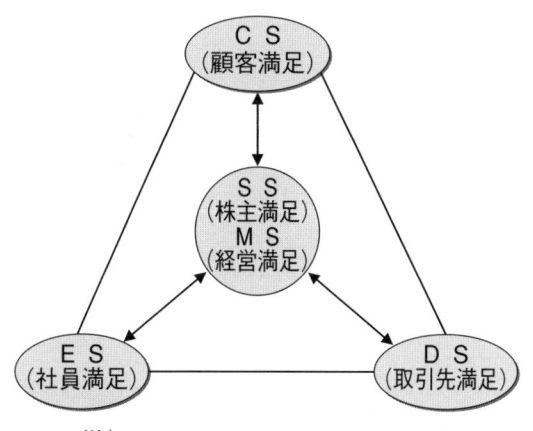

♠ "CS＝顧客満足なくしてES＝社員満足なし"

さて、企業がスタートする時点では、まず何よりもCS＝顧客満足が第一義であり、その結果として業績が向上して企業規模も大きくなるに従ってES＝社員満足にも目を向けるようになるのが一般的な傾向です。

したがって、よく議論されるCSが先か、ESが先かは、事業が成り立つようにならない限り、CSが先行するのは当然です。"CS＝顧客満足なくしてES＝社員満足なし"といえます。

いくらESを唱えても、業績が伴わない、企業の存続が危ういのでは、ESどころの話ではなくなってしまうからです。

しかし、当然のことですが、ESをないがしろにしてよいはずはありません。当然のレベル以上であるのが基本だからです。つまり特に配慮が必要になってくるのは、企業規模が拡大してきたとき、業績が向上してきたときにより大切になるという意味です。

♠ 初めから鈍感な人・初めから仕事が大嫌いな人にはCSを求めても無理

しかし、例えば社員満足が得られていないのに「温もりのある電話応対をしなさい」とか「気配りを十分に！」などといっても、それは無理な話です。

また、初めから鈍感な人、自己中心主義で自分以外の人については全く無神経、本質的なところで気配りができないなどは、教育しても無理、というケースもあります。この場合、どんなにESを高めようとしても無理が伴います。

更に、初めから仕事が大嫌い人間、しかし仕事をしなければ収入が得られないから取りあえず毎日を何となく過ごし適当にしていればいい、というような人にはCSを求めても無理です。

ESを高めようとしても、「働かないで、あるいは徹底的に楽をさせて休暇や収入を増やす」ということになりますので、これも企業としては慈善事業となり無理、ということになります。

♠ CS＝Customer Satisfaction＝顧客満足というのは

CSのCとは、Customer（顧客）の頭文字を取ったものです。

英語の表現としては、Consumer（消費者）の頭文字ではないのです。

つまりConsumerよりはCustomerのほうが遙かに気配りのある表現ということを意味しています。

ただし、日本語の場合、消費者に代わる言葉がありませんので（例えば、

生活者とかユーザーという表現もCustomerには置き替えられない）、CSのCは顧客、消費者の両方を指すことがあります。

♠企業中心主義が横行していないか

さて、多くの企業の実態をみる限り、企業中心主義が横行しています。

「H君は優秀だから企画部に異動しよう」「I君はのろいからクレーム対応担当者にしよう」などは、いずれも企業論理で顧客不在の考え方です。

逆に「H君は気配りができるから顧客との接点を担う部門に異動しよう」「I君はのろいが確実性があるから総務担当にしよう」などという考え方が顧客志向といえます。

右肩上がりの成長時代を辿ると「冷蔵庫が欲しい」「クーラーを手に入れたい」「クルマを買いたい」などいわゆる3Cといわれ、当時はあくまでも「物」を求めていた時代です。

♠買替え・買増し・リピーター・リピートオーダー市場の特徴は

ところが、現在ではひととおり欲しい物をもち、体験したいサービスに触れている人たちが圧倒的に多いのですから、巨大市場は買替え・買増し・リピーター・リピートオーダー市場です。

この場合、顧客は「次のハンドバッグは○○にしたい」「次の乗用車として××が欲しい」「またあの店に行こう」などは、表面的に表れてきている顧客の要望（顕在化欲求）であり、これが満たされれば顕在化満足となります。

反面、未体験ゾーンにある商品・サービスはほとんどありませんので、それは何なのか、これから登場する画期的な商品・サービスに関してはその認識がないのです。

しかし、これがわからなければ常に買替え・買増し範囲にとどまりますので、競争は激しく、目先の成功・不成功に一喜一憂することになりがちです。

しかしながら、顧客に「貴方の心の底に潜んでいる商品・サービスを教えてください」とお願いしても、その質問には答えようがないのが実態です。

♠ES（社員満足）で一番求められているのは仕事に成功するための具体策

社員の意識調査をすると、バブル経済崩壊後に表れている社員の意識・要望で一番顕著なことは、決して「福利厚生」や「給料」がトップではなく、トップは「仕事に関する悩みを解決したい」なのです（筆者調べ）。

例えば「ガンバレ、努力しろ！」といわれるが、いわれたとおりにしても

⑤ CS（顧客満足）とES（社員満足）はどちらが先か

ちっとも成果が現れてこない。むしろ、じり貧状態。したがって「このとおりにすれば上手くいくという具体策を教えて欲しい」ということです。

しかし残念ながら、多くは精神論ばかりで「具体策を教えてくれるような上司は見あたらない」というのが実態です。

つまり、ES（社員満足）に関して一番求められているのが、こうした仕事に成功するための具体策なのです。

♠ みえない要素を浮き彫りにする方法が「顧客不満足度調査」

外部顧客に対する満足提供は、ほとんどの場合、未体験ゾーンに踏み込むしかないのですが、未体験ゾーンで苦労しているのに、ちっともその方法を教えてくれないという不満ともいえます。

そこで、みえない要素を浮き彫りにする方法として成功を収めているのが「顧客不満足度調査」です。これは、主として顧客の「気づき」「要望」「困っていること」「不満」を掘り下げ、その課題を解決することから誕生するという方法です。

ともあれ、このように顧客に満足を提供することは難しいことですが、そこを追求することがCSの使命になっているのです。

♠ 組織内顧客に対する満足提供の1つはシステム化

現場で活動している社員・スタッフ・業務委託先・アウトソーサーなど、組織内の顧客に対する満足提供の1つは、システム化ということになり、誰がやっても同じようにできるシステム化が基盤として大切なのだということです。

人間の能力向上については、システム化と同時進行となりますが、むしろバランスの問題だということになります。

例えば、どんなに一人ひとりの接客態度がよくても、その一人ひとりの個人技ではその人間性に左右されてしまいます。

組織としての一貫性がないとすれば、結局はばらつきが多く、組織としての一定のサービス提供には至らないのです。

イメージに関する定性調査情報結果によく表れることですが、「現在の御社の担当者はとてもよくやってくれていて感謝している」「しかし御社に対しては不満」という個別満足度に関しては、評価が高く、企業・組織に関する総合満足度のイメージが低いという意見はその実態をよく表していると思います（筆者調べ）。

♠ 営業担当者に対する満足度・不満足度

　ちなみに、ある企業例として図表11をみていただければおわかりと思いますが、満足と不満足の乖離（かいり）を表している営業担当者の専門知識・情報提供は、例えばパソコンに専門知識を備えておけばモバイルで顧客を訪問したときにその中身を開いてみれば済むことです。

　また、情報提供も、組織として顧客に本当に求められている内容を提供すれば、誰もがかなり高いレベルで顧客から評価されることになります。

　同様に、ご要望への理解、ご要望への対応、ご相談への的確なアドバイスなども、満足と不満足の分かれ道になっていて、その大半は組織の対応が求められているといえます。

【図表11　営業担当者に対する満足度・不満足度事例】

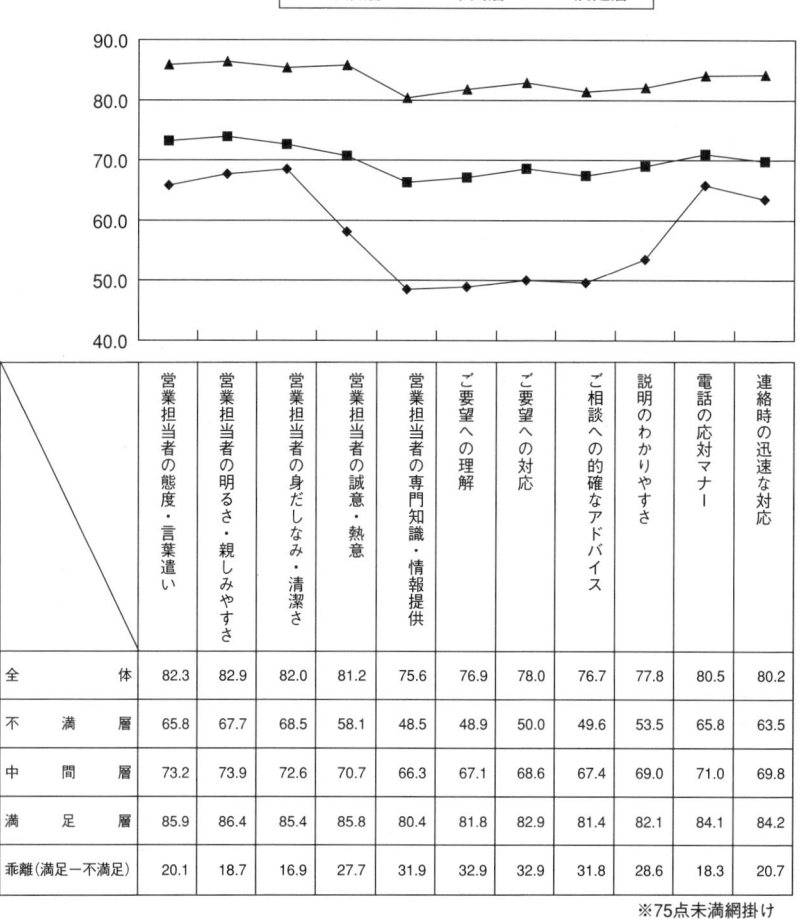

	営業担当者の態度・言葉遣い	営業担当者の明るさ・親しみやすさ	営業担当者の身だしなみ・清潔さ	営業担当者の誠意・熱意	営業担当者の専門知識・情報提供	ご要望への理解	ご要望への対応	ご相談への的確なアドバイス	説明のわかりやすさ	電話の応対マナー	連絡時の迅速な対応
全体	82.3	82.9	82.0	81.2	75.6	76.9	78.0	76.7	77.8	80.5	80.2
不満層	65.8	67.7	68.5	58.1	48.5	48.9	50.0	49.6	53.5	65.8	63.5
中間層	73.2	73.9	72.6	70.7	66.3	67.1	68.6	67.4	69.0	71.0	69.8
満足層	85.9	86.4	85.4	85.8	80.4	81.8	82.9	81.4	82.1	84.1	84.2
乖離（満足－不満足）	20.1	18.7	16.9	27.7	31.9	32.9	32.9	31.8	28.6	18.3	20.7

※75点未満網掛け

⑤ ＣＳ〈顧客満足〉とＥＳ〈社員満足〉はどちらが先か

6 CSとESのプラスのスパイラルを回そう

Point
♤ トップ・リーダーが熱心でなければ、何事も決して成功しません。
♤ CS（顧客満足）とES（社員満足）の好循環を生み出します。
♤ CSとは、CSM（CS経営）のことです。

♠CSは関連企業やアウトソーシング先も含めた全活動

　CSは、個人のみの活動ではなく、全社・全組織をあげての活動のみならず、関連企業やアウトソーシング先も含めた全活動です。

【図表12　効果あるCS経営（CSM）の好循環モデル】

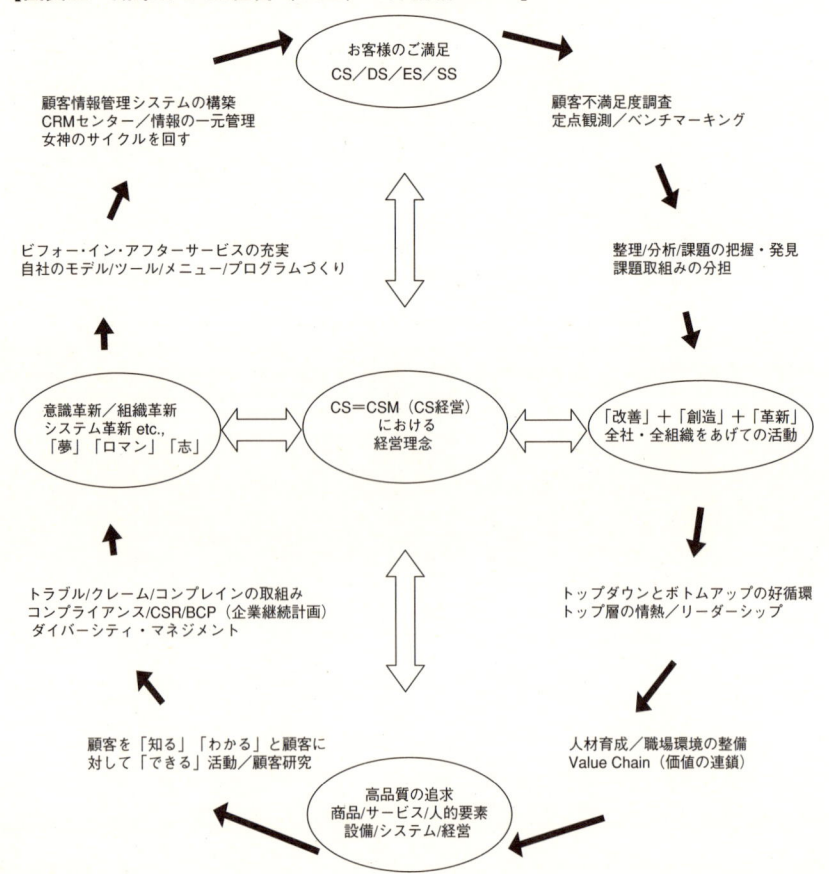

- お客様のご満足　CS／DS／ES／SS
- 顧客情報管理システムの構築　CRMセンター／情報の一元管理　女神のサイクルを回す
- 顧客不満足度調査　定点観測／ベンチマーキング
- 整理／分析／課題の把握・発見　課題取組みの分担
- ビフォー・イン・アフターサービスの充実　自社のモデル／ツール／メニュー／プログラムづくり
- 意識革新／組織革新　システム革新 etc.,　「夢」「ロマン」「志」
- CS＝CSM（CS経営）における経営理念
- 「改善」＋「創造」＋「革新」　全社・全組織をあげての活動
- トラブル／クレーム／コンプレインの取組み　コンプライアンス／CSR／BCP（企業継続計画）　ダイバーシティ・マネジメント
- トップダウンとボトムアップの好循環　トップ層の情熱／リーダーシップ
- 顧客を「知る」「わかる」と顧客に対して「できる」活動／顧客研究
- 人材育成／職場環境の整備　Value Chain（価値の連鎖）
- 高品質の追求　商品／サービス／人的要素　設備／システム／経営

❶ 感動・サービス時代の「気配り経営」のポイントは

38

【図表13　CSとESの好循環を生み出すための手順】

手　順	説　　　明
❶ まずは顧客満足が目標	通常は「顧客第一主義」「顧客中心主義」「顧客重点主義」を表明していますが、それは経営理念そのものでなければなりません。
❷ 次に顧客調査を	① 通常は１年に１回行う顧客調査を定点観測といいます。 ② 企業が解決を図らなければならない課題を顧客から教えてもらいます。 ③ 前回行った調査結果をベンチマークとして、どれだけ課題解決がなされているか否かを比較します。
❸ 課題解決	顧客からもたらされた課題に対して「改善」を行い、同時に新たな要素を生みだし、なお革新的な内容に全組織で取り組みます。 ① トップ・リーダーが率先して取り組み、その模範を示します。 ② 課題解決に必要な取組みの一環として人材育成に力を注ぎます。 ③ 顧客のために各々の人たちが仕事に価値を創造してバトンタッチを行い、最終顧客に高付加価値を提供します。
❹ サービスを構成する諸要素の品質を追求	① 理論だけでなく実際に顧客に満足いただける内容を提供します。 ② トラブル・クレームが起こらないように手を打ちます。 ③ 企業の社会的責任や法令遵守を基盤とします。
❺ 顧客を中核とした考え方と取組み	① すべてが顧客を中核とした考え方・活動になるよう組織全体の意識革新を図ります。 ② サービスの流れの中で、すべての要素についてサービスの充実を図ります。 ③ 顧客を理解するためのあらゆる方法を駆使します。 　　特に顧客に関するデータの充実により顧客が喜んでくれるメニューを提供します。

　したがって、CS（Customer Satisfaction）は、実はCSM（CS Management＝CS経営）を意味しているのです。
　その活動の好循環モデルとして掲げているのが図表12です。

♠CSとESの好循環を生み出すための手順

　CSとESの好循環を生み出すための手順を示すと、図表13のとおりです。

♠トップダウン・ボトムアップというのは

　図表14は、CS（特に顧客の不満足）をベースにしたトップダウンとボトムアップの活動好循環フローです。
　ここでいうトップダウンとは、トップ・リーダーの熱意・情熱を意味し、したがって顧客を中核とする考え方・行動の推進を指示することを示してい

【図表14　トップタウンとボトムアップの活動循環フロー】

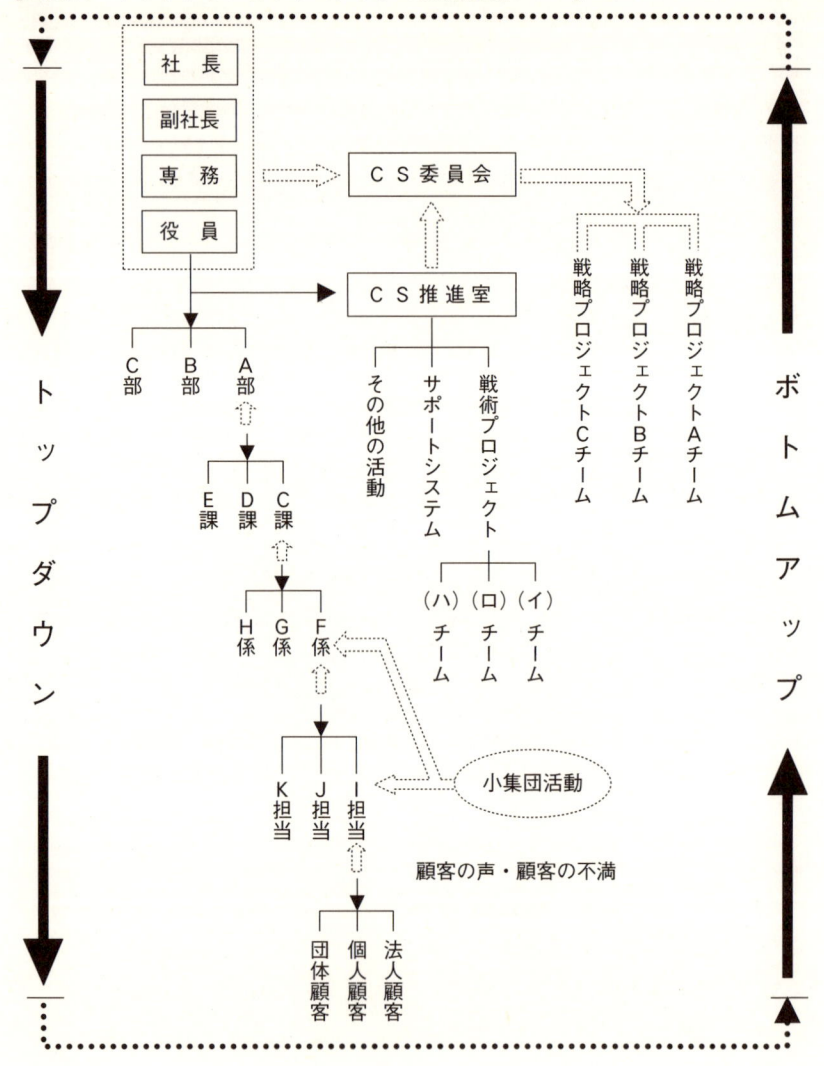

```
              社　長
              副社長
              専　務      ⇒  ＣＳ委員会  ⇐ ┐
              役　員                ⇧        │
                 │                  │        │
                 └────────→ ＣＳ推進室        │
              ┌──┼──┐          │           │
              C  B  A           │           │
              部  部  部          ├─その他の活動  │
                     ⇧           ├─サポートシステム│
                  ┌──┤           └─戦術プロジェクト│
                  E  D  C                         │
                  課 課 課                         │
                         ⇧                戦略プロジェクトCチーム
                      ┌──┤              戦略プロジェクトBチーム
                      H  G  F ←──┐       戦略プロジェクトAチーム
                      係 係 係     │
                                   │       （ハ）（ロ）（イ）
                                   │       チーム チーム チーム
                      ┌──┼──┐    │
                      K  J  I ⇧   │
                      担 担 担    │
                      当 当 当    │
                      │  │  │   小集団活動
                      団 個 法
                      体 人 人
                      顧 顧 顧     顧客の声・顧客の不満
                      客 客 客
```

トップダウン　←　　　　　　　　　　　　　　　ボトムアップ

❶感動・サービス時代の「気配り経営」のポイントは

ます。

　逆に、ボトムアップとは、顧客からもたらされた課題を現場担当者が顧客を中核にして考え・行動することを意味しています。

　また、顧客から与えられた課題解決のために「改善」＋「創造」＋「革新」策をリーダーを通じてトップに至る提案を行います。

　この活動により、顧客も満足し、社員も満足する好循環・好スパイラルとなるのです。

❷ CS（顧客満足）経営がすべての基本

❷では、CS（顧客満足）の意味、顧客中心の考え・行動のメリットなどについてまとめています。

7 まずは何よりも企業理念・経営哲学が大切！

Point
♠ トップ・リーダーが熱心でなければ、決して活動は上手く行きません。
♠ お客様の気持ちを知る方法を実践しましょう。

♠ 本物の企業理念か

　企業を訪問したときに立派な額縁に入っている企業理念・行動指針によく出会います。しかもとても素晴らしい内容がそこに記されているのです。近年では病院に行っても入り口のところに同様に掲げてあるのはご存じのとおりです。いずれも書かれていることは、「顧客第一主義」であり「患者様中心主義」であることは共通しています。

　そこで、企業であればトップ・トップ層・リーダーに「とても素晴らしい内容が記されていましたが、正確な文章を教えてください」とお願いすると、「確か手帳に記されているので…手帳をもってきなさい」とスタッフに命令したり、手帳を鞄から取り出して見せてくださいます。

　どういうことかというと、文章をすべて覚えているわけではないからです。

　つまり額縁に入れて飾ればそれでお終いであり、手帳に掲げればそれでよしとする取組みなのです。

♠ 壁のアクセサリーであり手帳のにぎわいでしかない例も

　ひどい会社になると、その内容を外注して作成してもらっています。

　本来、企業理念であるならトップを初めとして管理者、現場の誰もがその内容を自ら作成し記憶しているのは当然であり、またその中身について熱心に語ってくれるのが当たり前のはずです。

　ところが、文案を覚えていないのですから、当然のことながら内容の説明ができないのです。これでは、まさに"絵に描いた餅"そのものであり、壁のアクセサリーであり、手帳のにぎわいでしかないことになります。

♠ 毎朝の朝礼時に交代でその1項目ごと唱和するなど身に付いた活動

　熱心な会社の場合は、名刺大サイズの3つ折り、4つ折りのカードを全員が身につけていて、事あるごとにその内容を反復する活動に精を出しています。

❷ CS（顧客満足）経営がすべての基本

例えば、毎朝の朝礼時に交代でその１項目ごと唱和しています。

また１人ずつ毎朝、項目ごとに自分の体験したことに当てはめて説明を行い、身に付いた活動に結びつけています。

リッツカールトン（ホテル）でも、毎朝これの繰り返し行い、それが魅力ある企業として評価されるもとになっていて、よき事例になっています。

本来企業理念とは、企業にとってのバイブルであり、憲法だからです。

このような企業の場合は、経営者も企業理念に添った経営哲学をもっているのが通例です。

その趣旨は当然のことですが、お客様中心になっています。

ＣＳＭ（顧客満足経営）の目的を示すと、図表15のとおりです。

【図表15　ＣＳＭ（顧客満足経営）の目的】

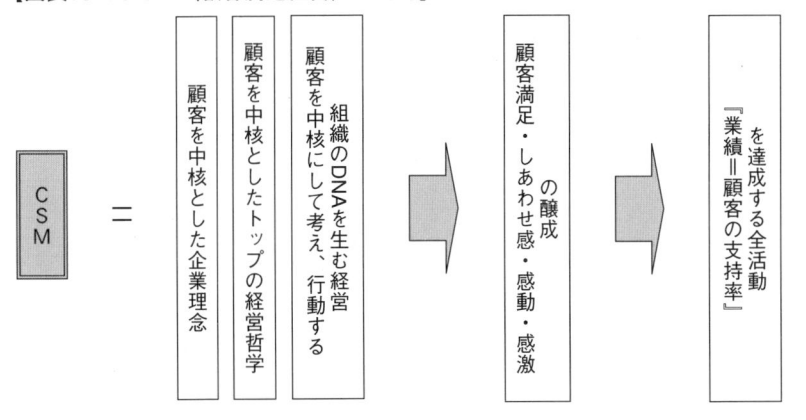

ＣＳＭ ＝ 顧客を中核とした企業理念 + 顧客を中核としたトップの経営哲学 + 顧客を中核にして考え、行動する組織のＤＮＡを生む経営 → 顧客満足・しあわせ感・感動・感激の醸成 → 『業績＝顧客の支持率』を達成する全活動

♠ **顧客の気持ちをどのようにキャッチするのか**

顧客に満足を提供するためには、自分たちが勝手に考えたことを押しつけるような方法を採っていたのでは手前勝手となり、結局のところ顧客には評価されるに至りません。

そこで、顧客の心の声をいろいろな方法によりキャッチする努力をするのです。例えば、一般的に採用されているのは、図表16にあげるようなやり方です。

また、顧客不満足度調査を実施し毎年上昇していく点数と業績が連動しているという本来的な活動となり、いままでの調査からこの調査に変更する企業が年を追って増える一方です。

そして当然のことながら顧客に支持され業績向上に貢献しているのです。

❼ まずは何よりも企業理念・経営哲学が大切！

【図表16　顧客の心をキャッチする方法】

キャッチ方法	説明
❶ 電話相談室・コールセンター・カスタマーセンター	現在の顧客が何か事を起こす場合、まず初めは電話であることが多いのです。ただし、電話での内容は範囲が限られてきますので、広範囲な顧客の意見や考え方を捉えることには難しさが伴います。 通常、電話は60〜70％は問合せ、20〜30％は資料請求、残りがクレーム関係といったところです。
❷ 相談カウンター	鉄道などが行っている方法ですが、どうしてもカウンターの数は限られるのと、顧客からするとその場所まで出かけなければならない不便さがつきまといます。したがって、情報の範囲も限られがちです。
❸ 一言情報メモ活動	流通関係の接客場面で採用されている方法ですが、「後で書こう」とすると忘れる、感性の違いにより顧客の声の捉え方が異なってくる、件数が限られるなどの問題を抱えています。
❹ アンケート調査	① マーケティング調査 　過去から採用されてきた方法ですが、実態把握、現状理解のための調査を実施した結果、確かに現在の事実について捉えることができ、「確かにそのとおり」との理解は得られるのですが、「それでは実際にどうしようか」という次の行動の基盤となるポイントが捉えられないという問題点があります。 ② 顧客満足度調査 　どれくらい顧客に満足していただけているかを知るために行う調査です。よく業界ランクや支店・営業所・販売店比較などが行われていますが、その捉え方は必ずしも顧客の意識とは合致しません。 　例えば、顧客は必ずしも支店・営業所・販売店比較をしていないからです。また、業界ランキングでNo.1を取ったとした場合、その企業は大喜びでマスコミに発表することになりますが、No.2以下の企業はみっともなくて2番手だ、3番手だと発表するわけにはいきません。 　加えて、どのような具体的な活動を行えば、No.2に、そしてNo.1になれるのかに関する方策は手に入らないのです。 　なお、毎年この調査を実施するたびに点数は鰻登りなのにもかかわらず、業績は低迷ないしは下降線という矛盾した実態に直面するケースを身近に多く見ます。 ③ インターネット活用 　大勢の人たちからアンケートを取ることができますが、不特定多数を対象とする場合は、ややもすると子供が大人のふりをしたり、男性が女性に成り代わって意見を述べたりなど、精度が問われることが起こります。 　費用が安価に済むからというだけで採用することには少々危険が伴います。特定多数に関しては、採用が適しているといえます。 　なお、あまり多くの設問項目を用意することは難しくなりますので、限られた質問で実施する場合に限られます。 ④ インタビュー調査 　大勢の顧客に質問することは時間や費用やインタビューアーの人数などにより限定されます。また、インタビューする人の資質により内容の捉え方が異なる傾向があり、系統立てた統計的な面に関しては少々難しい面を抱えています。 ⑤ 顧客不満足度調査　など 　以上の欠陥を補う形で多く採用されているのが、この顧客不満足度調査です。顧客の「気づき」「要望」「困っていること」「不満」を課題として捉え、そのうえで企業は何をすべきか、顧客に支持されるためにはどうしたらいいのかなどが得られ、企業の体力増強、体質強化、新商品・新サービス開発などに効果を発揮しています。

❷ CS（顧客満足）経営がすべての基本

★顧客が潜在的に求めている要素をヒントに新商品などが開発できる

　このように顧客の声を捉える方法は、多岐にわたりますが、それぞれ一長一短がありますので、幾つかの方法を同時に採用して顧客理解をしている企業があります。

　というのも、それぞれの人たちが目をつむって人間に触れた場合、それぞれ触れたところについての表現はできるものの、それがその人の総体を示すものではないからです。

　例えば、握手した人がゴツゴツした手である、足に触れた人が筋肉質である、おしりに触れた人が柔らかくて優しい感じ、頭に触れた人は毛髪が細く柔らか、顔に触れた人は凹凸がはっきりして特色のある顔…というように感じた場合、それではこの人はどのような人かは、それだけでは明確にできないのです。

　いちばん大切な気持ちは、どのようにキャッチするのかが捉えられないからです。しかも、その人は朝、昼、夜に気持ちの変化があるかもしれないのです。

　したがって、上記したように各種の方法を採用して1人の人間・顧客の様子を理解する努力が必要だということになります。

　この中で最も大切な顧客の気持ちについては、それではどのように知るのでしょうか。

　顧客に聞いて教えてもらえる満足は、過去から現在までの実態・現実の把握として可能です。しかし、現状把握、実態の理解をしても「あーそうか」「まさにそのとおり、日頃から思っていたとおりであった」という認識を再確認できるだけなのです。そしてそこからは次の一手はみえてこないのです。

　したがって、顧客の強い不満、それ程でもない不満、弱い不満などその各々を捉える必要があります。強い不満に対してはただちに解決をする、中間の不満に関しては強い不満につながらないよう事前に手を打っておくといった取組みになりますが、いずれにせよ、顧客の不満はその背後に要望していることが潜んでいるのです。そして一番大切なのが顧客のボヤキ、つぶやき、何気ない一言、いってもムダだと思いながらついついいってしまった愚痴（コンプレイン）などです。

　というのは、この内容に顧客の潜在的に求めている要素が含まれているからです。つまり新商品開発、新サービス開発、新システム開発などは、この中身をヒントとして開発できるからです。

　コンプレインは、宝の山だということです。

❼まずは何よりも企業理念・経営哲学が大切！

8 CS経営とは…女神のサイクルを回す

Point
♤ 価値を創造する循環を考えましょう。
♤ 顧客ごとに価値観を整理してみましょう。
♤ ありがたい顧客に対して特別対応することこそが本来の平等です。

♠ 価値創造の活動サイクル

　顧客から得た各種の情報を活用して評価される満足提供を行うことが、組織の活動として大切なことはいうまでもありません。

　そのために必要な要件は、いろいろありますが、基盤となるのは先にあげた企業理念や企業・組織・社員に共通する"夢""ロマン""志"であり、特にトップ・リーダーの意欲・情熱です。

　この基盤さえ強固であれば、「顧客不満足度調査」を実施し、そこから浮上した課題に取り組む活動が開始できるのです（図表17）。

　しかも、毎年一定時期に調査を行い（定点観測）、前回の調査結果と比較して（ベンチマーキング）、その進捗状態をみるという顧客からみた企業の実態調査の取組みです。

【図表17　お客様の心の声から始まる"価値創造"の活動サイクル】

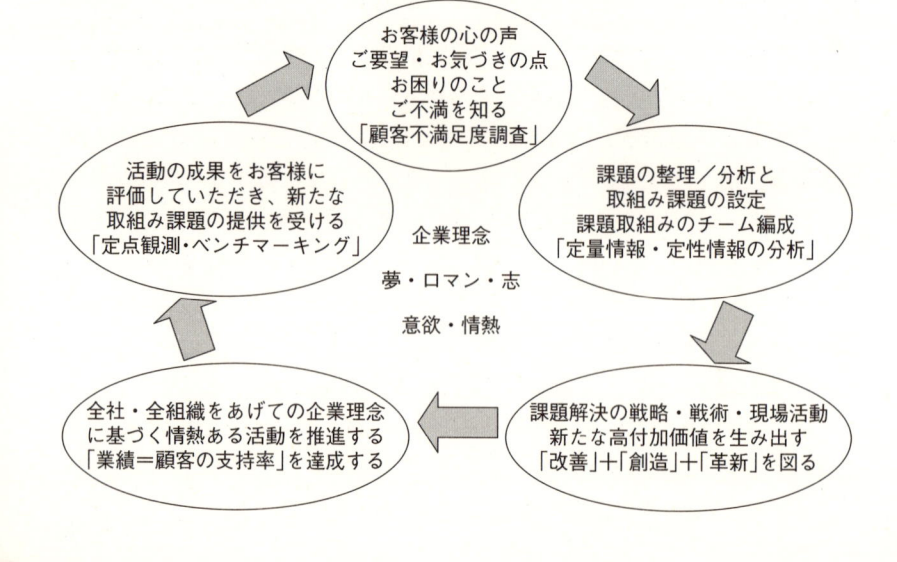

- お客様の心の声
  ご要望・お気づきの点
  お困りのこと
  ご不満を知る
  「顧客不満足度調査」

- 課題の整理／分析と
  取組み課題の設定
  課題取組みのチーム編成
  「定量情報・定性情報の分析」

- 課題解決の戦略・戦術・現場活動
  新たな高付加価値を生み出す
  「改善」+「創造」+「革新」を図る

- 全社・全組織をあげての企業理念に基づく情熱ある活動を推進する
  「業績＝顧客の支持率」を達成する

- 活動の成果をお客様に評価していただき、新たな取組み課題の提供を受ける
  「定点観測・ベンチマーキング」

企業理念
夢・ロマン・志
意欲・情熱

❷ CS（顧客満足）経営がすべての基本

♠ **顧客の価値観を整理して価値観に添った内容を提供する方法を採用する**

中でも大切なことは、顧客にとって価値ある内容の提供ということになります。

ところが"言うは易し行うは難し"の活動です。

というのは、顧客によってその捉える価値観が異なるからです。

そこで、顧客の価値観を理解すること、また顧客の層別を図ることが必要となります。

まずは価値観ですが、筆者が実施してきた各種の調査結果からキーワードを引き出し、価値観を整理して価値観に添った内容を提供する方法を採用しようとする意図を示すのが図表18です。

【図表18 顧客の価値観総合評価表】

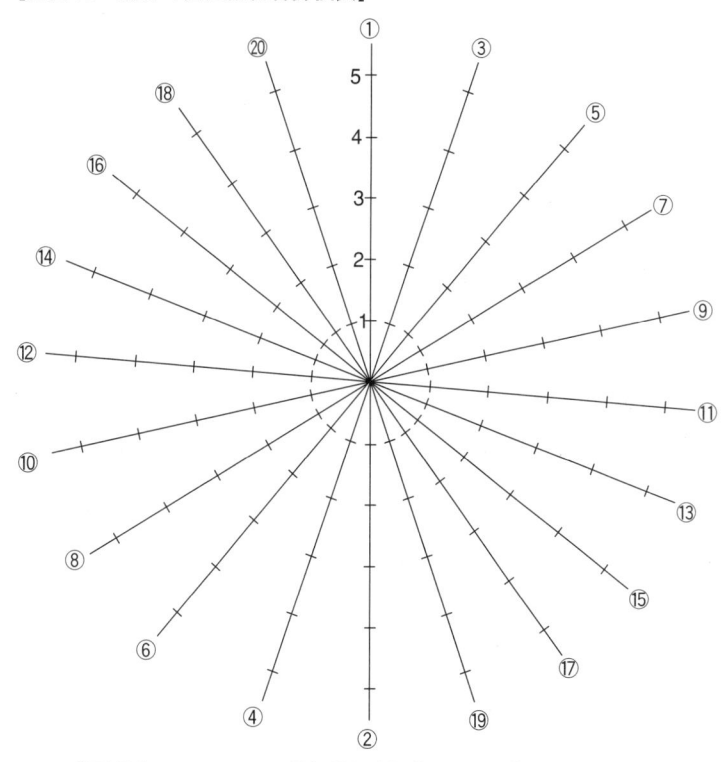

①所得度　　　　　②経済的余裕度　　　③ぜいたく度
④質素度　　　　　⑤物の豊かさ追求度　⑥心の豊かさ追求度
⑦クラシック追求度　⑧モダン追求度　　⑨クール度
⑩ホット度　　　　⑪理性度　　　　　⑫情緒度
⑬個人性追求度　　⑭社会性追求度　　⑮行動追求度
⑯思考追求度　　　⑰テクノロジー追求度⑱センス追求度
⑲経験価値追求度　⑳理論価値追求度

⑧ CS経営とは…女神のサイクルを回す

♠お客様の売上順位20：80の法則

　20：80（あるいは30：70）の法則といわれている顧客の売上順位による分類方法があります。

　この方法は、例えば年間の顧客の累計購入金額を上位ランクから並べ、その売上上位20％（または30％）のところに線引をすると、全体の売上の80％（または70％）となっていることを示す意味として採用されている表現です。

　この場合、「上位20％の顧客が売上の80％を占めている」ということを示すデータになります。この傾向はよりB to B（企業間取引）に顕著ですが、もちろんB to C（企業と最終顧客間の取引）においても大きく変わりません。

　反面、80％の顧客が売上の20％に該当するということになります。

♠上位20％の顧客には人的パワーを80％注ぎ・20％はシステムでカバー

　ところが問題なのは、上位ランクの顧客に対して大した力を注がずに下位ランクの顧客のところにばかり時間を割いてサービス提供している営業担当者が多いということです。

　上位ランクの顧客は「口うるさい」「めんどうなことばかりいう」ということで出来の悪い営業担当者は避ける傾向にあります。

　80％の顧客で売上全体の20％しか占めていない顧客に力を注いでいるというわけです。

　その結果、上位ランクの顧客を1軒でも失うようなことがあれば、企業は致命傷を追うことになるにもかかわらずです。市場のサイズが縮小し、顧客数が減少の一途を辿っている時代に上位ランクの顧客を失ってしまうことがどんなに最悪かを理解していないのです。

　本来なら上位20％の顧客に対しては人的パワーを80％注ぎ、20％はシステムでカバーすることが必要なのです。

♠80％で売上の20％を占める顧客は人的パワー20％・80％はシステムで

　一方、80％で売上の20％を占めている顧客に対して人的パワーは20％、そして80％のシステムによるカバーを行います。

　システムという意味は、適当な時期にDMを送る、電話をする、メールで情報を送る、時には訪問する、特別なご招待状を送るなどになりますが、顧客単位のポイント制度などは非常に役立ちます。

　ポイント制度は、単に値引するだけではマイナス要素のほうが大きいのですが、顧客の動きをみるためのデータ活用の意味では、大きく役立ちます。

❷ CS（顧客満足）経営がすべての基本

つまり、必ず顧客データ（住所・氏名・生年月日は基本）を入手し、顧客が喜ぶ活用をすることが大切なのです。

♠貢献度の高いお客様には特別に対応することは当然

　ＢtoＣ（最終顧客との関係）の場合でいえば、「ここ３か月間は１円以上の買い物がない」という顧客は、何らかの形でスリープしていますので、そのまま離脱してしまわないように「この度は特別にポイント３倍としますので、いままでにお貯めいただいたポイントと合わせて特典を手に入れてくださいますようお勧めします」などの施策を講じることができます。

　ＢtoＢ（企業間取引）の場合でいえば、例えば機械類を納入している際には売上上位ランクの顧客に限って機械がトラブルを起こしたときは、必ず30分以内に駆けつけますなどはＢtoＢにおけるポイント制度としてサービスがよいと喜ばれ、継続した関係が保てます。

　「すべてのお客様を平等に！」などは、限られた資源ですから本来できるはずがないことですし、それこそ不平等になってしまいます。

　CL（Customer Loyalty＝当社を贔屓にしてくださるお客様）に対しては、特別に対応することは当然なのです。

♠女神のサイクルを回す！

　新規顧客の開拓を行い、その後の継続した関係を生み出し、そしてついにはRC（Royal Customer＝絶対固定顧客）、すなわち「このメーカーの商品しか購入しない」「このお店でしか買わない」「今後ともこの会社としか取引しない」といった絶対固定顧客に至るまでの良質なコミュニケーションを構築することにより市場規模が縮小し、顧客数が減少する時代の強い企業を生み出すことにつながるのです。

　ここでは「顧客づくり」すなわち新規顧客の開拓、そして「顧客つなぎ」すなわち顧客の継続、更には「顧客つなぎ」すなわちCL（貢献度の高いお客様）からRC（絶対固定顧客）への道を上り詰めていく活動がCS（顧客満足）経営ということができるのです（図表19）。

　この好循環を生み出し続ける活動が、すなわち「女神のサイクル」であり、逆に各活動が連動せずにまた継続しないで顧客に見離されてしまう活動が「悪魔のサイクル」となります。

　何としてでも、女神のサイクルにするために各活動が尻切れとならないようにしたいものです。

【図表19　女神のサイクルを回す】

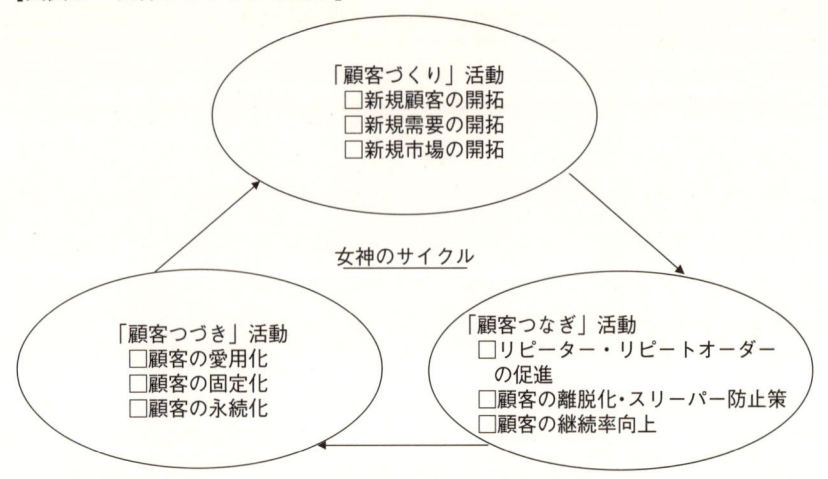

```
        ┌─────────────────────┐
        │  「顧客づくり」活動    │
        │  □新規顧客の開拓      │
        │  □新規需要の開拓      │
        │  □新規市場の開拓      │
        └─────────────────────┘
              ↑           ↘
         女神のサイクル
              ↖           ↓
┌─────────────────────┐  ┌─────────────────────────┐
│ 「顧客つづき」活動    │←│ 「顧客つなぎ」活動          │
│ □顧客の愛用化        │  │ □リピーター・リピートオーダー │
│ □顧客の固定化        │  │   の促進                   │
│ □顧客の永続化        │  │ □顧客の離脱化・スリーパー防止策 │
│                     │  │ □顧客の継続率向上           │
└─────────────────────┘  └─────────────────────────┘
```

(1) 顧客づくり活動

　新規顧客の開拓＝新規顧客の開拓には時間、労力、経費がかかりますが、目減りを含め、常に一定以上の確保が必要ですが、この活動は、主として営業担当者の力に追うところ大です。新規需要、新規市場の開拓に関してはマーケティング活動に比重がかかります。

(2) 顧客つなぎ活動

　初めて購入した顧客がその後どれだけ継続するかは、業績に大きく影響を及ぼす大切な要件です。そのために顧客がスリープ（うたたね）した場合には「起きてください」というための魅力的な手を打たなければなりません。

　更には、2回目の購入、3回目の購入というように、それがおよそ7回程度は続くために魅力あるメニュー・プログラムを提供する努力が大切です。

(3) 顧客つづき活動

　そうして顧客とのご縁がつづき、顧客が商品・サービスの愛用者になるように、更に優れた魅力ある活動を提供することにより、8回目以上の顧客との継続した関係ができてきます。

　このような活動を丹念に行うことにより、次第に顧客との良質で永い関係につながっていくのです。この段階になると、顧客はほとんど移動しなくなります。そして最終的には顧客本人だけではなく、家族もその子供も孫も…というように永いご縁を続けていくのです。

　「貴方のおじいさんの代からご贔屓にしていただいている」という飲食店が身近にありますが、いわゆる老舗（しにせ）と呼ばれているお店です。

9 顧客は感動・サービスを求めている

Point
♤ サービスを構成する各要素のバランスを考えましょう。
♤ どのようにして満足・不満足が決まるのでしょうか。

♠ サービス提供側の満足・感動

顧客と接するところに顧客とサービスを提供する人たちの満足・感動が生まれます。

つまり、素晴らしいサービスを提供することにより、顧客が満足・感動する様子によりサービス提供側の満足・感動も生まれるのです。

そこで、まずサービスを構成する諸要素を整理すると、およそ図表20の枠組み（フレーム）になります。

ここではサービスを提供する人たちや企業を横軸、サービスを受ける顧客のほうを縦軸とします。

【図表20　サービスのフレーム】

サービスを提供する側	ビジネス上のサービス（有料）					ビジネス上の無料サービス	サービスを提供する側	直接的にビジネスとかかわらないサービス（有料）					ビジネス（金銭とかかわる）とは無関係なサービス（無料）
	物が商品		サービスが商品そのもの					物が伴う		物が伴わない				
サービスを受ける側	ハードサービス	ソフトサービス	機械化・機能化設備化・コンピュータ化サービス	システムサービス	人的サービス		サービスを受ける側	ハードサービス	ソフトサービス	機械化・機能化設備化・コンピュータ化サービス	システムサービス	人的サービス	
精神的・情緒的受容性						その瞬間無料であるがそれが近い将来ビジネス上の効果に結びつくと	精神的・情緒的受容性						見返りを期待しない主体的アクティブ、アグレッシブとなった役の人の立場シマドのの活動
効率的・身体的受容性							効率的・身体的受容性						

※ 左側半分は企業に関連するサービスの構成です。右側半分はお役所などにおけるサービスを意味しています。

例えば、企業のように有料にしたからといって、それは利益を上げるためではなく、実費分というようなケースです。

そこで、サービスを構成する要素をみると、図表21のとおりとなります。

【図表21　サービスを構成する要素】

項　目	説　　　明
❶　商品サービス	現在は、商品もサービスの一要素です。 　そして商品（ハード）には、多くのサービスが組み込まれています。これを商品のハードサービスといいます。 　また、ハードを使用、利用することにより付加価値を得ることができます。これを商品に係わるソフトサービスといいます。 　商品のハードにしろ、ソフトにしろ顧客の満足・感激・感動を呼び起こすようでありたいものです。
❷　設備サービス	設備・施設によるサービスの典型的な例としてホテルがあげられます。 　快適、便利、安全、スピード……こうした要素を提供する基になるのは、建物やその設備・施設などです。そして顧客に対する満足や感激・感動をもたらすために組み込まれている各種の機能を担っているのが、機械やそれを動かすコンピュータです。 　どれだけ顧客のために組み立てられているかが、大切な要件となっています。
❸　システムサービス	どんなに一人ひとりが優れていたとしても、属人的要素に依存している限りはばらつきが発生します。つまり個人に頼っている場合、同じレベルのサービス提供は難しいということです。 　誰が行っても同様にできる、同様のことになるためには仕組み・システムが必要です。しかし仕組みだけでは無機質になってしまいかねません。そのような意味では仕組み・システムと人間のサービスとのバランスが大切だということができます。
❹　人的サービス・人間系サービス	①　人的サービス 　　ここでは、人間一人ひとりが提供するサービスを人的サービスと表現しています。多くの場合、顧客と直接接する人的活動を人的サービスと称します。 ②　人間系サービス 　　直接お顧客に触れることはないが、間接的に顧客に関連するサービスを人間系サービスとここでは表現しています。 　　例えば、航空機の整備などがあげられます。

　以上が提供側のサービスに関するポイントですが、全体のバランスが大切だということです。

♠**サービスの受け手側の満足・感動**

　次いで、サービスの受け手に当たる顧客に関するサービスについて触れると、各項目に関しては同じですが、受け手の問題としては、大きく分けて図表22の2点があげられます。

【図表22　精神的・情緒的受容性と身体的・効率的受容性】

精神的・情緒的受容性と身体的・効率的受容性

❶　精神的・情緒的受容性
　「不便だ、危険だ」「不親切だ、そのつど異なるが何とかして欲しい」「感じが悪い」などといった顧客の精神面における感情や情緒的な面に関する捉え方がなされるのが常です。
　しかし反面、各種のサービスに触れることにより、「非常に満足した」「感激・感動した」という状況も生まれます。

❷　身体的・効率的受容性
　古いタイプの旅館によくあることですが、やたらに階段が多く、高齢者や身体の不自由な人たちには苦難を強いるケースなどがこの問題です。
　また、そこに働く人＝社内顧客にとっては過酷な労働環境であるということができます。
　自分のクルマをどの階のどの場所に停めたのかわからなくなってしまったなどもこの問題になります。
　ついでですが、アメリカ・オーランドのディズニーワールドでは、駐車場の問題などに関しては何時ごろいらっしゃったのかを聞いて、場所を特定する方法を採用しスピード対応が喜ばれています。

♠ 顧客満足度の評価方法は

　以上のサービスを構成する諸要素が普通なのか、それ以上なのか、それとも想定を遙かに超えているかによって、人々のサービスに対する評価が決まります。

　特に顧客側から捉えるサービス「精神的・情緒的受容性」については、情動（エモーション）により感覚的・感情的評価に結びつきます。

　その評価方法をみると、およそ図表23のようになります。

【図表23　顧客満足度の評価の方法】

評　価　項　目	評　　価　　方　　法
❶　表現による評価	1）全く期待しない 2）それほど期待しない 3）どちらでもない 4）ほどほどの期待をする 5）非常に期待する
❷　程度による評価 （該当する箇所に○印をつける）	①　5段階評価 　　期待しない←　　　　　　　　　→期待する 　　　1　　　2　　　3　　　4　　　5 ②　7段階評価（該当する箇所に○印をつける） 　　全く期待しない←　　　　　　　→非常に期待する 　　　1　　2　　3　　4　　5　　6　　7 ※左側に1、右側に5ないし7をもってくるのは、不満足度調査の特色の1つ。これにより1の方向に約4～5％ほど接近する。

❾　顧客は感動・サービスを求めている

| ❸ 不満層・中間層・満足層による評価 | 個別満足度と総合満足度による評価を行う方法です。
個別満足度評価（1～5）、または7段階（1～7）の回答結果を平均評価点（加重平均値）算出後、スコアが0～100点になるよう、次のウエイトを乗じて算出します。
① 個別満足度＝（平均評価点－1）×25
② 総合満足度＝（平均評価点－1）×16.67
③ 不満層＝非常に不満＋かなり不満＋やや不満
④ 中間層＝どちらともいえない
⑤ 満足層＝非常に満足＋かなり満足＋まあ満足 |

♠顧客は期待→経過→結果のプロセスを辿る

　以上のような各種の顧客不満足度・顧客満足度を数値化することによりどれだけ顧客の評価が得られたかを推し量る方法を採用しています。
　そしてその結果は、ほとんどの場合、次のプロセスを辿ります。

『期待』→『経過』→『結果』

　図表24は、期待→プロセス→そして結果を辿る例です。

【図表24　期待→プロセス→そして結果を辿る例】

　例えば、親子で観光旅行をする際に宿泊先を温泉旅館に決め、各所からパンフレットを取り寄せ、そのパンフレットを比較しA旅館に決めたとします。
□初めて宿泊するA旅館の建物、部屋、食事、風呂、サービスなどに対して『期待』を抱きます。
□実際に到着してから出発するまでの間いろいろな体験をします。その結果、期待した時点とどれだけズレているかを体験します。
　○建物は期待以上であった。
　○部屋は期待どおりであった。
　○食事は品数が多い割に食べたい料理が少なく期待はずれであった。
　○風呂はタイルが滑りやすく両親には危険だった。天井から水滴が落ちてくるので、落ち着かなかった。おまけに源泉かけ流しではなく、湯は循環式でかなり期待はずれだった。
　○やたらに部屋を訪問してくるのが煩わしかった。そのうえ宿泊客をまるで工場のベルトコンベアに乗せたように処理するやり方で情緒を感じないどころか気分を害し非常に腹立たしかった。
□旅館を出発するときには、『結果』として「こんな旅館には二度と来たくない」という思いを抱いた。親しい友人・知人に「どうでした？」と聞かれたが、「大失敗だった。絶対に薦められない旅館」という思いを告げた。

♠顧客の高い満足提供のためには感激・感動をもたらす内容創造が必要

　一般的な人たちの意識を捉えると、図表24のように期待→プロセス→そして結果という途を辿ります。

この場合、今までいわゆる木賃宿並・湯治場風の旅館しか泊まったことのない人が、同じ旅館に宿泊したとしても、非常に高い評価をすることがあるかもしれません。

　その意味では、顧客によって、また価値観によって同じ場面や同じ現象面に直面しても感じ方が異なることがあることを知っておく必要があります。

　例えば、ともかく価格・値段が安ければそれで満足という価値観の人と、価格よりはサービスの良さを評価する人とでは、自ずとその評価は異なってくるのです。

　同様に、同じことに出会った場合においても、感激・感動する人もいるのですから、何事も一筋縄ではいかないのが人の感じ方であるといえます。

　また、全く想定していない、予測していない、期待もしていなかったときに思わぬことに出逢い、それこそ感激・感動がもたらされることもありますから、更に難しいテーマだといえます。

　繰り返しますが、価値観の相違は大きく右と左の分かれ道になるのです。

　だからこそ、企業としてもどのような顧客を対象とするのかの的を絞らなければ成果を上げにくいのです。

　現在のように、あらゆる意味で商品・サービスを提供する企業もその要素を受ける顧客も質が高くなっている時代にあっては、顧客の高い満足を満たし、なおかつそれを超える満足提供のためには感激・感動をもたらすような内容が創造できなければならない時代にあるのだということができます。

　顧客の期待感とその結果のしくみをみると、図表25のとおりです。

【図表25　顧客の期待⇒経過⇒結果と満足・不満足】

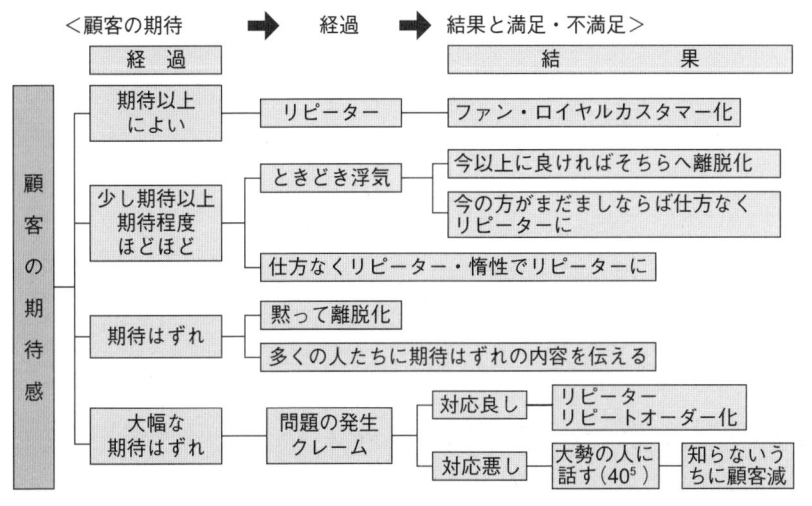

<顧客の期待　➡　経過　➡　結果と満足・不満足>

顧客の期待感	経過		結果	
	期待以上によい	リピーター	ファン・ロイヤルカスタマー化	
	少し期待以上期待程度ほどほど	ときどき浮気	今以上に良ければそちらへ離脱化	
			今の方がまだましならば仕方なくリピーターに	
		仕方なくリピーター・惰性でリピーターに		
	期待はずれ	黙って離脱化		
		多くの人たちに期待はずれの内容を伝える		
	大幅な期待はずれ	問題の発生クレーム	対応良し	リピーター リピートオーダー化
			対応悪し	大勢の人に話す(40^5) / 知らないうちに顧客減

⑨　顧客は感動・サービスを求めている

10 みえない顧客不満足を発掘する方法

Point
♠顧客満足度指数の捉え方をマスターしましょう。
♠その先の欲しい商品・サービスは何かがわからない時代です。
♠不満の追求がみえない満足を発掘します。

♠満足度調査をしてどのような活動を行えばよいかの次の一手が大切

　現状把握・実態把握のマーケティング調査では、調査結果をみる限り「まさにそのとおり」という内容を得ることになります。

　しかし「それでは、具体的にどうしたらいいのか」の次の一手がみえてこないのも事実です。

　一方、毎年、顧客満足度調査を実施しその点数をみると、順調に点数が上昇していることもよくみる姿です。しかし、業績をみる限り、低迷ないしは下降線を辿っているという満足度点数と、業績が連動していないおかしな状況をみることも多々あります。

　本来は、顧客満足度の点数が上昇するに沿って業績が向上するように、連動しなければ意味がないはずです。

　また、業界ランキングにより順位づけが行われることがありますが、1位の企業は大喜びで、この成果を宣伝・広告に活用することになります。しかし2番手以降の企業にとっては、少なくとも広告・宣伝には利用することをしにくい事実があります。

　というのも、「当社は○○業界の顧客満足で2番を取りました。3番になりました」というのでは、お客様からすると「なんだ！　そんなレベルか」という程度の捉え方しかしてもらえないことになり、逆効果になりかねないからです。

　加えて、それでは2番手が1番手になるため、3番手が2番手になるためにはどのような具体的な活動を行えばよいのかの次の一手がみえてこないのでは、手をこまねくばかりです。

♠選び方が個々人で違いが出る「個」の時代ということを再認識しよう

　ここで改めて図表1（15頁）をみてください。

つまり、欠乏時代、量を求める時代、品質を求める時代など市場の普及を求めてきた時代においては、人々の関心はひとえにハードの商品に集中していました。物が欲しかった、物にこだわった時代を示したということです。

ところが、一通りもちたい物をもち、体験したいサービスを体験する時代に至ると、人々の満足レベルは必ずしもハードである物を求める時代とはいえなくなります。

いわゆる市場の成熟を示す時代の到来ということですが、ここでは求める満足の質や内容が異なり、しかも各々の価値観により選ぶ選び方が個々人で違いが出てくる、いわゆる「個」の時代の到来を示します。

しかも、一人ひとりの時々刻々の変化をみると、更に細分化・多様化を示していますから、誠に厄介な捉えにくい事態を迎えているのが現状です。

よく語られている「高齢化社会の到来に従ったシルバー市場」「多額の預金・資産を所持している富裕層」などの一括りの捉え方で、市場参入する企業のかなりの件数が失敗しているのはご存知のとおりです。

また、団塊世代・団塊ジュニアなどの捉え方も同様です。

単に一斉に退職して退職金を手にした市場という程度の捉え方では、決して上手く行かないのが現状です。

♠ お客様の意識を知ろう

ここで大切なことは、お客様の意識を知っていることです。

すでにもちたい物をもち、体験したいサービスを体験する時代では、次の買替え・買増し商品に関して意識は明確になるものの、そのための商品・サービス開発に関しては競争が激しく同質競争に陥りがちです。

それでは企業間格差はつきません。そればかりか下手をすると開発した商品・サービスを寸前で他社に先を越され、泣くに泣けない状態に追い込まれ深刻な自体に陥りかねません。

当然のことですが、平成元年生まれは既に18歳となり、生まれたときからTV・電子レンジ・乗用車・パソコン・携帯電話などやCVS（コンビニエンス・ストア）や通信販売などが身近なものになっているのですから、その先にある現存しない商品・サービスを提供しない限り本来的なヒット商品・ヒットサービスは生まれないのです。

しかし「貴方の心の底に潜んでいる潜在的に欲しい商品・サービスは何ですか？」と尋ねても、その問いには答えられないのは当然です。

顧客自身がまだ見ぬ商品・サービスに関して知覚していないからです。

♠ お客様の満足度合いを点数で整理すると

　そこで、お客様の満足度合いを点数（パーセンテージ）により整理してみました（筆者調査）。

　その結果、図表26のような点数配分と現象面がみえてきました。

【図表26　満足度点数配分と解釈】

満足度スコア	解　　　釈
①　91〜100点	革新的発展型企業
②　81〜 90点	成長路線型企業
③　76〜 80点	現状維持型企業
④　66〜 75点	一向に問題解決に進まず衰退化型企業
⑤　51〜 65点	問題点増加の傾向にあり再購入なく消滅型企業
⑥　50点以下	問題が多すぎ顧客離脱が顕著で破滅型企業

♠ 満足度スコアの解釈の内容は

　その内訳をみると、図表27のような内容になります。

【図表27　満足度スコアの解釈の内容】

満足度スコア	内　　容
⑥	ともかく問題を多く抱えその問題解決が一向に進まず、商品・サービスの購入体験をもった顧客が次々と離脱し、なお自分が直面した各種の問題をマイナスの口コミにより企業の知らないところで広範に広げ、潜在的な顧客まで失う行動を起こし評判の悪い企業として顧客が購入しなくなる状態が加速していることを示しています。
⑤	問題解決よりも新たな問題が増加し、ひとたび購入した顧客は、次回は懲りて購入しなくなるという顧客自体を消費している企業となってしまい、消滅するのは時間の問題となっている企業です。
④	一進一退の状態が進み、時代のスピードについていけない状態を示しています。時代のほうが先行し、企業の落差が際だち、時の経過と共に次第に衰退化している状態を示しています。
③	顧客が次に欲しい商品・サービスを企業が提供することにより何とか現状維持を保つ状態にあることを示しています。
②	現状ある商品の延長線上で革新的な要素を生み出すことにより、顧客の支持が得られる状態を示しています。例えば、携帯電話の登場やハイブリッド乗用車の登場などが該当します。
①	発明発見の類の商品・サービスの登場により圧倒的多数の顧客が購入に走る状態を示しています。携帯電話のiモードやWindowsの登場などは顕著な例です。

♠ 顧客の「要望」「困っていること」「不満」を知り支持を受ける取組みを

　以上のことからわかるとおり、図表27の①と②の中身をどのように開発するかについては、直接顧客に尋ねても顧客自身の自覚がない限りそれは得られません。
　それではどのようにするかです。
　既に多くの成功を生み出している１つの顕著な取組みとして顧客の「要望」「困っていること」「不満」を知ることにより「その背後に潜んでいるのは顧客の求めている要素である」とすることがあげられます。
　つまり、顧客の意識下により深く潜んでいる主として「不」の要素をキャッチし、発掘し、その対面にあるところの顧客の求めている要素を商品・サービス開発に結びつけ顧客に支持を受けるという取組みです。
　顧客の何気ない一言をありがたいチャンスの情報として捉え、それが顧客の求めであるという取組み方を意味しているのです。
　うるさいことを表明してくれる顧客ほど、実はありがたいファンなのだということです。

♠ 顧客不満足度調査の導入に力を注いでいるわけは

　日本で99～97％の問題が企業に届いていないのは、顧客にとってわざわざ自分の時間と労力と費用（電話代など）を使ってまで文句をいう親切を提供する義務はなく、黙って去って行って二度と購入しなければ済むことだからです。
　ご自身を振り返ってみればおわかりのように、例えばレストランで、不親切、マナーが悪い、ぶっきらぼう、料理をどすんと置いた、食べている最中に片づけていいかを聞かれた、器が欠けていた、味がまずかったなどの店には、何も言わずに黙って去って行き、二度と行かない体験を持っていると思います。
　更に、年間で40人以上に「あの店はダメだと」マイナスの口コミをすることになっているのが常です。
　心理的離脱顧客は、何もわざわざ企業に対してはマイナス要素を伝えてくれないのです。
　だからこそ、多くの企業がこぞって「顧客不満足度調査」の導入に力を注いでいるのです。
　新規顧客の開拓、顧客の継続率を上回る顧客の離脱化は、企業にとって致命傷となりますので、事が起こる前に事前に問題をキャッチする必要があるのです。

11 顧客中心に考え・行動する組織づくりをしよう

Point
♠ あくまでも顧客発で取り組みましょう。
♠ 顧客不在の組織になっていませんか。
♠ 顧客の本音を知って早急に手を打ちましょう。

♠ 顧客の本音を聞いてそこからスタートする活動

　CS（Customer Satisfaction＝顧客満足）は、前述のとおり、顧客第一主義・顧客中心主義・顧客重点主義などと表現されるとおり、まずは顧客の顕在化満足、すなわち顧客の表面化した求める満足と、顧客の心の底に潜んでいる顧客自身が気づいていない満足を捉えて顧客に満足提供することを意味しています。

　すなわち、どこまでも顧客が中心であり、企業第一主義、企業中心主義、企業重点主義ではないということを意味しています。

　したがって、まずは顧客不満足度調査で顧客の意識を把握し、そこで浮き彫りになった課題に取り組む手順が基本となります。

♠ 顧客を中心に考え・行動する組織づくりのポイントは

　調査結果は整理・分析を行い、「定量分析編」と「定性分析編」の2分冊にしてまとめます。

　定量分析編は、文字どおり点数やパーセンテージにより数値化・指標化したものです。

　また、定性分析編は、フリーアンサー（自由記入欄）に記された「要望」「困っていること」「不満」を整理したものです。

　過去からの習慣としては、定量分析が一次情報として取り扱われてきましたが、現在では、定性分析も一次情報として重要視されるようになってきました。

　そして定量分析と定性分析の双方から更に分析を深めることにより、いままでわかりにくかった、例えば「どちらでもない」「特にない」などの曖昧な回答をした人が、実は「こんな意識をもっていた」などが理解できるようになったのです。

また、例えば「1日に歯を3回磨く人は、1日に1回しか磨かない人よりも2.5倍歯ブラシを余計に購入する」などといったデータマイニング・テキストマイニング等による分析が少しずつ精度を上げてきた成果も上げられます。
　つまり、このようにして「顧客不満足度調査」→「整理・分析」→「課題・チャンスの発見」→「課題に応じた組織をあげての活動」→「その活動を顧客が評価」といったサイクルで取組むことにより、顧客を中心に考え、行動する組織づくりとなるのです。
　だからこそ、考え方・行動の軸がぶれないために企業理念が何よりも大切になるのです。

♠顧客の実態を数値的な分析により不満層・中間層・満足層の三層に分ける

　いろいろな分析と調査結果の表現を行いますが、具体的な顧客の声を数値化するのです。
　顧客の実態を数値的な分析により不満層・中間層・満足層の三層に分けてどの問題が満足層と不満層が乖離（かいり）しているかをみる例です。
　ちなみに「営業担当者の専門知識・情報提供」「ご要望への理解」「ご要望への対応」「ご相談への的確なアドバイス」などに関し上手く行かなければ不満となり、上手く行けば満足に至る分岐点という整理がなされるのです。
　つまり、多くの課題が存在する中で、特にこの課題に力を注ぐことにより、成功・不成功が決まってしまうということを意味しています。
　どの課題に力点を置き、優先順位はどれかを特定することにより、ムダな活動をしないばかりか、効率と効果の双方を得ることができるのです。
　また、定性分析に関していえば、図表28のような例をあげることができます。

【図表28　取引先の法人顧客が腹を立てているケース】

- ◆品質不満が増加している。商品の品質が悪化の一途を辿っている。
- ◆サービス（ビフォー・イン・アフターなど）の品質が止めどもなく悪化している。不満に対する対応は特に良くない。慇懃無礼、クレームを「処理してしまう」姿勢、たらい回し、などが目に余る。
- ◆下手なコストダウンは命取りなのに、資材の購入を当社から品質の劣る他社に切り替えてしまった。きっとトラブルが増えるだろう。
- ◆すぐ壊れる。同じ箇所が何回も壊れる。
- ◆何回直しても直らない。
- ◆同じ部品を使用している限り直るはずがないと思うが…。
- ◆修理担当者の腕が悪いと思っていたら、どうも製品自体の問題らしい。
- ◆問題が多いので問い合わせたが、工場の技術者が出てきて「貴社の使用方法に問題

があるのでは？」といわれ、切れてしまった。
◆不良品に対して文句をいったら「当社の基準に合っています」といわれ、腹が立った。
◆企業姿勢として誠意を感じない。以前はそのような会社じゃなかったはずなのに…。
◆納期遅れが増え、不良品が増え対応が悪くなってきた。
◆事務所の対応、連絡がまともではない。対応が雑。連絡が遅い。いい加減。
◆納品は遅い。しかし請求書だけは早い。
◆品揃えが悪くなってきた。誰が決めているのかわからないが、売れ筋を削ってどうしようというのか。顧客理解がまるでできていない人の決定？
◆今まで付いていた役立つ機能を聞くところによると、ローコスト化のために外してしまったとのこと。一体何を考えている企業なのか、呆れ果ててしまった。
◆ともかく商品がぐるぐる変わり在庫が大変なうえ、部品が揃わない。こんな商品誰が売るものか！　仕入れるのは勝手だが、現場は絶対に顧客に勧めない。
◆追加注文しようとしても、すでに製造中止。売ろうとしているのかどうなのかはっきりして欲しい。
◆アフターサービスはするつもりがないらしい。
◆商品開発力が不足している。市場における競争力が落ちてきている。
◆近年は発注しても一度で商品が揃った試しがない。
◆デザインが良くない。色が悪い。センスが良くない。自社の感性でつくるな。
◆顧客理解がなされていない。本質的な顧客志向の姿勢がみえない。
◆低価格商品が市場に溢れているのに、相変わらずの強気の価格。商品の品質とのバランスが取れているならまだしも、品質が良くないのでは問題外。売れば売るほどクレームが増え、まるで顧客を失う活動に精出し、手間とコストのかかる作業に追われる組織になってしまっている。
◆商品と価格のアンバランスが問題。価格の弾力性に乏しい。
◆納期が不正確。問合せ、回答などの対応も異常にのろい。
◆製品のわりには価格が高い。だから買わない。
◆営業担当者が何でくるくる変わるのか。当社を大切に考えていない証拠。
◆情報の提供がない。企画立案、提案がない。
◆商品知識がなさ過ぎる。
◆価格のわりには製品が雑でよく故障する。
◆他社に比べてディーラーに対する講習会が少ない。それ以上に貴社の担当者レベルが業界比でみると低い。
◆今時のサービス（修理）は24時間365日が当たり前なのに、貴社は暦どおりの営業のうえ、担当者が年中休暇。優雅なのは結構だが、顧客無視は困る。
◆対応が紋切り型で冷たい。
◆他社比利幅が少ない。それでいながらサービスも良くない。そろそろ取引を止めようかと思っている。
◆リコール対象のようなトラブルでもリコールしない。そのうち大きな問題を起こさないうちに取引を止めようと思っている。
◆他社比販売支援策ならびに人的要素がなさ過ぎる。
◆営業の訪問回数が少な過ぎる。
◆営業担当者の商品知識がなさ過ぎる。経験・勘・根性（３Ｋ）、義理・人情・プレゼント（ＧＮＰ）だけではこの時代は乗り越えられない。
◆相変わらずの押売りか泣き落としの営業、御用聞き、胃・肝臓・体力の営業（IKT）

❷ＣＳ（顧客満足）経営がすべての基本

は不要。
◆営業体制、営業システムの再構築を望む。
◆展示会、見本市の形骸化。もっと内容のある催事をしてほしい。今のままではわざわざ出かけていく必要がない。
◆カタログ・各種のツールの不備。使いにくい、役に立たない、古い…。
◆環境問題に関する意識欠如。配慮が不足。
◆人間力に乏しい。積極性がない。
◆技術支援、営業支援、取引先サポート策不足。精神論、セルインだけでは最早通用しない。
◆特に上司の訪問は1年に1度あればいい程。そのうえ上司は誰だか知らない。
◆担当者が変わるのは勝手だが、そのつど引継ぎがなされない。貴社が行うべき引継ぎの説明を当社が行うのは筋違い。
◆貴社からの資料が少なすぎる。
◆最近独創性がなくなった。
◆ちょっと文句をいったり細かい要請をすると、途端に営業マンは来なくなってしまう。
◆需要期になるといつも同じ問題が生じる。10年1日のパターンはいい加減に止めたらどうか。
◆カタログ、パーツリスト、マニュアル、価格表…ないないづくしで一体どうしろというのか。
◆メーカーが相変わらず上位にいると勘違いしている。今メーカーがどれだけディーラー支援ができるかの時代なのに。こんなメーカーについていると、当社も駄目になってしまう。
◆メーカーから仕入れるよりも安売り店で購入したほうが安い矛盾。
◆何時も対応が悪いので、○○は他社に切り替えた。
◆意識だけは一流。名門意識。だが、やっていることはまるで三流。
◆貴社はまるでお役所、官庁。聞く耳もたず、処理型で創造する意欲なし。
◆コストダウンといいながら、一方よけいなところにばかり経費を使用している。余計なことだが、もっとタテ型組織の中で一元管理をしたらどうか。
◆最近は開発姿勢に乏しい。マイナーな変更ばかりで誤魔化そうとしている。その場のぎの連続。しかも品質低下を招いている。
◆繰返し同じミスをしている。
◆問合せ、クレームなどに対してフットワークが悪すぎる。
◆熱意が伝わってこない。
◆売りっぱなし、まかせっぱなし、ほおりっぱなしなど、"ぱなし"が多い。
◆忙しいとき、緊急時ほど対応が悪い。
◆貴社の上司と部下、他の別の部門、営業と事務などのコミュニケーションや連絡体制が悪い。いうこともちぐはぐ。ばらばら。何で当社が調整してやらねばならないのか。余計な苦労しなければならないのか。
◆担当者の担当地域が広すぎるのではないか。移動のために乗り物に乗ることが仕事になってしまっているのでは？　余計なことですが。
◆仕切りが良くない、融通が利かない、価格が高すぎる、利益率が低い、サービスが悪い…これで売れ！　とおっしゃる矛盾を感じないのですか。
◆新人で知識、技術のない営業マンが修理をしている。人手不足になりこんな状態になるほど貴社の商品トラブルが多いのは問題外。それでいて一人前の修理代金を取る。

⑪顧客中心に考え・行動する組織づくりをしよう

◆変更が多すぎるようになっていながら、そのうえ約束を守らない。
◆配送形態がぐしゃぐしゃ。汚破損も増えている。
◆流通経路が不明確。やたらにいろいろなところに商品を流している。

※以上は可能な限り顧客の表現どおり忠実に表現しています。

♠ 組織は誰のためのものか

　顧客の声に取り組むときに工場だけで解決したり、設計・開発だけで解決を図ったり、また営業だけで取り組んだりするのでは、顧客のための解決にはならないことが多いといえます。

　例えば、「工場の基準に合格している、業界平均値をクリアーしている」「お客様の使い方が悪い」「無理難題やわがままをいう客だ」などは、正に企業サイドに立った考え方・台詞（せりふ）ですから、顧客志向になっていないのは明らかです。

　本来なら企業・組織に関連する各部門が1つの課題に関して解決の相談を行って初めて、顧客が納得し満足する結果を導き出すことができるのです。

　企業は、設立当初は素直に「お客様のためにどのようにしたら満足いただけるか」を考えて組織をつくったはずです。

　ところが、時間の経過と共に、企業の都合や企業の事情で組織づくりを行うようになってしまいます。

♠ 約40％の課題は組織内で解決する担当者も部門も不在

　やはり、筆者の調査結果によるものですが、顧客の「要望」「困っていること」「不満」が浮き彫りになったときに、その課題を解決する部門・部署・担当者に振り分けていくと、約40％の課題は組織内で解決する担当者も部門も不在というように、課題の多くが解決のまな板に乗らずに浮いてしまいます。組織内にその課題に取り組む部門・部署・担当者が不在ということです。

　近年の組織異動・人事異動の中に新しい部門・部署・担当者を生み出している例を目にしますが、筆者がお手伝いしている場合は、約40％の課題に取り組むための組織異動や人事異動を行っています。

♠ 顧客は常に本音であるのに対し企業は建て前のズレ

　顧客不満足度調査の意味合いについては、既に述べてきましたが、その内容は、図表29のような例にみることができます。

【図表29　社内の組織・システムに社内顧客が腹を立てているケース】

- ◆システムを変えないで人員削減したので、慢性的な人手不足で顧客に迷惑をかけっ放し。
- ◆そのために顧客を失い続けている。なんのための人員削減かわからない。経費を減らすことが目的になっていて顧客を失い続けるのは本末転倒である。
- ◆その場しのぎの派遣社員の充当。内容を度外視していて頭数を揃えることで本質とのズレが生じている。
- ◆派遣社員はくるくる変わるので、いつもゼロスタートで教えるだけ余計に手間がかかる。おまけに15分でも残業手当を要求されるので業務が滞る。
- ◆先輩が後輩を育てることをいつの頃からか止めてしまったので、人材が育っていない。
- ◆組織異動しても顧客を基盤にしていないから、また顧客からズレを生んでしまっている。
- ◆同じ仕事をするにも手間がかかるが、デスクワークばかり押しつけられて本質的な仕事に時間が割けない。
- ◆最近物流に関する問題が増加している。顧客無視で○○時に締め切るとは・・・。
- ◆中間管理職のところで業務が滞っている。上からの内容が伝わってこない。現場の声が上に伝わっていかない。
- ◆存在感のない部長・役員が多い。何のためにいるのか。昔の現場しか知らないのでジャッジがいつもズレる。その度に現場は苦労する。そのためにいつも余計な仕事をしなければならない。いつもカバーするのに時間が取られる。
- ◆課長は単にいるだけ。上と下とのクッションの役を果そうとしているが不要。
- ◆上位者になるほど業務量が少なくなっているのはなぜ？　逆では？
- ◆事なかれ主義の管理は最早不要。何かを生み出す役割を担ってほしい。
- ◆デスクワーク、会議、トラブル対応が増加。顧客に接する時間が取れない。営業の邪魔ばかりするシステムは困る。
- ◆過去の現場感覚しかないうえに理論構築ができている管理者が少ないから、せっかくシステムを組んでも動かない。
- ◆有名な○○総研が生みだした素晴らしいマニュアルの伴った仕組みは結構だが、あまりにも現場無視。だから余計にトラブルが生じている。多額の費用をその食い違いに払い続けるために稼ぐのはかなわない。
- ◆外部のソフト会社に依頼してつくった仕組みがあまりにも現場無視。却って顧客を失う結果につながっている。それにも関わらず相変わらずそのズレを防ぐためにソフト会社に支払い続け、むしられ続けている。現場を知らない管理者が名前だけ有名なところに頼んで契約するからこういうことになるんだ！
- ◆営業が属人的なために個人の力量に依存している。システム不在。だから成果が上がらない。
- ◆メールがやたらに増えて却って問題の先送りとなっている。
- ◆仕組みがなく個人に依存しているのをかっこよく表現すると権限移譲。だからバラツキばかり増えて混乱。
- ◆組織図だけつくっても内容が伴っていない。機能がない。
- ◆まるで個人商店の集まりでシステム不在。
- ◆トラブル対応の窓口がバラバラで回答も対応もバラバラ。
- ◆縦軸組織で横のホウレンソウがない。
- ◆本社・本部の機能が不在。戦略・戦術・企画などが現場ではズレにずれている。本

⑪ 顧客中心に考え・行動する組織づくりをしよう

部・本社の言うことを聞いていると業績が落ちる。いかにやったふりをするかが大変。ふりをして自分達のやり方で成功すると逆に自信をもたせてしまって更に問題。どうすりゃいいんだ。
◆悪いことは隠す。良いことは膨らませて伝える傾向にある。
◆クレームに対して上司が対応すると顧客の意見を事なかれ主義で安易に受けてしまうか、ないしは余計にトラブルに発展させてしまう。
◆「提案しろ」というから提案すると「経費がかかることは一切駄目だ！」と拒否されてしまう。これじゃ誰が提案などするものか！
◆トラブルの原因を工場や設計部門に問い合わせると「社内基準には合格している」と答えるか、催促しても何時まで経っても回答が返ってこないかどちらかである。
◆社内における問合せはいつもスピーディに回答が返ってこない。答えがなされても曖昧。ごまかし。顧客不在。
◆パーツリストが揃っていたためしがない。
◆パンフレットがいつも不足。上司がもっているだけで現場にはくれない。「適当な理由をつけて顧客に断れ！」といわれるが、誰のためにパンフレットを作成するのかわからない。
◆顧客のための社内教育ではなく、いつもお仕着せの定番。教育担当者満足のための研修？
◆新製品のコンセプトがいつも伝わってこない。聞いても正確に知らされない。開発者満足で顧客満足のための商品開発になってない。
◆営業は「ろくな商品を開発しない」といい、開発者は「いい物をつくっても売る能力がない」といい合っているが、いずれにせよ顧客は不在。
◆企業内の担当者満足、トップ満足、上司満足、組織満足、顧客不在の企業である。

※以上は可能な限り顧客の表現どおり忠実に表現しています。

♠ 会社は誰のためにあるかの確認

　以上は、ほんのさわりに過ぎませんが、かなり組織の本質を突いている内容です。組織は誰のためにあるのか。当たり前のことが当たり前であるようでなければ、顧客から見放されてしまうのです。
　図表30のことを改めて確認しておくべきでしょう。

【図表30　会社は顧客のためにある】

① 家賃、光熱費、広告宣伝費などすべての経費は顧客が負担してくれている。企業や社長が負担しているのではない。顧客が離れてしまえば、一切の経費負担はなされなくなる。
② 給料は顧客が支払ってくれている。社長ではない。顧客が企業を見放し顧客数や売上が減少すれば、給料はもらえなくなる。
　その背景にあるのは次のようなことです。
❶ どこのメーカーを選ぶかを決めるのは顧客。
❷ どの商品を選ぶかは顧客が決める。
❸ どのお店で購入するかは顧客の決めること。　　etc.

❸ ES（社員満足）が経営の要

❸では、サービス・マインド不足の実態を探り、顧客の心を掴むために必要なサービス・マインドのもち方、気配り社員・ES（社員満足）を創り出す必要性をまとめています。

12 サービス・マインド不足の時代に直面している

Point
♤ 自分中心主義の子供たちが増えています。
♤ 人と人とのコミュニケーションが無機質になっています。
♤ メールが問題を惹き起こしています。

♠ **自分を中心に置く子供たち**

　日本では、少子化が政府の想定した時期以上に急ピッチに進行しています。そして、その実態については、既にマスコミをにぎわしたとおりです。

　少子化の進行に伴って、生まれた子供を親や身内の人たちが大切に育てる意識が向上し、事実そのように子育てに励んでいる家庭が増えている状況にあります。

　その現象は、子供用の高額品・高級品・ブランド品がよく売れ、また子供の健康を配慮した高級食材、例えば有機野菜や自然食、その他自然素材の衣料などに配慮している様子が顕著です。

　その結果、そうした環境で育てられた子供たちはまるでタレントにみるように、自分が中心となり、周囲の人たちはすべて自分のほうを向いているという錯覚を身につけてしまう傾向にあります。

　また、逆にスナック菓子やジャンクフーズなどの摂取などが取沙汰されていますが、普段の生活の中で知らずに食べたり飲んだりしている様々な添加物を含め、環境変化に伴い身体の中でマイナスの相乗作用が起こっています。

♠ **子供たちの特徴は**

　因果関係は、証明されていませんが、ともかく傾向として、次の(1)(2)のような子供たちが増えているのは事実です。

(1) 「人」と「人」の対面するコミュニケーションが苦手

　生まれたときからTV（テレビ）があり、その中で表現される出来事は世の中のあらゆる現象面を見せています。そうした内容が刺激となり、次第に強い刺激でも喜怒哀楽の心の動きが起こらないような心理状態に至っているようです。

(2) 人と人の関係もリモコンもどきに自分の都合で切り替える

無表情な子供たちも増えています。また自分が気に入らなければ簡単にリモコン的に相手との関係を切り替えてしまうなどの習慣も身につき、人と人の関係もリモコンもどきに自分の都合で切り替えるようになっています。

例えば、携帯電話は自分の都合でかけたり切ったりする、コミュニケーションはまさにその類いで「ちょっと都合が悪くなったのでまたね」として、一方自分が思い立つと誰彼なく電話をするなどの行動に移り、人間関係にもその影響が表れています。

♠ メールが心の交流を悪くしている

本来コンピュータは、多数の数字・面倒な計算を助けてくれる道具として発達したにもかかわらず、次第にコミュニケーションに使用されるようになり、コンピュータが弱い分野であるメールやインターネットなどのコミュニケーションに急ピッチに利用されるようになっています。

まだ良質なコミュニケーションのあり方が過渡期であるために、図表31のような各種のトラブルが増加している状況にあります。

組織内ですらメールの起こすトラブルが増加の傾向を示しています。

連絡事項などに関してメールの果たす機能は非常に有効な面を備えている一方、会話に類することや説明、内容の解説、クレーム対応などの心理的要素が伴うことに関しては問題が多く発生しています。

つまり、メールで一見コミュニケーションが上手くいっているように思われているのですが、実は、どんどんコミュニケーションが希薄になっているのです。

文字、電話、パソコンなどのコミュニケーションのように、何かを間にはさんで行うコミュニケーションから、人と人のコミュニケーションに力を注がないと様々な問題が増加していってしまうのです。

【図表31　メール・文書が起こすトラブルの要因】

佐世保の女児の問題だけではなく、大人の世界・企業内・ビジネス社会でも、日頃から起こっている電子メール（以下、単にメールといいます）が引き起こしている問題点と原因。
　ネチケット（インターネットとエチケットの造語）を身につけておきましょう。

□社内でもメールの内容を誤解して喧嘩が絶えない。「とんでもない奴だ！」怒り心頭の人達が増加。
□会議室に行ったら誰もいなかった。メールを読む暇がないという人達が多い営業部門の会議お流れで、それが習慣化して誰も会議に集まらなくなった。
□読んでいる人と読んでいない人が混在し、次第に趣旨が伝わらなくなっている現実。

⑫ サービス・マインド不足の時代に直面している

- □メールでの内容のやりとりは趣旨が伝わりにくい。
- □文章を書く達人はほとんどいない。文章の行間まで読み込む名人もまたほとんどいない。それでいながらお互いに「わかってくれているはず」はないはず。
- □メールの交換は連絡事項などに限る必要がある。
- □トラブルが多くコミュニケーションが悪くなるということで、英国の企業で内容が伴うメールのやりとり禁止を打ち出した例がある。
- □クレームの場合、メールでやりとりは禁物！
- □文章のやりとりは証拠が残るうえに解釈の多様性で言質となる恐れあり。
- □もしクレームでメールアドレスしかない場合は、電話ないしは面会でなければ、趣旨が伝えきれないことを記して電話・住所等を教えてもらう。
- □もし相手が電話・住所等を教えてくれないようであればクレーマーの可能性大。その場合はクレーマー対応に切り替える。
- □元来は、氏名・所属部門・社名・住所・電話・メールアドレスなどが記入されていないこと自体がおかしい。
- □短い文章ほど誤解を生む。業務処理型の人はトラブルを起こしやすい。短く簡単に記すのが仕事のできる証拠であり、忙しい証と勘違いしている仕事のできない人。
- □長い文章は更に事態をややこしくし、事を複雑化していく。
- □メールのトラブルの原因のトップは「表現」の解釈の相違。
- □メールのやりとりは事をこじらせて元に戻すことが難しくなる。
- □文章のやりとりは次第に不満を増幅し、1人で興奮状態に入ってしまう。
- □クレームの場合、メールのやりとりは次第に表現が激しくなり、過激になる。こじれる。
- □「メールを送ったけど読んでくれた？」個人の私信とビジネスの場合との相違はありますが…。
  - ○返事をするのが当たり前と思っていませんか？
  - ○返事をしないで放り出していませんか？
  - ○メールを送るのも勝手？ メールを読まないのも勝手？ 返事をしないのも勝手？
  - ○「メールは必ず到着する」と思っていたら大間違い。
  - ○「遅れて届くことがある」ことを理解しておく。
  - ○相手は「メールを必ず読む」と期待しているのは大間違い。
  - ○まともな内容なら返事をするのが礼儀だが、返事がないということは
    - ・届かなかった
    - ・答えたくなかった
    - ・無視したかった
    - ・前向きの姿勢で検討中　など
- □こちらが送った文章に「了解」「OK」のように簡単な返事の仕方をしてくるのは失礼。この方式がルール化されていると思ったら大間違い！　相手を不快にするだけ。
- □チェイン・レターは禁物。
- □引用は明記し出典を明らかに。
- □説明は詳しく正確に。
- □メールでのジョークは通じにくい。
- □一度送ってしまったら取り戻すことができない。当たり前のことを再確認しておく。
- □ローカルルールは通じないと思うこと。
- □相手の文章をそのまま送り返す方式は失礼。面倒でも相手の文章は削除して、どの件に関する返事かを明記したうえで、改めて送信するのが礼儀。

❸ ES（社員満足）が経営の要

□重要でも緊急でもないのに「！」や「注」「重要」「緊急」は、マンネリ化する。「フェイスマーク」「笑顔？マーク」で「馬鹿にされた！」怒っている人は多い。
□大事な要件のときはタイトルを付すとわかりやすい。
□だらだらとつづった後に「PS」や「追記」「本日中に大至急返事をください」は見落とされる可能性大。「重要」「大至急」は末尾に書かないこと。そして結論から先に書く。
□重要でもないのに「添付」はウィルスを運ぶ危険性大。相手の了解がない限り文書でも写真でもテキストで送るのが原則。
□ウィルスのプレゼントは嫌われる！　当然！
□デジカメの画像をやたらに送信しない。部長が酔って女性社員と写真を撮ったのを流して大騒ぎ！　になったなど、トラブルにつながった例は枚挙にいとまない。
□重い添付書類がついているメールは迷惑がられる。
□件名のないメールも迷惑。
□「結構です」はOK？　NO？
□開封通知を要求するメールも嫌がられている。
□署名メールが添付されているメールが迷惑がられている。
□読まないで消すのを仕事にしている人もいる。
□個人情報が第三者に漏洩した場合、プライバシーの侵害で告訴されることがある。
□個人情報をメールに書き込んだり、個人情報を含む添付ファイルを送信する場合、暗号化してなければトラブルの元。
□相手のメールアドレスをやたらに人に教えると問題に発展。
□異動・退職者のアドレスの取扱いがよくない企業。
□派遣社員・アルバイト・パート社員のアドレスの位置づけが不明確で問題発生。
□外出・出張時のメール扱いは明確か？　取引先の印象を悪くする。

etc..,

　以上でもおわかりのとおり、文字コミ（文字によるコミュニケーション）はまだまだ発展途上できめ細かい感情的な要素などは伝えきれない、キャッチできないということで、却ってことを紛らわしくし、こじらせてしまう傾向にあります。

　再三触れていますが、「人」と「人」のコミュニケーションは何よりも大切にするべきです。

　しかし近年に共通している要素ですが、「〇〇さんに××の要件を電話で説明しておいて欲しい」と指示すると、「メールではダメですか？」という質問を受けるケースが増えてきている点です。

　微妙なニュアンスを伝えるのには、本来は面会することが一番ですが、遠隔地であったり、互いに時間が取れない場合などは電話による伝達がその次に大切です。

　無機質な要件だけを伝えるには、メールは誠に便利ですが、心が伴うことや間違えやすい内容の伴う要件に関しては配慮するべきです。

13 サービス・マインドが不足している人たちとは

Point
♤ 装置やツールがなければ、パニックを起こす人間が増加しています。
♤ サービス・マインドを調べてみましょう。

♠ "装置サーボーグ人間"の特性をもつ人たち

　携帯電話、パソコン、カーナビ、CVS（コンビニエンスストア）などがなくなったらパニックを起こす若者が増えています。つまり、こうした装置は欠くことができない生活必需品になっていて、もし携帯電話を家に忘れでもしようものなら、会社に遅刻してもわざわざ取りに帰るなど、完全にパニック状態に陥る"装置サイボーグ人間"が増えているのです。

　また、いつも出かけていく場所であっても、カーナビが頼りになっている人は地図を全く覚えなくなり、その都度カーナビをみながら出かけることなど笑えない現実が生じているのです。漢字が使えない電卓が頼りも同様です。

　一方では、サービス化がどんどん進行する中で、逆に人のことをあまり意識しない人たちが増える傾向にあり、サービス・マインドは遠ざかる一方という由々しき事態を招きつつあります。

　筆者は、このような特性を示す人たちを"装置サイボーグ人間"と称しています（図表32）。

　サービス化が進行する中でサービスに向かない無機質人間がこうして増えていくという逆の現象が起き、これからの企業はサービス業に適した人の質の問題で苦労を強いられることになるのです。

【図表32　装置サーボーグ人間の特徴】

[1] 現象面にみる新入社員の実態	
❶ 気づきがない・雑	(1) 一人っ子→家族や周囲の人たちが子供を主体にして育てる→自己中心主義
	(2) 何も不自由していない・ハングリーではない→欲がない→夢・ロマン・志がない
	(3) 相手の立場を考えない→場の状況が見抜けない
	(4) 危機感がない
	(5) 自己評価をしない・反省をしない・感謝しない
	(6) 物事を安易に考える・改善する気がない・創造する意識がない

❸ ES（社員満足）が経営の要

	(7)	情緒がない・サービスマインド・コモンセンス・ホスピタリティが不足している
	(8)	感覚的で論理性に乏しい・本を読まない
	(9)	文化的ではない
	(10)	仕事を天職と考えていない
❷ すぐ切れる	(1)	自分の思うようにならないとすぐに切れる
	(2)	忍耐力がない・我慢をしない・苦労しない・苦手を克服しようとしない
	(3)	血の巡りが悪いが血の気は多く、すぐ真っ白になる
	(4)	部分だけに目を向け全体を見ない
	(5)	ジャンクフードを好む・食に偏りがある・朝食を食べない
	(6)	いつも何かに不安と不満を感じている
	(7)	モノには満たされているが、心が満たされていない、癒されていない・愛情を求めている
	(8)	他責型である・人のせいにする
	(9)	自分のケアができない・自分の気持ちをコントロールできない
	(10)	注意力が散漫・集中できない
❸ 自分が興味をもっていること以外には無関心	(1)	楽なことしかしない・自分にとって面白いと感じることしかしない
	(2)	面倒くさいことはやりたがらない
	(3)	臨機応変・機転を利かすことはできない
	(4)	教えられた型どおりにしかできない・マニュアル人間。主体性がない
	(5)	相手の立場・要望が理解できないし理解しようという意志もない
	(6)	点の対応しかできない・総対把握ができない
	(7)	現象面の非難・批判はするが本質を理解しない
	(8)	手加減することを知らない
	(9)	表面的なことにばかり目を向けるので背後の状況が理解できない
	(10)	セレモニーを好まない（文化＝セレモニー）
❹ コミュニケーションが図れない	(1)	同年齢・同世代としかコミュニケーションが図れない
	(2)	相手の心の動きがわからない・相手のニーズを理解しようとしない・人の痛みがわからない
	(3)	グループに溶け込めない・チームワークが苦手
	(4)	年齢が上の人たちと会話ができない・同年齢としか会話ができない
	(5)	自分がけなされたとき以外は反応が鈍い
	(6)	自分の意図はすべて相手が理解しているものと思いこんでいる、「報」「連」「相」がない
	(7)	コミュニケーション（双方向）を図る工夫をしない・努力をしない
	(8)	次の瞬間を想定しない・先読みができない
	(9)	相手が自分のことをどう受け止めているのかが理解できない
	(10)	すぐに逃げようとする
❺ 夢・ロマンがない、志がない	(1)	本当は何もしたくない・楽をする方に逃げる・現実逃避してひきこもる
	(2)	意欲がない
	(3)	気づきがない・気づこうとしない

⓭ サービス・マインドが不足している人たちとは

		(4) 何事につけ雑である
		(5) チャレンジ精神がない・革新する意識・意欲がない・現状維持が楽
		(6) ずるさでその場しのぎ
【2】新入社員＝装置栽培人間＝サイボーグ人間＝『装置サイボーグ人間（cyborger）』＝武田哲男の造語。 装置栽培＝各種の設備・装置・システム・人的要素で無機質に栽培されている。 サイボーグ＝人工臓器で身体の一部を改造された人間。人間の形を備え、人間と同じ活動をする人造人間（三省堂国語辞典）		
❶ 性格	(1)	一人っ子なるが故に大切に育てられてきたのでわがまま
	(2)	我慢ができない・我慢しない
	(3)	何でもねだれば達成する、あまり苦労しないで手に入る、何でも金で買えると思っている
	(4)	自分がオールマイティ・我がもの顔・自己中心主義
	(5)	気づきがない・雑
	(6)	すぐ切れる
	(7)	自分が興味をもっていること以外には無関心
	(8)	コミュニケーションが図れない
	(9)	夢・ロマン・志がないから気づきが生まれない
❷ 背景にある要素	(1)	暖冷房完備でやわな体質に
	(2)	冷凍食品・レトルト食品・ジャンクフード・コンビニ食で生活
	(3)	乗用自動車・乗り物に依存してあまり歩きたがらない
	(4)	TVは生まれたときから存在する
	(5)	携帯電話を手離したらパニックに陥る
	(6)	カーナビに依存し道を覚えない
	(7)	パソコンを計算手段よりコミュニケーション手段に使用する
	(8)	パソコンゲームにのめり込んで現世に戻れなくなる
	(9)	インターネットが頼り
	(10)	メールでやりとりをするが、次第に感情移入をして過激になる
【3】"サービス化時代"に逆行する人材『装置サイボーグ人間』への対応の方法		
❶ ダイバーシティマネジメント（Diversity Management）時代の到来	(1)	人手不足時代の多様性マネジメントノウハウを身につける
	(2)	人手不足時代の採用基準が甘くなっていることに対する対応方法を得る
	(3)	益々サービスが時代の差別化要素になっているにもかかわらず、サービスに合わない人材が増える一方であるが、そうした状況下における高質サービス提供のノウハウを構築する
	(4)	CSR（企業の社会的責任）・モラル（倫理）・Compliance（法令遵守）・BCP（事業継続計画）などが求められる時代の人材・組織のあり方を生み出す
	(5)	複雑系・多様系で物事を捉える方法を身につける
❷ まずは採用にこだわること	(1)	「なぜこの会社を選んだのですか？」
	(2)	「貴方はこの会社で何がしたいのですか？」「貴方の夢・ロマン・志は何ですか？」

❸ ＥＳ（社員満足）が経営の要

	(3)	「本日この場に来るまでの間に何か新しいことに気づきましたか？」
	(4)	「1週間に何回家族と食事をしていますか？」「TVを見ながらの食事ですか？」
	(5)	「会話はどんな内容が多いですか？」
	(6)	「あなたは夜何時ごろ寝ますか？」「朝は何時に目覚めて起きますか？」
	(7)	「あなたは本日起床してからここに来るまで何をしましたか？」
	(8)	面接時の動作を見ること　→　※「5分で人を見抜く」参照
	(9)	グループディスカッションを行い発言の様子を観察する
	(10)	「貴方から何か質問があれば聞いてください」
❸「気づきがない」新入社員対応	(1)	知らないは「非常識ではない」「不常識なのだ」からまずは教えなければならない
	(2)	考えない人に考え・気がつくトレーニングを行う 「午後1時30分からA会議室で10名ほどの人数で会議があるのでコピーを取って置いてきてください」とB主任から命じられたCさんがしたことは？（およそ300位はポイント抽出が必要）
	(3)	「処理型」である→お茶の入れ方をみれば一目瞭然　→　創造型に育成
	(4)	VCG（Value Chain Game＝バリューチェーンゲーム）で気づきのトレーニングを行う（筆者が開発の楽しみながら気づきを生むゲーム）
	(5)	家庭で行ってこなかったことも企業で行わなければならないことを理解する
	(6)	ステップ1． ①　1年間は同期の人たち数名とグループ（3名・5名の奇数）をつくりコミュニケーションを図る　→　1名先輩リーダーをつける　→　シスター制度etc． ②　2か月単位でどれだけ変化したかに関するチェックをグループで行い自己評価する （4～5月分・6～7月分・8～9月分・9～10月分・11～12月分・1月～2月分 そして3月に1年分の反省・総括と今後のあり方を設定する。
	(7)	ステップ2． ①　2年目の取組みはグループ編成を変える。 ②　1年間に体験・体得した基盤をお互いに活かす。 ③　今後のあり方をもち寄り1年間の目標とスケジュールを作成する。 ④　3か月ごとに問題点・課題と取組み活動について反省し解決方法と結果を整理する。 ⑤　6か月単位で事例研究を行う
	(8)	ステップ3． ①　3年目にこれから1年間に解決を図る革新課題を3つ掲げ、3か月ごとに発表する。 ②　発表のプレゼンテーション技術を習得する。 ③　課題は例えば「新商品（アイデア商品など）開発」「新サービス開発」「新システム開発」などとする。

		(9) ステップ４． 　① 先輩として後輩グループのリーダーとなる。 　② リーダー会を開催して相互研鑽を図る。
❹	すぐ切れる新入社員対応	(1) ステップ１．～３．の間に常に相手の心境を思い計る対応を組み込む (2) ステップ１．～３．の間に合宿を入れる（年に１～２回） (3) 交流分析（TA）を実施する (4) VCG（Value Chain Game＝バリューチェーンゲーム）を体験する (5) 離職の時期を見計らってリーダーが手を打つ(exp. 3日・3月・3年)
❺	５分で人を見抜く	(1) ドイツのクレッチマー博士の分類 　① 知能系（鬱的） 　　Ａ．知能系の特色 　　　ａ．社交下手 　　　ｂ．神経質だが鈍感 　　　ｃ．きまじめで頑固 　　　ｄ．懐疑的（疑い深い） 　　Ｂ．知能系がとる態度 　　　ａ．きまじめで不器用 　　　ｂ．頑固で融通が利かない 　　　ｃ．何事に対しても懐疑的・疑い深い 　　　ｄ．大勢の人と接することが苦手・コミュニケーションが図れない 　　　ｅ．その場の雰囲気にとけ込むことが苦手 　　　ｆ．人間関係に神経質・自分のこだわりをもっている 　　　ｇ．自分のコトに関しては神経質だが、他人に関しては無頓着 　　　ｈ．わがままで勝手 　　Ｃ．知能系への対応 　　　ａ．軽い話し方や冗談などに対しては嫌悪感を示すので真面目で誠実な姿勢で対応 　　　ｂ．相手の無頓着ぶりには目をつむり理論的にそして正攻法で詰めていく 　　　ｃ．一つひとつの要件に関して話を詰めていく 　　　ｄ．話の流れをつくって誘導していく 　　　ｅ．何人もいる場面では上手く誘導して引き込んであげる 　　　ｆ．相手になる人たちの長所と特性を紹介し立てる 　②感情系（躁的） 　　Ａ．感情系の特色 　　　ａ．社交的で快活 　　　ｂ．好奇心が強い 　　　ｃ．おしゃべり 　　　ｄ．物怖（ものおじ）しない 　　　ｅ．活動的 　　Ｂ．感情系がとる態度 　　　ａ．明るく華やかで目立ちたがりや 　　　ｂ．誰とでも会話を交わす社交性がある

❸ ＥＳ（社員満足）が経営の要

            c．その場の雰囲気を読んで盛り上げる
            d．好奇心が旺盛・野次馬的興味をもち話の中にどんどん入っていく
            e．人見知りをしないうえにおしゃべりで話の中心となる
        C．感情系への対応
            a．陽気に明るくリズムカルにふるまう
            b．トピックス、新情報、逸話、角度を変えた視点の話題を掲げる
            c．次々と人を紹介しコミュニケーションの仲介役を担ってもらう場面設定を演出する
            d．その場しのぎのいい加減さもあるので、その後に関するフォローが必要
    ③本能系（冷静）
        A．本能系の特色
            a．柔軟な考え方ができない
            b．臨機応変の対応はできない、不器用
            c．ひらめきがなく理解するのに時間がかかる
            d．話が論理的ではなくわかりにくい
            e．普段は冷静なのに何か気に入らないことがあると興奮する
        B．本能系がとる態度
            a．思い込んだら考え方を曲げないので、内容の理解促進に時間をかける
            b．機転や融通を利かすことができない頑なさがある
            c．反面論理性に乏しいし論理的な整理ができず感覚で捉える
            d．勘は鋭い
            e．好き嫌いが激しい
        C．本能系への対応
            a．自分に合わない性格の人物だというような意識をもたず白紙の状態で接する
            b．初対面で相手を決めつける性格なので誠意をもって対応する
            c．疑わしそうな表情を出さないで好感をもっているという意識で対応する
            d．Yes話法で会話をする。否定語を使用するととたんに機嫌が悪くなり避けるようになる
            e．感覚的な物事の捉え方で話をするきっかけを掴んで誘導する
            f．フットワークがよくないので連れ回し動きを覚えさせる必要がある
            g．論理面より感覚的、ひらめきなどの場を提供する
            h．内容を整理し解説してあげないと方向性が見えなくなってしまう
(2) アメリカのエリック・バーン精神科医師による人間関係をスムーズにする交流分析
(3) 観相で見抜く
＊「5分で人を見抜く」PHP研究所・文庫・ムック　参照

⑬サービス・マインドが不足している人たちとは

♠ サービス・マインドというのは

　一方でサービスを強く求める時代、他方ではサービスに向かないサービス・マインドが不足している人たちの増加、その狭間に企業が身を置く時代の到来というありがたくない現象に直面しているのです。

　それでは、サービス・マインドとはどのようなことを意味しているのかを図表33のチェックリストで、またサービス・マインドが備わっているか否かをみてください（1問5点、80点以上はサービス・マインドが高い）。

【図表33　サービス・マインド20のチェックポイント】

	Yes	No
1．相手の気持ちを大切にし、行動に結びつけている。	□	□
2．人に喜んでもらうことに喜びを感じている。	□	□
3．人に対する愛情と情熱が豊かである。	□	□
4．人が好きである。	□	□
5．人との交流に関してこだわりをもち、努力をしている。	□	□
6．人に関して探究心、研究心がある。	□	□
7．人との良質な関係について前向きでチャレンジ精神をもっている。	□	□
8．協調性がある。	□	□
9．仕事に関する危機感をもちハングリーである。	□	□
10．創造意欲をもっている。	□	□
11．相手の期待を上回るプラス要素の提供を心がけている。	□	□
12．臆病できめ細かさをもっている。	□	□
13．常に人に関して問題意識をもっている。	□	□
14．素直で謙虚さがある。	□	□
15．反省心をもっている。	□	□
16．何時も感謝の気持ちを感じている。	□	□
17．何かをしてもらったら何かをお返しする気持ちをもっている。	□	□
18．人に尽くすことが好きである。	□	□
19．常に人に関する目配りをしている。	□	□
20．自然に、素直に笑顔が出る。	□	□

　以上、各々のチェックリストでチェックしてみてください。

　社員を採用してしまってからでは直せない要点も多く存在します。したがって、採用時にいろいろな質問をしてコミュニケーションが図れる人間か、サービス業に向いているか（現在はあらゆる仕事がサービス業として捉えられています）などにより採用したほうが、その後の教育に成果が生まれます。

　少なくとも仕事には向き不向きがあり、人と接したり、会話をしたりすることが苦手な人間にそれを求めても無理が生じます。

14 顧客の心を掴むサービス・マインドをもつには

Point

♤ サービス分野の進展が顕著です。
♠ 「個」にアプローチをすると広がります。
♤ 人材の採用は顧客を基盤にしたサービスにこだわり続けましょう。

♠ 繁盛している分野をみると

　一方、目を転じて、現在の繁盛している分野における繁盛特性をみると、図表34のように成果を収めている共通要素がみえてきます。

【図表34　繁盛している分野の繁盛特性】

繁盛分野	成果を収めている要素
❶ 低価格分野	決して値引合戦を指すのではなく、システムや流通経路の工夫により低価格で利益を生む方法を考えた100円の定価で販売する100円均一ショップ（98円、95円などと値引をする方式ではなくあくまでも100円が定価のビジネスモデル）や10分間1,000円の理容店などがあげられます。 　この場合、時間にすると60分なら6,000円となるのですから、むしろ今までの理美容院のように2時間かけて4,000円などといっているほうが遙かに安売りをしている勘定になるわけです。 　いずれにせよ、こうした新たな工夫による新分野が成長している最中です。
❷ 高額分野	富裕層と低所得者層の二極化が進む時代の取組みで、いわゆる富裕層ビジネスと称される高額商品・サービスに焦点をあて、こちらも顕著な成果を収めている状況にあります。 　ただし、まだ高額＝高級ではありませんので、今後のあり方が問われているのが現状です。
❸ ブランド分野	いわゆる有名ブランドが軒並み銀座の一等地に店を構えるように、ブランド志向の高まりによりブランド市場を形成しています。 　ただし、ここでもブランド価値の中における二極化の現象が起こっているため、淘汰されるブランドも排出するようになってきています。 　もともと本質的なブランドは歴史がある、世界中に（あるいは特定分野、特定地域）知られている、商品・サービスの品質が評価されているなどの共通要素がありますが、こうしたブランドこそ長年基盤となる技術力に従って時代の変化対応を行ってきたために相変わらず成長し続けていますので、にわかブランドでは太刀打ちできないことになるのは当然なのです。

⑭ 顧客の心を掴むサービス・マインドをもつには

79

繁盛分野	成果を収めている要素
❹ カスタムメイド・オーダーメイド	一方では、普及品で価格が安いという分野があり評価されていますが、他方では、自分のために、オリジナリティの高い、世界でただ１つの自分だけの商品・サービスが求められる時代に至っています。 　価格は、少々高くなりますが、自分だけ特別という満足感があり、この傾向はますます進行しています。 　身近では、日頃は店頭のメニューに出していない裏メニューを常連さんは出してもらえたり、煮て欲しい、焼いて欲しいなど我が儘の効く隠れ家的な飲食店に評判が移っています。
❺ つくり手と使い手が共同開発を行う	１年に１回お肌診断を行い、その状況をみて化粧品を使い手とつくり手が相談しながら生み出すなどの方法はあらゆる分野に広がっています。特にB to B（企業間取引）に顕著です。 　ここでの特徴は、この商品は他社・他人に売らないということが約束事になるために顧客離脱化がほとんど発生しないうえに、利益率は高いのが特色という企業にとってのメリットを生み出しています。 　いずれも、サービス化の進展を示している要素で、この分野の展開は更に活発になっていく傾向にあります。

▲個の対応をすることにより個がもっている特性を色々な面から捉える

　さて、市場の絞込みを行うと辿り着くところは「個」になりますが、その個自体も様々な変化をしますので、結局はわからなくなってしまうことになりかねない、とこう考えるのは当然かもしれません。

　しかし実際には、必ずしもそうはならないのです。

　初めは徹底的にある層、あるターゲットに関する個の対応をすることにより、その個がもっている特性を色々な面から捉えることができるようになります。

　その結果、その個の特色を望んでいる人たちがどれだけいるかをみる方法を採ると、その市場規模の広がりがみえてきます。

　つまり「絞込みが広がりをみせる」という面白い現象がみえてくるのです。

　わかりやすい例でいえば、例えばインターネット上に「ペットショップ」と出店するよりは「ドッグショップ」としたほうが大勢の人たちが集まり、なお「ジャックラッセル犬種が好きな人のお店」にしたほうがもっと大勢の人たちが集まるなどは顕著な例といえます。

　それに伴ってサービス・マインドを求める傾向は、増える一方にあることがわかります。

　確かに以前は「絞込みすぎるとコトが見えなくなる」という意見が多数を占めていました。しかし実際には、「絞込むと広がりをみせる」のです。なぜそれがわかったかというと、IT（情報技術）の進歩によるところが大き

く、大容量のデータ分析が可能になったからです。

♠顧客や市場がみえなくなっているときは一度「個」の顧客に焦点をあてる

顧客や市場がみえなくなっているときは、むしろ一度「個」の顧客に焦点をあて、その特性をみるとその内容と同じ人たちがみえてくるというのが一つの捉え方です。

逆にいえば、広げて捉えようとすればするほど対象がみえなくなり、個もみえなくなってしまうということです。

多様化・細分化が一層進行するときのあり方として役立っています。

♠顧客を意識しないで成り立つ仕事はない

サービス業に向く人と向かない人がいます。

サービス業に向かないからといって決して悪いわけではなく、研究所の仕事では１つのことに集中できる資質を備えている人が有利です。

しかし現在は、どのような仕事でも、必ずその先にＢ to Ｂ（企業間取引）にしろＢ to Ｃ（消費者・生活者・ユーザー対象）にせよ、顧客の存在があるはずです。その意味では顧客を意識しないで成り立つ仕事はないといえます。

例えば、お役所であってもその本質はちっとも異なりません。

ちなみに市役所の場合、そこの住民は市役所にとっての顧客、職員は市役所の組織内顧客ということになります。

もし市役所が民営化され競争が発生したとき、その市役所の隣に民間企業が運営する市役所をつくった場合、市民はどちらに行くでしょうか。

市役所の人に聞いたときに「それは間違いなく民間が運営する市役所に行くでしょうね」と答えたことでもわかります。

そこで「なぜですか？」と質問すると、「それはサービスが違うでしょ！」という回答でした。

したがって、本来はサービスを意識しないで済む仕事はないのが現存するあらゆる業務ということがいえます。

♠最も重要な要素は「気づき」

それだけに、どのような仕事であれ「営業センスを身につけた人」「サービス業に向く人」「気づきのある人」「きめ細やかさを身につけている人」が必要なのは当然です。

中でも最も重要な要素は、「気づき」といえます。

しかし採用して初めて「全くサービス業に向かない人」「気づきのない人」

だとわかった場合、企業・組織は多大な損害を被ることになります。
　中でも一番被害を受けるのは、お客様です。
　そこで採用するに際して、その人のもっている「サービスに対応できる資質」すなわち「気づきのある人か否か」「手抜きをしない人」を見極めておく必要が生じます。

♠ サービス・マインドの資質を備えた人材を採用する

　必ずしも現在のところサービスに長けているわけではないとしても、資質さえ備えていれば、原石を磨いて宝石にすることができます。
　事実、サービスの資質を備えているか否かを見抜き、後から教育・訓練で磨きをかけて素晴らしい人材（財）を排出した企業・組織も多く存在しています。
　例えば、採用に力を注いでいる企業・組織としてあげられるのはリッツカールトンホテル（主として大阪）、ディズニーグループ、日本でいえば帝国ホテル、和倉温泉の加賀屋旅館などが顕著です。
　その採用の方法は、それぞれ企業によってノウハウをもっていますが、それは、企業の理念の一環としてこだわり、時間をかけて試行錯誤の末身につけた要素なのです。

♠ トップのこだわりが最重要課題

　そのうえに、更にこだわり続ける教育・訓練があって初めて、名だたる企業のサービス・マインドがDNAとなるのです。
　どれだけの忍耐力と努力の賜かが現在の姿の底に潜んでいるのです。
　つまり、偶然にサービス・マインドの整った人が揃ったのではないのです。
　顧客の心を掴むサービス・マインドはこうして醸成されるのです。
　トップのこだわりが最重要課題ということになります。
　最初からサービス・マインドに無縁な人については、どんなに頭数を揃え、猫の手も借りたいときでも歯を食いしばって採用を控えるのも、トップとして、企業としての理念・見識なのです。

♠ 組織としてのサービス・マインドをもった企業というのは

　総体的なサービス・マインドの構成をみると、商品（ハードサービス・ソフトサービス）、設備サービス、システムサービス、それに人間のサービス（人的サービス・人間系サービス）があげられます。
　これらのバランスが取れている企業が、組織としてのサービス・マインドをもった企業といえます。

❸ ES（社員満足）が経営の要

15 ES（社員満足）が「気配り社員」を生み出す

Point

♤ 管理とは「資産の増加」を意味します。
♤ AS（業績満足）・BS（仕事満足）・CS（顧客満足）・DS（取引先満足）・ES（社員満足）& SS（株主満足）ってなんでしょうか。
♤ ES（社員満足）が優先？ CS（顧客満足）が優先するのですか？

・・・

♠「管理」のもっている意味は

　右肩上がりの経済環境時では、「管理者」「管理職」の役割は「ミスを犯さないこと」でした。
　つまり、黙っていれば経済環境に後押しされ、自社も右肩上がりになる状況にあったからです。
　当時の管理の役割は「ミスを犯さないこと」でした。ミスさえ起こさなければ時代が押し上げてくれたからです。したがって、管理者の役割は「チェック・ミスの発見・あら探し」が任務と捉えられていました。
　ところが、バブル経済崩壊後の経済は低迷ないしは右肩下がりという状況となり、中小企業は多大なマイナスの影響を受ける状況に陥りました。
　しかし、右肩上がりの経済環境時の管理の方法を身につけている管理者は、相変わらず「ミスを犯さない管理」をしているのです。
　つまり、この方法というのは、定点に止まっていれば黙っていても成長できた時代の名残りです。これでは経済の低迷、ないしは右肩下がりの時代においては更に下がっていくしかありません。
　こうした状況にある場合の「管理」は、定点に止まることではなく、上昇するために手を打つことです。
　すなわち、ここでの管理は「もてる資産の増加」ということが基盤になければならないということです。

♠ 創造・革新が重要課題

　管理者が現在の企業・組織から与えられている場とチャンス、人財を活かし、これを資産と考え「資産の有効活用」「資産の増加」を図ることです。
　すなわち「創造」「革新」が重要課題ということです。

「管理」という一言が経済環境によりこれだけ大きく変化したのです。

時代とともに言葉のもつ意味も変化するのですが、現在はポジティブ・チャレンジ・創造・革新が管理キーワードとなっています。

♠「顧客管理」のもつ意味は

ついでにいうと、過去の「顧客管理」のもつ意味は、顧客に関する情報で企業の成果を上げる「顧客を管理する」ことなど、企業の勝手な解釈、顧客を管理するという不遜な考え方でしたが、現在の「顧客情報管理システム」の表現における「管理」とは、顧客に関する情報を企業・組織の資産と考え、顧客が喜び満足するその有効活用を図るという意味です。

特に、サービスが基盤となっている時代における社員は、企業における資産と捉え、資産の増加を図ることが企業の発展の基盤となる要素であることを意味しています。

♠ ABCDE & Sの満足バランスが大切！

図表35の「ABCDE & S」の満足バランスが取れていれば、組織・企業は上昇機運にあり、すべてがハッピーとなるのです。

【図表35　ABCDE & Sの意味】

満足項目	内容
❶ AS（Account Satisfaction＝業績満足）	いうまでもなく企業は、業績が好調であるべきです。その満足がえられないとあらゆる意味で不幸だといえます。
❷ BS（Business Satisfaction＝仕事満足）	その組織・企業で働く一人ひとりは、仕事を天職と考え、感謝し、満足のいく仕事をすることが大切です。
❸ CS（Customer Satisfaction＝顧客満足）	企業を選ぶのも、商品・サービスを選ぶのも、購入するのも、また再度購入するか否かを決めるのも、すべては顧客ということです。 また、企業のあらゆる経費を負担し職員・社員の給料を出してくれるのもすべて顧客です。その顧客に感謝し、顧客に満足提供することが大切なことはいうまでもありません。
❹ DS（Dealer Satisfaction＝取引先満足）	企業同士の取引関係は、お互いに平等が基本です。良い商品・サービス内容を提供する企業、それを受ける側は、その内容を評価し感謝するという相互関係にあります。そこでは、どちらが上か下かという概念は存在しません。お互いに満足する関係でなければならないわけです。 どちらか一方が上位となる背景には、どちらか一方が付加価値や優れた内容の提供ができない場合です。

❸ ES（社員満足）が経営の要

❺ ES (Employee Satisfaction ＝従業員・社員満足)	社員・従業員が満足していなければ、その先の顧客に満足提供ができないのは当然です。 したがって、社員満足と顧客満足は密接な関係にあるということができます。
❻ SS (Stockholder Satisfaction ＝株主満足)	顧客が満足して商品・サービスを購入し、購入した顧客がまたそこで満足すれば、良質な企業・組織と顧客との継続した関係となります。 その結果、企業・組織や社員満足（収入面や企業評価）により企業に対する評価や株式に対する評価が上昇します。そうすれば、株主も満足するという構図になります。

♠気配り社員がいれば「社員満足」「企業満足」「顧客満足」が得られる

「気配り」社員がいれば、社内の人間も顧客も満足が得られ、皆がハッピーな関係になれます。

しかし、1人でも「鈍感人間」や「気配りのできない社員」「自己中心社員」がいると、「あの会社はダメだ」と顧客から批判され、組織全体の社員が悪いように取られてしまって、企業イメージを下げてしまいます。

しかも、それが原因で社内の人間関係もぎくしゃくして、誰もが大変不幸な思いに陥ります。

このようにサービス化時代における「気配り」は、特に重要要素であるといえます。

♠社員満足がどのように顧客にプラスの要素をもたらすかを明確にする

"鶏（にわとり）と玉子"の関係と同様になりますが、図表35のABCDE＆Sの満足が得られていれば「気配り」が行き届く組織・企業となる面と、優れている組織・企業であれば「気配り」社員が生まれることにつながるともいえます。

しかし、社員満足がどのように顧客にプラスの要素をもたらすかを明確にしておかない限り、簡単にES（社員満足）は語れません。

事実、社員に豪華な食事をご馳走した後、「食事の時間が長くかかったが残業代がつかなかった」と文句をいうような社員がいるのですから、常識を知らない低レベルの社員の存在に対しては、どんな満足を提供すれば顧客満足につながるといえるのでしょうか。

しかも社員の質や価値観がバラバラでは、社員満足は容易なことではありません。また、社員が満足しなければ、その先の顧客に満足提供ができないとすれば、顧客満足はどんどん遅れていってしまいます。

⓯ ES（社員満足）が「気配り社員」を生み出す

▲仕事の成果があがるように上司がサポートすることが社員満足につながる

筆者が毎年実施している各社の社員に対する「不満足度調査」（企業や上司に対する批判や不平不満などのはけ口として行うのではなく、顧客のためにどのようにしたら良くなるかを聞く調査）によると、バブル経済崩壊までの社員満足に関する主体は、給与と福利厚生にかかわる要素であったのですが、バブル崩壊後は90%以上が仕事に対する悩みに変化し、現在でもその傾向は変わっていません。

とりわけ、その傾向は営業・マーケティング・企画などに関する担当者にみられます。具体的には、「いわれたとおりにやっているのに成果が上がらない」などがその主流です。

この場合でいえば、仕事が上手くいく秘訣を上司がサポートして教えることがES（社員満足）を高め、それがひいては顧客満足につながるということができます。

▲仕事に感謝する姿勢と評価のバランスが顧客満足につながる

企業が、社員に連日のように早朝・深夜まで残業させたり休暇なしに業務に引き込んだり、しかもそれがサービス残業であるようなことが生じたら、ES（社員満足）どころか大変な不満足につながるのは必定です。

逆に、仕事は乱暴、手抜きはする、気づきがない、鈍感、雑、表情のない無機質な社員であれば企業不満、顧客不満が発生します。

しかし仕事には、ほどほどはなく、暇か忙しいかのどちらかになります。単に「忙しい」という面だけを捉えれば、個人の資質がレベルアップしない限り、能力のない・集中力のない社員は更に忙しいし、力のある社員は次々と業務を片づけるだけではなく新たな要素を創造しますので、ここでも力の差による企業と個人の満足レベルのバランスは難しい局面に直面します。

いずれにせよ、何よりも大切なことは「この仕事は天命。ありがたいことだ」と仕事に感謝する姿勢と、「いろいろな面によく気づいてくれる」という社員に対する評価と相互が感謝するバランスが、社員満足と企業満足と顧客満足につながるといえましょう。

いずれにせよ、顧客が「あの企業はダメだ」とマイナスの口コミが拡散するようになれば、企業の存在は危うくなります。特に地域密着型企業であれば、そのエリアの人たちが誰も購入しなくなる危険にさらされます。だからこそ、優れた企業と社員の関係が重要になるのです。

❸ ES（社員満足）が経営の要

16 顧客によって満足と不満足は異なる

Point

♤ B to B（企業間取引）における満足とB to B と C における満足と B to Co／U（最終顧客）における満足と様々です。
♤ すべての顧客は同じではありません。
♤ 顧客の層別により提供する満足は異なります。

♠ 顧客って誰のこと

会話では「お客様」「お客」「顧客」「お取引先」「お得意さん」「ご贔屓」など、様々な表現が使用されています。

ところが実際には、一人ひとり自分が想定する顧客のイメージが異なっているために社内における会話が微妙に食い違っていることがあります。

例えば、メーカーの本社と営業所と販売店の人が会話しているときには本社の人間にとって顧客は営業所、ところが営業所では販売店、販売店は最終顧客である消費者・生活者・ユーザーであることが多いのです。

もっと組織のタテ軸が強い企業でお役所体質の場合、販売店にとっては営業所、営業所にとっては本社がそれぞれ顧客ということになっているケースも多いのです。

現在のように、メーカーは物さえつくれば売れるという右肩上がりの時代とは異なり、最終顧客が購入し、そのうえ更に継続して購入してもらえることになって初めて成り立つ時代にあります。

ところが、昔の売れていた時代は、営業所・販売店の尻を叩き、「何が何でも売れ！」「売らない奴は努力が足りない」と精神論で売りつける方策を採る状況にあったのです。この場合は、メーカーの手を離れた段階で営業所、販売店に商品が届いたときに売れたのだと考えていたのです。

ところが現在は、前述のとおり、最終顧客が購入し引き続き購入するか否かが決め手となっています。

ということは、メーカーにとっての顧客との関係は実際にどのようにしたら最終購入顧客に喜ばれ、その後も継続して購入してもらえるための具体策をそれぞれ営業所、販売店に教え、仕組みを提供するというサポートの役割を担うことが使命となっています。

♠社外顧客と社内顧客の区分は

さて、顧客は、図表36のとおり、社外顧客と社内顧客とに分けることができます。

【図表36　社外顧客と社内顧客】

区　分	顧　客
❶ 社外顧客・取引先とは	① 企業（含ユーザー企業・含む屋号だけの商店）・組織・団体 ② 最終消費者・生活者・ユーザー
❷ 社内顧客とは	① 社員・スタッフはすべて当該企業・組織・団体にとって顧客 ② 主として社内の顧客接点担当者は、中でも重要顧客
❸ 社外顧客の分類	① M（メーカー）にとっての法人顧客は商社・卸・問屋 ② Mにとっての顧客は特約店・特約代理店（W） ③ Mにとっての顧客は販売店（R） ④ Mにとっての顧客は最終消費者・生活者・ユーザー（Co／U） また ⑤ Wにとっての顧客はM ⑥ Wにとっての顧客はR ⑦ Wにとっての顧客はCo／U 同様に ⑧ Rにとっての顧客はCo／U ⑨ Rにとっての顧客はW ⑩ Rにとっての顧客はM 合わせてサービス業においては ⑪ 本部・本社（H）にとっての顧客はCo／U ⑫ Hにとっての顧客はフランチャイジー（F） ⑬ Hにとっての顧客はM

♠様々な顧客の存在に対して提供する満足は異なる

つまり、一言で顧客といっても多岐に亘り、顧客の満足・不満足もまた顧客ごとに異なります。更に「個客」として捉えると、個客事態も細分化・多様化が進行しているだけにかなり複雑な様相をみせます。

例えば、ある人を捉えてみたときに、今日は屋台で立ち食い、ビールの立ち飲み、またあるときはガード下の焼鳥屋で丸い小さな椅子に腰掛けて道路にはみ出しながら熱々の焼き鳥と焼酎を、そして次の日は高級フランス料理店と高級なフランスワインを、翌日はお客様の接待のために高級中華料理というようにいろいろな生活の場面をもっています。

このように1人の顧客を捉えてみた場合にあっても、とても一筋縄ではいかないのです。しかし、このような行動もその特性を分析してみると、1つ

の傾向値がみえてきます。そのうえで、同様の傾向値をもった人がどれだけ存在しているかをみると、実は大勢の同じ特性をもった人たちの姿がみえてくるのです。

ともあれ、現在は以前のように大まかな顧客のくくり方では、顧客を語れないという状況にあるわけです。

また、それだけ様々な顧客の存在に対して提供する満足は、異なるということもできるのです。

♠ すべての顧客対応を同等に行うことは平等ではない！

「すべての顧客に平等に対応しよう」などという表現を耳にしますが、それは必ずしも平等ではないのです。

また、限りある能力・企業資源をすべての顧客に同等に提供することは至難の業といえます。

同様に、すべての顧客は同じではなく、それぞれの顧客が求めている要素は異なっています。

例えば、そのつどクレームばかり持ち込んでくる手間のかかる常習の顧客に限って時折購入するのは特売品、逆に1年間に多くの購入頻度で購入金額も多い顧客に限ってあまり手間がかからないなど、顧客によるばらつきもあります。

このように明らかに顧客によってその実態が異なり、企業の対応がことなるのです。

前述したとおり、20：80の法則といわれる顧客の捉え方があります。

この法則は、売上順位に従って上位ランクから顧客を並べた場合、売上上位20%の顧客が売上全体の80%を担っていることを示す表現です。

B to B（企業間取引）の場合は、特にそれが顕著な様子を示します。

この場合、80%の顧客が売上の20%しか担っていないにもかかわらず、どの顧客にも同じような時間配分で接することは不平等であるし、また営業担当者の訪問回数が均等では不公平です。

♠ 公平という考え方

本来なら、次の(1)(2)のように時間配分を行うのが平等ということになります。

(1) 売上上位20%の顧客が総売上の80%を担っている場合→ 80%の訪問頻度で20%はシステム対応を行う。

この場合のシステム対応という意味は、ある時は特別のご招待状をお届けする、またある時は手紙を差し上げる、そして時には電話をするなどを意味します。
(2) 売上下位80％の顧客が総売上の20％を担っている場合→20％の訪問頻度で80％はシステム対応を行う。
　　　この場合のシステム対応という意味は、ある時はDM（ダイレクトメール）をお出しする、ある時は電話をする、ある時はイベントの案内状をお届けするというような方法を採用し、いつも気にかけてもらっているような良い意味での錯覚をしてもらうのです。
　　　実は、これが公平という考え方なのです。

♠売上だけで判断するのではなく過去からの推移をみて対応する

　なぜかというと、この場合の訪問頻度は明らかに人間の行う人的パワーですから、限られた人数の中ですべての顧客に対して訪問回数を同じにすると、それだけ個々の顧客に対する時間は短くなってしまいます。
　しかも、売上だけで判断するのではなく、更に図表37のように過去からの推移をみて対応する必要が生じます。

【図表37　過去の推移をみて対応】

過去の推移をみて対応
① Ａランクの顧客ではあるが、年々売上が落ちてきている。
② 過去から大量に購入するＡランクの顧客ではあるが、年々利益率が落ちてきていて、採算割れに近くなってきている（あるいは採算割れになっている）。
③ Ｂランクの顧客であるが、どんどん売上が増えてきている。
④ Ｂランクの顧客であるが、どんどん利益率が増えてきている。

♠顧客の動向を把握する3つの要素

　そこで、もう少し他の要素からもっときめ細かく顧客の観察を行う方法が採用されます。
　それがRFM（アール・エフ・エム）という統計的にみたありがたい顧客の分類方法です。
　ちなみに、顧客を判断するときに図表38のような一定の時期において顧客の動向を把握する3つの要素を意味しています。
　ぜひともご自分の企業でもあてはめてみてください。

【図表38　顧客の動向を把握する3つの要素】

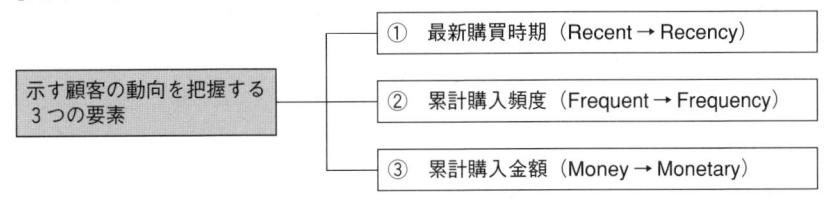

示す顧客の動向を把握する3つの要素
- ①　最新購買時期（Recent→Recency）
- ②　累計購入頻度（Frequent→Frequency）
- ③　累計購入金額（Money→Monetary）

♠もっときめ細かく顧客の観察を行う方法＝RFM

　図表39は、図表38の3つの要素を指標化して、その点数が高い（ここではRFMに各100点合計して最高300店満点）の顧客がありがたい顧客であるという統計的な見地から導く方法です。

　更には、価値観の相違により顧客の求める満足は異なりますので、それぞれ価値観に合った満足提供が必要となります。

【図表39　RFM算出例と顧客の貢献度】

ちなみにAさんの実態をR・F・Mで貢献度として算定した場合、以下のようになる。

1. R（Recency）＝ 最新購買日と算出例
   - (1) 満点を100点とする。
   - (2) 期間を1年間とする（例えば、1998年1月1日～同年12月31日）。
   - (3) 購買時期を確認する。
     - 例①：1月10日　（1年以内の購買に関しては20点とする）
     　　　　8月1日　　（半年以内の購買に関しては60点とする）
     　　　　11月15日　（2か月以内の購買に関しては100点とする）
     　　　＊この場合は2か月以内の購入なのでR＝100点となる。
     - 例②：3年以内の購入に関しては20点
     　　　　2年以内の購入に関しては60点
     　　　　1年以内の購入に関しては100点　などの期間で算定することもある。

2. F（Frequency）＝ 購入頻度と算出例
   - (1) 満点を100点とする。
   - (2) 係数を1とすると100回で100点、係数を10とすると10回で100点となる。
   - (3) 例えば、期間を1998年1月1日～12月31日の1年間とする。あるいは3年間とする。
   - (4) 購買日から回数を確認する。
     - 例：1月10日・8月1日・11月15日合計3回
     　　　3回×1＝3点
     　　　3回×10＝30点　など

3. M（Monetary）＝ 購買金額（累計）と算出例。
   - (1) 一定期間内における購買総額（累計）で算定する。
   - (2) 満点を100点とする。
   - (3) 係数を0.001とすると、購買総額が10万円の場合は100点となる。
   - (4) 期間：例えば、1998年1月1日～12月31日までの1年間とする。
   - (5) 係数を0.0001とすると購買総額が100万円で100点となる。
     - 例：1月10日　　80,000円
     　　　8月1日　　100,000円
     　　　11月15日　320,000円
     　　　　　　　　500,000円　500,000円×0.0001＝50点　など

4. 上記の「R」＋「F」＋「M」の合計＝100点＋30点＋50点＝180点などと算定する。

5. 顧客の貢献度を見てクラス別に分け、それぞれの施策を実行する。

ポイント	クラス	
1点～50点	F	←Eランクに向上するための施策、システムの構築と実施
51点～100点	E	←Dランクに向上するための施策、システムの構築と実施
101点～150点	D	←Cランクに向上するための施策、システムの構築と実施
151点～200点	C	←Bランクに向上するための施策、システムの構築と実施
201点～250点	B	←Aランクに向上するための施策、システムの構築と実施
251点～300点	A	←Aランクを永続化するための施策、システムの構築と実施

⑯　顧客によって満足と不満足は異なる

17 バリューチェーン（価値の連鎖）で付加価値を生む

Point
♠ "作業"と"仕事"の相違を理解しましょう。
♠ リストラって誰のためにするのですか。
♠ 良質なコミュニケーションにより顧客との永いご縁をつくります。

♠ **付加価値を生むのが仕事**

　Value Chain（価値の連鎖）とは、マーケティングの世界で名高いマイケル・E・ポーター氏の表現です。

　この場合も、社内・社外共にその価値の連鎖は異なります。

　社内の場合は、次のようになります。

　Aさん→Bさん→Cさん→……Z→顧客、という流れで価値を生んでいくのが社内における仕事の状態です。

　それぞれ、Aさんは自分の仕事で何らかの付加価値を生みBさんにバトンタッチを行い、BさんもAさんの仕事に付加価値を加えてCさんに渡す……そして最後には顧客に最大の付加価値提供を行い顧客満足に結びつくという流れです。これは仕事です。

　したがって、単にサインをする、目先の計算間違い指摘するなど仕事をしている人は、何らの付加価値も生んでいませんので、こうしたことはコンピュータに変える「作業」ということになります。

♠ **顧客に対して何らかの付加価値を提供すること**

　人間が行うのは、「仕事」なのです。

　ですから、チェックだけ行っている管理者も不要ということになります。

　右肩上がりの経済環境時にある時はミスさえ起こさなければ黙っていても時代が押し上げてくれましたので、管理者の業務はチェック・ミスの発見・あら探しでした。

　ところが、経済環境が低迷ないしは右肩下がりの時代のように、ミスを起こさなければそれでよいという管理の方法を採っていたのでは、どんどん業績は低下をするしかありません。ですから、現在の管理が示す意味は、付加価値の創造ということに焦点が置かれているのです。

❸ ES（社員満足）が経営の要

仕事に付加価値を創造する、自分と共に仕事をするスタッフの能力を向上する、顧客に関するデータの有効活用を図る（顧客情報管理システムの管理の持つ意味）ということを示しているのです。

つまり「業務処理作業」だけ行っている人も問題です。

処理作業は限りなくコンピュータや機械が行うべきで、人間の行うべきことは「仕事」、すなわち顧客に対して何らかの付加価値を提供することなのです。

【図表40　バリューチェーンをつくるためのフローシート】

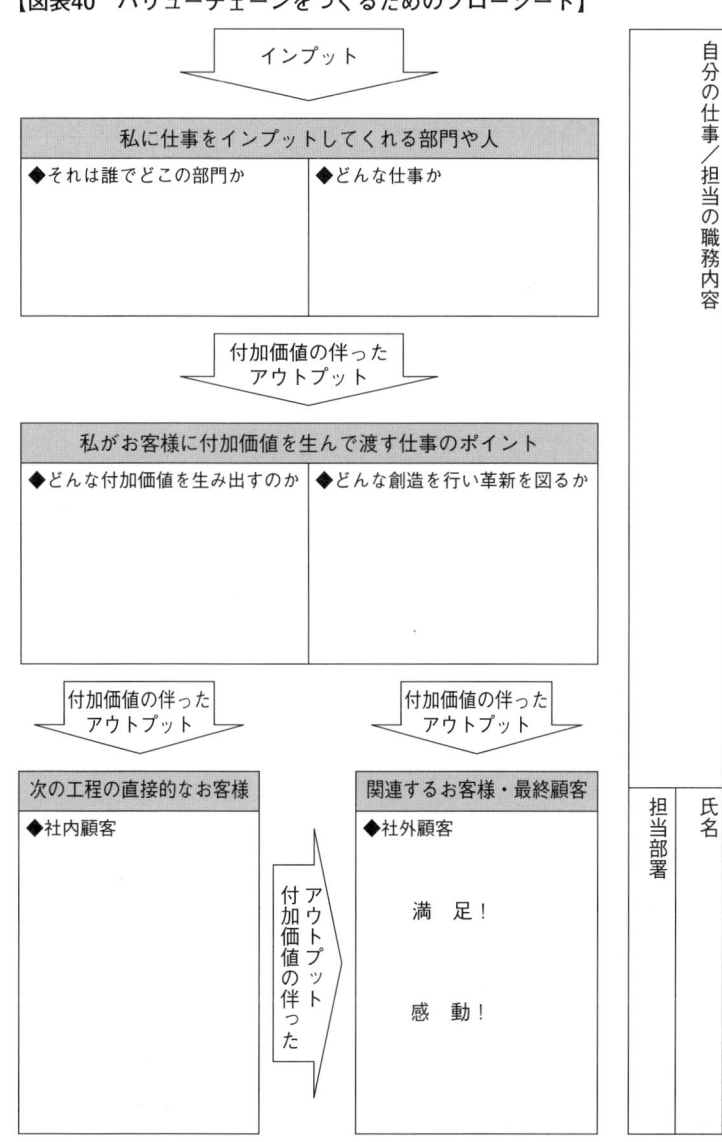

インプット ↓

私に仕事をインプットしてくれる部門や人	
◆それは誰でどこの部門か	◆どんな仕事か

付加価値の伴った アウトプット ↓

私がお客様に付加価値を生んで渡す仕事のポイント	
◆どんな付加価値を生み出すのか	◆どんな創造を行い革新を図るか

付加価値の伴ったアウトプット ↓　　付加価値の伴ったアウトプット ↓

次の工程の直接的なお客様	関連するお客様・最終顧客
◆社内顧客	◆社外顧客 満　足！ 感　動！

アウトプット 付加価値の伴った →

自分の仕事／担当の職務内容

担当部署　氏名

⑰ バリューチェーン（価値の連鎖）で付加価値を生む

♠ 顧客を中心とした"人事異動"と"組織異動"の発想が不可欠

　トップの権限の1つに人事異動・組織異動があります。

　しかし多くの場合、何のための異動かをみると、企業の業績を上げるためだけの思惑で実施しているようにしかみえない事例を多くみます。

　「こうしたらもっと売れるのではないか」「あいつは元気がいいから営業に回そう」などは、企業の勝手な発想です。

　本来は、顧客が満足するためにはどのような組織にしたらいいか、人事を行ったらよいかと考えるのが本質です。

　そもそも初めて会社を興した時点では「顧客は何を求めているのか、どのようにしたら顧客満足が得られ、顧客に評価されるか」という発想で組織・人事を構成したはずなのですが、時間の経過と、企業の発展に従っていつの間にかそれを忘れ企業・トップ・リーダーの思惑でことを進める方向に進んでしまっているのが常態となってしまったのです。

♠ 課題に合わせて組織・人事異動を行う

　その証拠に筆者が開発して多くの企業が採用している「顧客不満足度調査」に現れた顧客の「要望」「困っていること」「不満」という課題を企業のどの部門・部署・担当者が取り組むのかをあてはめていくと、およそ課題の40%がどこにもあてはまらないで宙に浮いてしまう結果となることが示しています。

　つまり、日々顧客の声のうち、顧客にとってマイナス要素の40%に対して全く目を向けていないのです。

　これでは、企業が知らないところで「顧客が黙って去っていく」のは当然ということがいえます。

　ですから、筆者がお手伝いしている企業の場合、「顧客不満足度調査」の実施→整理・分析→課題・チャンスの発見→課題解決のための取組みという手順になりますが、その際に課題に合わせて組織・人事異動を行うということが多いのです。

　これでこそ初めて、顧客を中心にした企業姿勢ということができるのです。

♠ 本来のリストラが示す意味とは

　一方、バブル経済崩壊後、多くの企業がいわゆる日本的リストラと称する人減らしを行ってきましたが、これは顧客のためではなく、企業の生き残りを目指した経費削減に他ならないという目論見でした。

本来のリストラが示す意味とは、BPR（Business Process Re-engineering）すなわちビジネスの過程の再編成という意味で、顧客を中核として時代の変化の中でどのようにして流通経路、組織、システム再編成により更に顧客に満足をもたらすことができるかを意味しているのであって、人員削減はいわゆる便宜的な日本的リストラの意味として表現されているのであり、本来の趣旨とは異なっているのです。

♠顧客との永い良質なコミュニケーションを維持し続ける例

　さて、社外顧客、メーカーを例にとると、次のようになります。
　図表36（88頁）のM→W→R→Co/UがM→R→Co/Uとしたり、M→Co/Uという短絡化を図る方法を採用した場合、今まで存在していた付加価値を失いなお、新たな付加価値を生み出していないなどは、バリューチェーン（Value Chain）になっていないのです。
　しかし実際には、短絡化を図って付加価値喪失の例が多いのは顧客のために行うのではなく、単に経費の削減を最大の目的にしているからに他ならないことを示しています。
　図表41は、以前から評判のよいペットショップを観察し・分析してみると、実はこんなことを行っていたという様子を流れ図にしたのですが、このお店は、初めから理論的な組立をしていたのではなく、経験に則って行っていたことが結果として顧客との永い良質なコミュニケーションを維持し続けるために役立っていたということを示している例です。

① 顧客は動物という形態を購入するのではなく、動物との共同生活を様々な想いと共にその付加価値を求めているのです。
② まずは動物の生態を説明し馬の場合、象の場合、キリンの場合、犬の場合、猫の場合というようにその性質・特性について説明したのです。
③ だからこそ猫を飼う場合の備品・什器を顧客自身が納得し、理解しそして喜んで選び購入したのです。
④ 翌朝のフォローは家族の安心のためにも大切なサービスとなります。
⑤ 猫ちゃんの名前で電話がかかってきた瞬間に家族の一員なのだという強い絆を生み出しました。
⑥ 顧客の要望が発生する前にお店からそのポイントをお知らせする前向きのサービスこそが顧客との良質なコミュニケーションとなるのです。
⑦ すっかり大好きになった猫ちゃんを友達に知らせる結果がお店に対する口コミ・紹介に発展するのです

⑰バリューチェーン（価値の連鎖）で付加価値を生む

【図表41　繁盛店のサービス分析例-Ａペットショップの場合】

娘がペットショップで"ねこ"を買いました

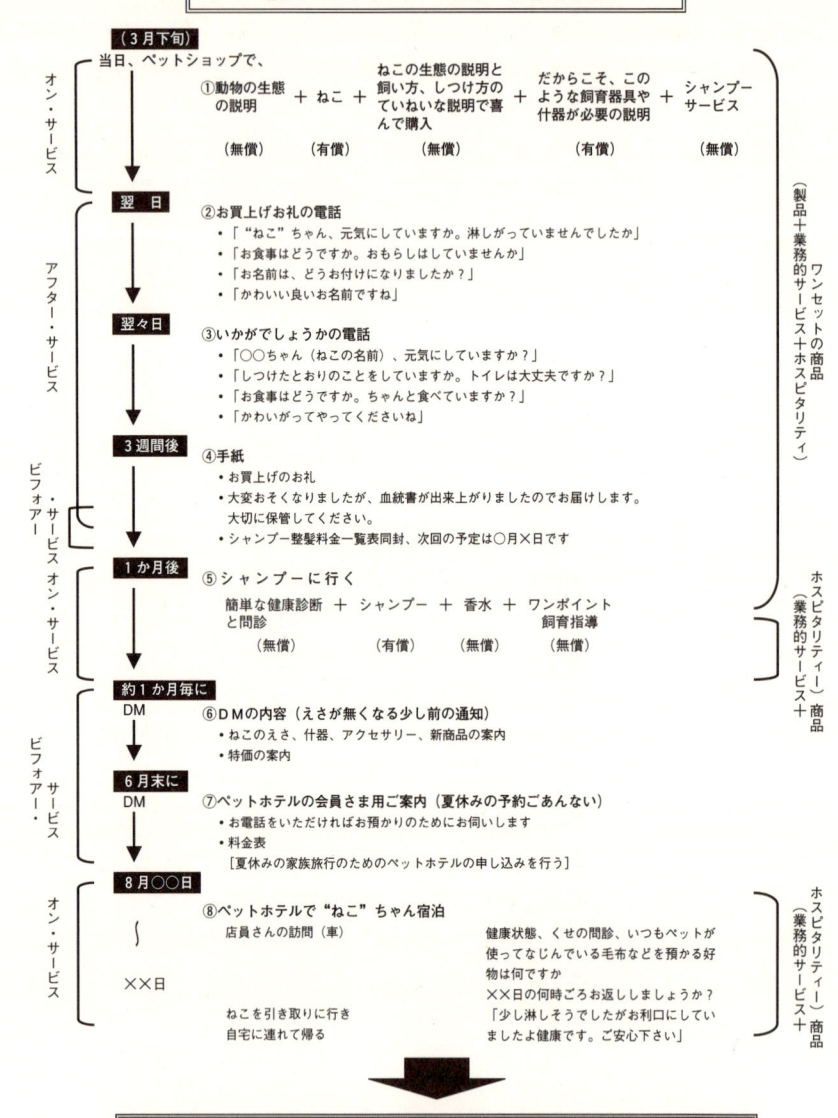

オン・サービス

（3月下旬）当日、ペットショップで、
①動物の生態の説明（無償）＋ねこ（有償）＋ねこの生態の説明と飼い方、しつけ方のていねいな説明で喜んで購入（無償）＋だからこそ、このような飼育器具や什器が必要の説明（有償）＋シャンプーサービス（無償）

アフター・サービス

翌日　②お買上げお礼の電話
- 「"ねこ"ちゃん、元気にしていますか。淋しがっていませんでしたか」
- 「お食事はどうですか。おもらしはしていませんか」
- 「お名前は、どうつけになりましたか？」
- 「かわいい良いお名前ですね」

翌々日　③いかがでしょうかの電話
- 「〇〇ちゃん（ねこの名前）、元気にしていますか？」
- 「しつけたとおりのことをしていますか。トイレは大丈夫ですか？」
- 「お食事はどうですか。ちゃんと食べていますか？」
- 「かわいがってやってくださいね」

3週間後　④手紙
- お買上げのお礼
- 大変おそくなりましたが、血統書が出来上がりましたのでお届けします。大切に保管してください。
- シャンプー整髪料金一覧表同封、次回の予定は〇月×日です

ビフォアー・サービス　オン・サービス

1か月後　⑤シャンプーに行く
簡単な健康診断と問診（無償）＋シャンプー（有償）＋香水（無償）＋ワンポイント飼育指導（無償）

ビフォアー・サービス

約1か月毎に DM　⑥DMの内容（えさが無くなる少し前の通知）
- ねこのえさ、什器、アクセサリー、新商品の案内
- 特価の案内

6月末に DM　⑦ペットホテルの会員さま用ご案内（夏休みの予約ごあんない）
- お電話をいただければお預かりのためにお伺いします
- 料金表
- ［夏休みの家族旅行のためのペットホテルの申し込みを行う］

オン・サービス

8月〇〇日～××日　⑧ペットホテルで"ねこ"ちゃん宿泊
店員さんの訪問（車）
ねこを引き取りに行き自宅に連れて帰る

健康状態、くせの問診、いつもペットが使ってなじんでいる毛布などを預かる好物は何ですか
××日の何時ごろお返ししましょうか？
「少し淋しそうでしたがお利口にしていましたよ健康です。ご安心下さい」

（製品＋業務的サービス）ワンセットの商品＋ホスピタリティ

ホスピタリティー＋（業務的サービス）商品

ホスピタリティー＋（業務的サービス）商品

↓

口コミの発生：娘が自宅につぎつぎと友達を連れてきた時にこの一連の話をすることから友達もペットを買うことになった

❸ ES（社員満足）が経営の要

18 「期待以上」の感動・サービスで永いご縁をつくる

Point

♤ 期待以下、期待程度ほどほど、期待以上で顧客の意識は決まります。
♤ サービスの根幹をなすのは、顧客の精神・情緒面です。
♤ 感激・感動を呼び起こすには、ステップと方法が必要です。

♠ 感激・感動のプロセス

「感激した」「感動した」という場合、いろいろな要素が伴いますが、およそ図表42のような流れに沿っているといえます。

【図表42　顧客の期待のプロセス】

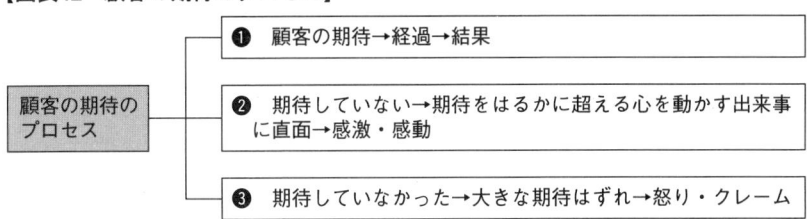

顧客の期待のプロセス	❶ 顧客の期待→経過→結果
	❷ 期待していない→期待をはるかに超える心を動かす出来事に直面→感激・感動
	❸ 期待していなかった→大きな期待はずれ→怒り・クレーム

♠ サービスのもつ特性

さて、サービスのもつ特性をみると、図表44にみることができます。

また、図表20（50頁）でみるとおり、顧客側からみたサービスには「精神的・情緒的受容性」「効率的・身体的受容性」という面があげられます。

ここでわかるように顧客の意識には精神的・情緒的面が非常に強く、また効率的・身体的な面が大きく感情を左右するのだということができます。

更に顧客から捉えると、7つのポイントが影響するのです。

これを覚えやすくするために、7つのキーワード（鍵になる言葉をあげて整理したもの）にまとめると、図表43のとおりです。

この頭文字をみるとわかるように、覚えやすく「SERVICE」にしてあります。

♠ 感激・感動をする人のみが顧客に過激・感動が提供できる

少子化が進行すればするほど一人っ子の家庭が増えるため、子供を可愛いがる親や周辺の人たちが増えるのは当然です。

【図表43　7つのキーワード】

7つのキーワード	① Sincerity & Speed & Smail（誠意・スピード・スマイル）
	② Energy（生き生きとした力）
	③ Revolutionary（新鮮で革新的）
	④ Valuable、Visual（価値・見た目）
	⑤ Impressive（感銘）
	⑥ Communicate（コミュニケーション）
	⑦ Entertain（もてなし）

　子供をないがしろにする事件・事故が増えている時代ですから、子どもを可愛いがることはとても結構なことだといえますが、しかし反面、可愛がられ過ぎて育てられた子供たちは、自分が常に中心人物となるために、他の人たちに気を遣う、配慮することが欠如する傾向にあります。

　あたかも売れっ子のタレントのように、常に自分が中心人物で、すべて周囲の人たちの目が自分に向いていて自分に気遣いをするのが、当然の状態に置かれていることに慣れっこになってしまうのです。

　つまり、よほど家庭生活の中で躾や気配りを教えない限り、人のことについては全くといっていいほど無頓着な子供たちが増えていくことになりがちです。

♠ **人間にかかわるサービスの質を高めることが業績向上に貢献する**

　それと共に、感動・感激の度合いも薄くなり、デジタル時代におけるTVやインターネット、映画など非日常的な出来事に触れるにつけ、何事にも余り心理的な影響を受けないようになってきています。

　時代は、ますますサービス化に進んでいくときに逆行し、その距離がますます拡大していくわけです。

　企業は、こうした大きな矛盾した命題を背負っていかざるを得ないところですが、逆にいえば、人間にかかわるサービスの質を高めることが企業にとって他社に大きな差をつけ業績向上に貢献する大きなチャンス到来といえます。

　例えば、サービスを構成する要素の中で『設備サービス』に関していえば、他社の様子を観察し、それ以上の魅力的な新しい設備をつくるほうに分が上がるのは当然です。しかし、それではお金を使う企業にとって太刀打ちでき

【図表44 サービスってなんだろう】

サービスの特性

相手がいること	
相手に対してその場で製造し、相手にとってその場で消費される	
目に見えない、ないしは見えにくい	
同じコトを人に渡せない	
事前に経験（試すこと）ができずに選択することもできない	
返品も交換もできない	
したがって、サービスを製品と同様に保存したり在庫しておいたりすることはできない	
個人が提供するサービスの場合でもその都度サービスの内容は変化するだからサービスを提供する側の人数が多くなればなるほど変化が激しくなる	
つまりサービスは標準化が難しくバラツキが出やすいものである	
だから顧客の評価もその都度変化するまた、顧客の価値判断も人によりその基準が異なる	

サービスに関する留意点

サービスを「コストダウン」の対象」として考えると、サービスの質は劣化することが多い

レベルの低い企業間競争におけるサービスの質は低い

受け身・後追い型はサービスにならない（先進国の場合）

川上発想＝こちら側発想の製造業
＝
顧客へのストレス産業

(1) 生だけのサービス
誰かが得をして、誰かが犠牲になることはサービスではない

(2) みせかけ的サービス
マニュアル的感動無礼（いんぎんぶれい）的姿勢はサービスにならない 例えば接遇を型だけのようなもの

(3) 不合理的サービス
お客様のためといいながら実は自身のために行うようなことはサービスではない、例えばお客様不在、自身の手抜きのための合理化など

サービスはタダより、安売り、オマケで終わってしまうことは、ビジネス社会におけるサービスとしてはいけない

サービスのポイント

サービスの質を高めるためにかかるコストは、ある一定のところまではコストアップにつながらない

レベルの高い企業間競争におけるサービスの質は高まる

サービスは少しずつでもいいから常に積極的に前向きに新しい内容を提供し続けること

お客様に質の高い満足を提供し続けることを目指す発想のサービス
=
顧客への満足提供業
&
顧客へのしあわせ供給業

その瞬間はタダより、安売り、オマケを行っても近い将来にビジネスに結びつけられるサービスにすることが大切である

サービスの構成

■人的サービス

(1) SINCERITY & SPEEDSMILE
誠意、スピード、スマイルがなければならない

(2) ENERGY
生き生きとした力があふれていなければならない

(3) REVOLUTIONARY
新鮮で、革新的でなければならない

(4) VALUABLE, VISUAL
価値あるものでなければならない、見た目がよくなければならない

(5) IMPRESSIVE
感銘深くなければならない

(6) COMMUNICATE
コミュニケートが自然でなければならない

(7) ENTERRTAIN
おもてなしの配慮がなければならない

人的サービスとはこれら(1)〜(7)までの内容が同時点で全部整っていることを目指すこと

■機械化・機能化・設備化・コンピュータ化サービス

顧客の満足を満たすためのキーワード

(1) 快適　(5) ゆとり　(9) 清潔感
(2) 便利　(6) 合う　(10) リズム
(3) 安全　(7) 楽しさ　(11) 明るさ
(4) 安心　(8) スピード　(12) 活々感etc.

ほとんどが機械化・機能化の方向をたどるサービスである

■システムサービス

運動する施策
(1) 顧客情報管理システム
(2) リテイル・サポートシステム　など

システムづくり
ネットワークづくり

以上3つのポイントのバランスにつながることが大切である

「18以上待期」の感動・サービスで永いご縁をつくる

ないということになってしまいます。

また、「システムサービス」も他社の真似をしたり、他社のシステムを分析してそれ以上の内容を構築すれば他社をしのぐものができます。

♠ 人間は一朝一夕には高質な感性を一気に身につけることはできない

しかし、こと人間に関する質に関しては、お金をかけたり他社の仕組みの真似をするといったやり方では差がつきません。つまり、人に関しては、一朝一夕には高質な感性を一気に身につけることはできないのです。

特に、何事にもあまり感じない鈍感人間の登場は、顧客に対しても感激・感動を提供することができないのです。

このような状態を乗り越えるためには、いくつもの方法がありますが、私どもでは"VCG（Value Chain Game＝バリューチェーン・ゲーム）を開発し、当社がかかわる企業の入社3年くらいまでの人たちに導入しています。

♠ 満足・喜び・感激・感動を呼び起こしていく方法

VCGには、いろいろなメニューがありますが、最も身近で簡単なVCGの例をあげると、次のような方法があります。

例えば、会社の近くでともかく設備、システム、サービス共に悪い飲食店を見つけ、そこに気づきの少ない、感激の余りない人に行ってもらいその店の体験をしてもらいます。

そして行ってきたときの感想を聞くのです。

特に気になる点を上げてもらいます。

「建物、設備の手入れがよくない」「人によってやることが異なり、一貫した流れの仕組みがない」「対応が雑、感じが悪い、気づきがない」など、いろいろ気づいたことをすべてあげてもらうのです。

「そうだよね、それに味もよくないし、器も欠けているし、BGMも店員の趣味…」というようにお互いに意見を述べ合います。

すると、多くのことについて語った限りは自分にも返ってきますから、日常活動においても気づきが生まれるようになるのです。

こうして日頃の活動の中で例をあげて語るのです。

こうした積み重ねが次第に満足・喜び・感激・感動を呼び起こしていくようになるのです。

このように自分が満足しない・喜べない・感激・感動しない人は、人にも提供できないからです。

❹ 「サービス・マインド」向上が業績アップにつながる

❹では、サービス・マインドの向上等についてまとめています。

19 新規顧客開拓と顧客継続の視点

Point
♤「新規顧客の開拓に力を注げ！」と指示するトップの姿勢は正しいのでしょうか。
♤顧客の意識と提供側の意識のズレを認識しましょう。
♤顧客の不満足を追求しましょう。

♠ 市場規模の縮小と顧客数減少時代の大切なポイント

　同業他社との競争のみならず、企業間競争は異分野・異業種・異業界との鍔迫り合いにもなっているうえに、日本における競争から国際的な競争にもなり、市場規模はますます縮小し、顧客数は減少の一途を辿っている現状にあります。

　したがって、こうした時代に「次々に新しい商品・サービスを市場に出しなさい」とか「積極的に新規顧客の開拓を行いなさい」と命令する経営者を多く見受けますが、当然のことと思えます。特に、右肩上がり時であれば、このやり方は正しかったといえましょう。

　ところが現状は、経済環境や各業界は低迷ないしは下降線、社会の構造変化という環境にあります。この場合、その環境に合った方法を採用しなければならないのは当然なのですが、過去の体験・経験から離れられないでいるわけです。

♠ 新規客の開拓にのみ力を注いでいる限り経費増で採算が合わなくなる

　もう1つの問題は、新規顧客を開拓すればするほど顧客を失う活動に精出している企業、すなわち顧客を消費し続け、顧客自体を食い散らしている企業となってしまい、顧客の継続や蓄積がなされないのです。

　つまり、顧客はひとたび商品・サービスを購入した結果、懲りて二度と購入したくない、採用は止めようと深く感じて去っていく場合が圧倒的に多いということを示してるケースです。

　付け加えると、新規顧客の開拓に要する経費と、既に購入体験をもつ顧客に再度購入を促す際に要する経費を比較すると、新規顧客の開拓に要する経費は何と日本では8倍も余計に費用を要する（アメリカでは5倍）というこ

❹「サービス・マインド」向上が業績アップにつながる

とになるのです。

　ということは、新規客の開拓にのみ力を注いでいる限り、経費増に見舞われ採算が合わなくなってしまうことを意味します。

　それに前述したように、売れば売るほど顧客を失う活動になってしまい、企業の評判を悪くする一方となり、いずれ近い将来には新規顧客の候補が不足する結果を招いてしまうのです。

　限られた市場のサイズ、顧客数の中でこんなことをしていたのではひとたまりもないのは当然です。

▲顧客の継続率が高くなるポイントは

　顧客が離脱する背景にあるのが、図表45のサービスを構成する要素です。

【図表45　サービスを構成する要素】

サービス	説　　明
❶商品（商品もいまやサービスそのものです）	①ハードサービス 　品質が主たる評価の対象になります。近年における日本の商品の品質は悪くなる一方ですが、その理由の主たるところは間違ったコストダウンにあります。商品の材質を落としたり手を抜く結果としたり、工場を中国に移したりしていることがその大きな原因になっています。 ②ソフトサービス 　ハードである商品（この中に既に多くのサービスが含まれています）を有効に活用することによって付加価値を増し、顧客の満足が更に高まる好結果を招いています。
❷設備サービス	顧客のために考えられている快適、便利、安全、安心などのキーワードにある要素を提供することにより顧客から高い評価を受けます。これからは、高齢化社会に入りますので、飲食店・旅館などは高齢者に優しくするために畳の部屋は向かない、段差や階段は避けるなどの配慮は特に必要です。
❸システムサービス	一人ひとりが頑張って行うやり方は個人の能力に依存していることを示しています。したがって、すべて優秀な個人の集まりであればよいのですが、人間の能力には当然のことながらばらつきが発生します。 　そこで誰が行っても同様に上手く行く方法としてのシステムが必要になります。
❹人的サービス	図表47のA～Dまでの要素がすべて優れていたとしても、常に最初と最後は「人」がかかわりますので、そこで顧客の評価は決まってしまいます。 　したがって、非常に評価の高い企業の場合は、人間の「気づき」を初めとする人的サービスの品質が高いことがあげられます。

♠ 顧客不満足度調査により課題を浮き彫りにし課題解決を図る

人間と同様に、全く同じ性質、形態、表情などの企業は世の中に存在しません。1社ずつ異なっています。

したがって、図表47のA〜Eまでがすべてバランスよく保たれていることはあり得ません。

常に何らかの問題を抱えているのです。

だからこそ、問題の所在を明らかにして何とか全体のバランスをあげる努力をするのです。その結果が顧客の継続購入につながるのです。

中でも、とりわけ大切なポイントは、人的サービスです。

どのような良質な顧客から評価されるような設備であり、仕組みであったとしても、最初と最後は「人」で決まってしまうからです。

顧客との良質なコミュニケーションが維持でき、顧客の要望、困っていること、不満を解消するのは「人」です。

その結果として顧客から支持が受けられるというわけです。

だからこそ、常に顧客の「要望」「困っていること」「不満」を顧客不満足度調査により課題を浮き彫りにして、そのうえで課題解決を図ることが大切なのです。

一定期間内における顧客の離脱化数（率）、顧客を失うことにより損失金額を計算してみると、きっと驚くことでしょう。

ですから、現在の顧客が100%継続し、通常は1年間に平均して24%の離脱化率（B to C）を3%・5%押さえることにより新規顧客を全く開発しなくとも業績に貢献することになるのです。

♠ 顧客との接点の追跡調査を行う

そのために顧客との間に生じる諸々の問題点、顧客との接点の追跡調査を行うのです（図表46）。

♠ 原因と理由と打つ手が明白になる

調査により、例えば、図表47のような原因と理由と打つ手が明白になるのです。

今までの実態把握の調査では「確かにそのとおり」「まさに間違いない」という現状理解はできるものの「それでは具体的にどうしたらいいか」に関する"次の一手"はみえてこなかったのが実態ですが、この調査では、直ちに着手するための課題が明白になるのです。

"次の一手"に関する課題は、直近のことだけでなく、ここ3か月以内、

❹「サービス・マインド」向上が業績アップにつながる

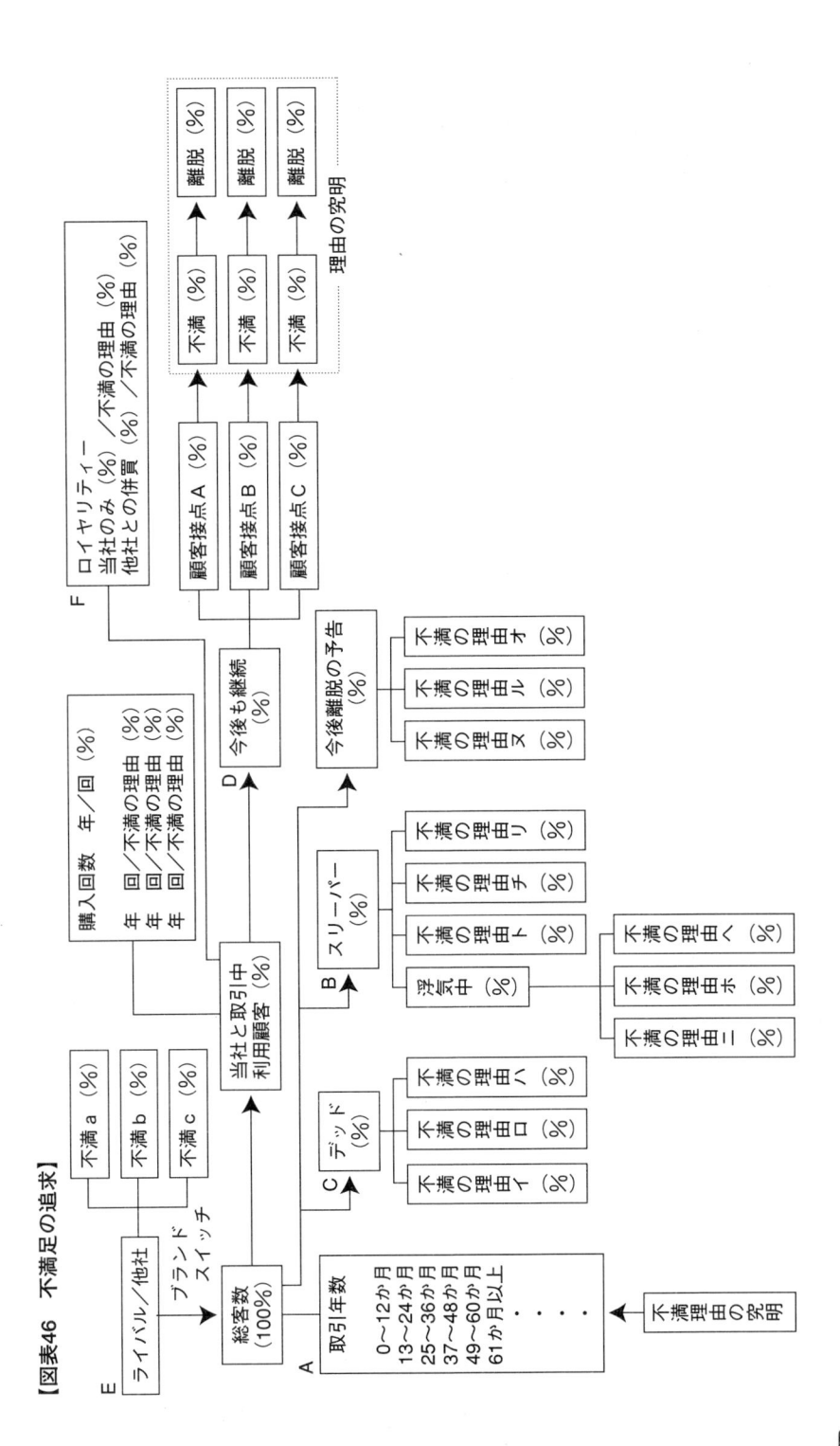

[図表46 不満足の追求]

⑲ 新規顧客開拓と顧客継続の視点

- 総客数 (100%)
  - A 取引年数
    - 0〜12か月
    - 13〜24か月
    - 25〜36か月
    - 37〜48か月
    - 49〜60か月
    - 61か月以上
    - ……
    - ← 不満理由の究明
  - E ライバル/他社 ブランドスイッチ
    - 不満 a (%)
    - 不満 b (%)
    - 不満 c (%)
  - 当社と取引中 利用顧客 (%)
    - 購入回数 年/回 (%)
      - 年 回/不満の理由 (%)
      - 年 回/不満の理由 (%)
      - 年 回/不満の理由 (%)
    - C デッド (%)
      - 不満の理由 イ (%)
      - 不満の理由 ロ (%)
      - 不満の理由 ハ (%)
    - B スリーパー (%)
      - 不満の理由 ト (%)
      - 不満の理由 チ (%)
      - 不満の理由 リ (%)
      - 浮気中 (%)
        - 不満の理由 ニ (%)
        - 不満の理由 ホ (%)
        - 不満の理由 ヘ (%)
    - D 今後も継続 (%)
      - 今後離脱の予告 (%)
        - 不満の理由 ヌ (%)
        - 不満の理由 ル (%)
        - 不満の理由 ヲ (%)
      - F ロイヤリティー
        - 当社のみ (%)/不満の理由 (%)
        - 他社との併買 (%)/不満の理由 (%)
        - 顧客接点 A (%) → 不満 (%) → 離脱 (%)
        - 顧客接点 B (%) → 不満 (%) → 離脱 (%)
        - 顧客接点 C (%) → 不満 (%) → 離脱 (%)
        - 理由の究明

【図表47　不満足の原因・理由と打つ手】

	不満足の原因・理由と打つ手
A	顧客との継続年月に応じた不満をキャッチします。 その結果いつも1年目は購入してくれる顧客が2年目に離脱するとした場合、その不満足を解消することにより、また2年目も購入してくれるような手が打てます。
B	スリーパー顧客のスリープする理由を探る結果、顧客の抱える問題点を解消するための手が打て、アクティブ顧客になってもらえます。
C	デッドすなわち過去に取引・購入があったが何らかの理由により現在は顧客が去って行ってしまっている理由を理解することにより、今後の離脱を防ぐことができるようになります。
D	今後も継続して購入すると表明した顧客も顧客接点ごとの不満を探ることにより、今後の離脱を未然に防ぐことができるようになります。 例えば、電話の応対が悪い、物流の運転手が乱暴など。
E	ライバル社Aから当社にブランドスイッチしてきたのか、なぜA社が気に入らなかったのか、そして当社は期待どおりであるのか等を知ることにより、A社から更なる顧客を当社に切り替えることができます。
F	例えば、B社に別々の3社が共納している場合、どの会社に比重が置かれているのか、当社の比率が年々下がってきているとしたらその理由は？　などを捉えることにより、当社の納入比率を増やすことができるようになります。

　半年以内、1年以内、3年以内などの短期・中期・長期の戦略としても顧客が求めること、不満に思っていることなどがキャッチできるのです。
　そして、そこから取り組む全社活動、すなわち経営者が解決するべき戦略課題、管理者が解決する戦術課題、現場が解決する現場レベルの課題というように全社活動に及ぶのです。
　更には、特別な課題としての新商品開発、新サービス開発、新システム開発などプロジェクトチームの編成により、顧客が喜び、顧客が満足し、今後とも引き続き商品やサービスを購入する長いご縁が生み出されるのです。

▲顧客不満足度調査の目的の1つは満足にまで昇華する取組みにある

　顧客不満足度調査の目的の1つは、こうして顧客の「要望」「困っていること」「不満」を課題として顧客が正に要望し、「あーよかった」と思う『不』の要素を払拭するだけでなく、むしろ満足にまで昇華する取組みにあります。
　更に顧客自身が気づいていないものの、内心では「これが欲しかった」「是非ともこうして欲しかった」という顧客が潜在的に求めている要素を提供することにあるのです。
　伸びている企業が行っている共通要素といえます。

20 口コミ・紹介が業績に貢献する

Point
♤口コミ・紹介は顧客が無料奉仕の営業をしてくれていることです。
♤紹介率の向上は業績に貢献します。
♤点数評価により業績に繁栄できます。

♠ なぜ口コミ・紹介はありがたいのか

口コミには、マイナスの口コミとプラスの口コミがあります。

マイナスの口コミは、企業に対する不満を大勢の人たちに伝えることを指す企業にとって総体的なマイナス要素を意味します。

プラスの口コミは、満足した顧客がどれだけの人たちにその満足の内容を伝えるか、企業の発展に寄与する内容を指します。

例えば、筆者の調査によると、図表48のようになります。

【図表48 プラスの口コミ・マイナスの口コミ】

	（1か月間では）	（1年間では）
①1人のクレーム顧客のマイナスの口コミ数	14～15人	40人～45人
②1人の満足した顧客のプラスの口コミ数		5～6人

これでおわかりのように、満足した1人の顧客が行うプラスの口コミは1年間にわずか5～6人程度に対して、マイナスの口コミは3倍から8倍も広がるのです。

ちなみに、1人の不満顧客が1年間に40人に不満の内容を伝え、それを聞いた40人の一人ひとりが更に各々40人に伝えたとして、これを5回繰り返すとどれだけの人に伝わるかを計算すると、40の5乗ですから1億240万人に伝わってしまうという計算になります。

現実には、この計算どおりにはなりませんが、しかしいかに不満が大勢の人たちに伝わるかは恐ろしいばかりです。

しかも、不満を感じた人の96％は不満を口に出さずに、そのうちの94％は黙って去っていってしまう（アメリカのデータ）のですから、去っていった人数とその失う金額を計算してみたら、飛び上がってびっくりすることになるでしょう。

この場合、マイナスの口コミ内容はこと細かく伝わる傾向にありますから知らないところで短所がこと細かく伝わり、みえないうちに顧客を失っていることになるのです。

♠ 口コミ・紹介のありがたさをまとめると

　ここで口コミ・紹介のありがたさをまとめると、図表49のとおりです。

【図表49　口コミ・紹介のありがたさ】

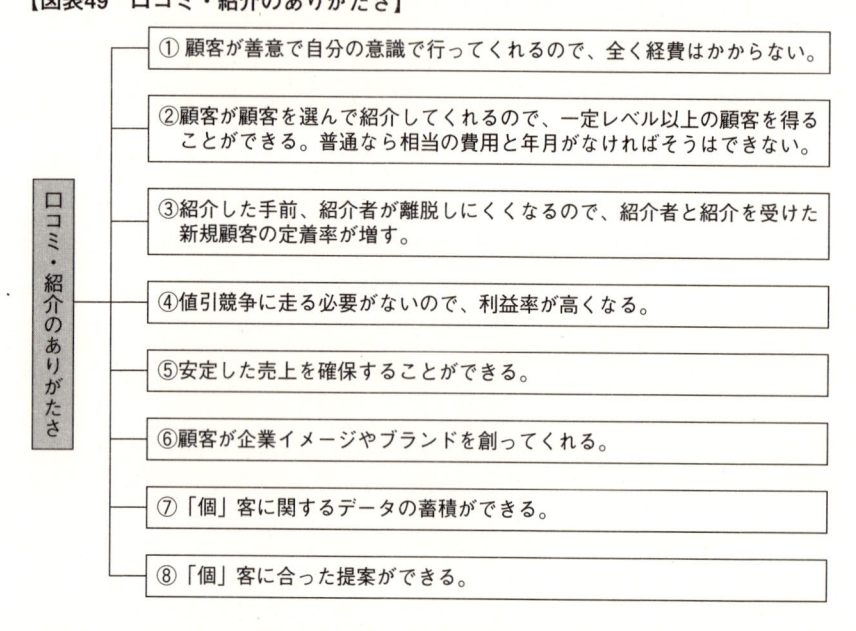

口コミ・紹介のありがたさ
- ① 顧客が善意で自分の意識で行ってくれるので、全く経費はかからない。
- ② 顧客が顧客を選んで紹介してくれるので、一定レベル以上の顧客を得ることができる。普通なら相当の費用と年月がなければそうはできない。
- ③ 紹介した手前、紹介者が離脱しにくくなるので、紹介者と紹介を受けた新規顧客の定着率が増す。
- ④ 値引競争に走る必要がないので、利益率が高くなる。
- ⑤ 安定した売上を確保することができる。
- ⑥ 顧客が企業イメージやブランドを創ってくれる。
- ⑦「個」客に関するデータの蓄積ができる。
- ⑧「個」客に合った提案ができる。

♠ 口コミ・紹介・推薦意向を調査する質問事項

　「顧客不満足度調査」では、アンケート調査時に必ず顧客に尋ねる質問があります（図表50）。

　つまり、現在の所有し・体験している商品・サービスが気に入っているか

【図表50　顧客不満足度調査で必ず顧客に尋ねる質問】

(1) 現在お持ちの商品・サービスを今後も継続して購入しますか？
　①Yes→その理由
　②No→その理由
(2) 貴方の大変親しい人から「○○商品・サービスを紹介して欲しい」と頼まれたとき「当社商品・サービスを是非といって紹介しますか？」
　①Yes→その理由
　②No→その理由→「それではどこの企業の商品・サービスを紹介しますか？」
　　→その理由

どうかを尋ね、そのうえで継続して購入するかどうかを聞き、その理由はなぜかを教えてもらうということで購入の継続意向を知るのです。

また、その内容によって、今後の企業のあり方を策定するのです。

【図表51　顧客不満足度調査の購入の継続意向と評点】

①「この会社からしか購入しない」	10点
②「今後とも継続して購入する」	8点
③「条件つきで購入する」	6点
④「どちらともいえない」	4点
⑤「購入しない」	2点
⑥「絶対に購入しない」	0点

♠紹介率の向上は業績に貢献する

同様に紹介意向を尋ねることにより、特にＮｏ、すなわち「紹介したくない」理由を知って今後の紹介率を高めるために活用するのです。

なぜ紹介にそれほどこだわるのかというと、紹介率の向上は業績に貢献することが明らかで、その因果関係が深いからです。

つまり、筆者が各社の定期的な調査（定点観測）をお引き受けしたときの実態を時系列でみると、紹介率の意向と業績貢献とが連動していることが明らかに数値的にも証明されていて、その実態は各社に共通しているからです。

例えば、その際にどんな判定の方法を採用しているかという１つの例をあげると、およそ図表52のような点数配分によってその実態をみることができるのです。

【図表52　点数配分】

①「是非とも紹介したい」	10点
②「紹介する」	8点
③「条件付きで紹介する」	6点
④「どちらとも言えない」	4点
⑤「紹介しない」	2点
⑥「絶対に紹介しない」	0点

♠Ｂ店（美容サロン）系列３店舗の顧客の実態

それでは、現状ではどのような点数・比率配分になっているかを調査結果からみると、次のような例があげられます。

≪Ｂ店（美容サロン）系列３店舗に関する紹介意向≫

⑳口コミ・紹介が業績に貢献する

〜2005年度の店舗に関する紹介意向総合評価は85.6%となっている〜

その実態を個別の項目でみると、顧客の実態は図表53のようになっています。

【図表53　Ｂ店（美容サロン）の顧客の実態】

①紹介したことがある	42.8 ％
②今後、紹介してもよい	42.75%
③紹介したいとは思わない	13.6 ％
④絶対に紹介したくない	0.85%

なお、Ｂ店のここ９年間に及ぶCS活動による業績推移は、図表54のとおりです。

【図表54　顧客不満足度調査を基盤としたＢ美容サロンのFBP活動の推移】

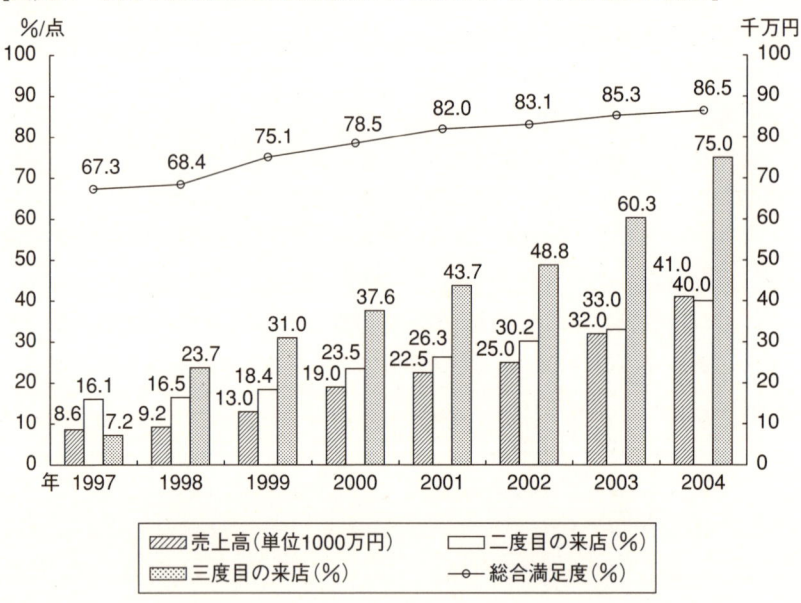

図表54からわかるとおり、ここでは２度目の来店比率が増えることにより、３度目以降の来店が促進されこれが業績に大きく貢献していることを示しています。

ともあれ、「初めての来店顧客が２度目に来店しない限り、３度目以降は存在しない」という通常当たり前のことがいかに大切かを物語っている好事例です。

ぜひとも実践してみてください。

21 何よりもお客様第一で対応しよう

Point
♤ 顧客のことがわからなくて顧客に満足提供ができますか？
♤ 顧客の「困っていること」「不満」を知ることは、顧客の求める満足を知ることです。

●●

♠ まずは顧客理解を図ろう

顧客のことがわからなければ、顧客に満足提供が覚束ないのは当然です。

ところが多くの企業は、顧客理解をしようとせずに自分たちの発想で事に臨んでいるのが現状です。

ですから、成果が上がらないで悩んでいることになるのですが、悩む前に顧客の意志・気持ちを顧客に教えてもらうことが早道です。

♠ 顧客に目先のことを聞いても目先の答えしかしてくれない

とはいいながら、顧客に目先のことを聞いても、目先の答えしかしてくれないのは当然です。

ちなみに「貴方が次に欲しい商品・サービスを教えてください」というような質問がそれです。これは、どこの企業でも通常行っているレベルの質問ですから、そこで得られる顧客の意見はどこの企業でも所持している差別化に結びつかないデータです。

つまり「過去に購入した乗用車、TV、ハンドバッグ、スーツ、の買替え時期が訪れた際に今度購入したいと思うのは？」と尋ねた場合、顧客は目先の要望しか表現できないわけです。

また「今まで出かけているお店で行うべき必要なサービスを教えてください」などの質問に関しても、目先の改善レベルのことは答えられたとしても例をみないような画期的なサービスの提案がなされることは、ほとんどありえないことです。

これでは目先のことに対応できても、顧客がびっくりして引きつけられるような、そして他社に大きく差をつけることができるような、魅力ある革新性のある内容は期待できません。

さりとて「貴方の心の底に潜んでいる今までに存在しない商品・サービス

は何かを教えてください」という質問を行っても、顧客は答えようがないのは当然です。

また、この程度のデータでは、時々刻々スピーディに変化する状況下ではすぐに古いデータとなってしまいます。

実際に、以上のようなことを聞くアンケート調査を実施して、その結果として新商品・新サービスを開発している間に他社に先を越されたり、状況が変化してしまうことにより、却って後れをとってしまうことが起こっています。

♠ 顧客の不満を知ることから顧客の求めが理解できる

そのため、顧客の意識下に潜んでいる真意をキャッチする方法が求められますが、そこで役立つ方法として採用されているのが顧客の「困っていること」「不満」を捉える方法です。

この場合、日本語として広く捉えると、「苦情」という概念になりますが、いわゆる苦情は、大きく分けると、図表55のように分類することができます。

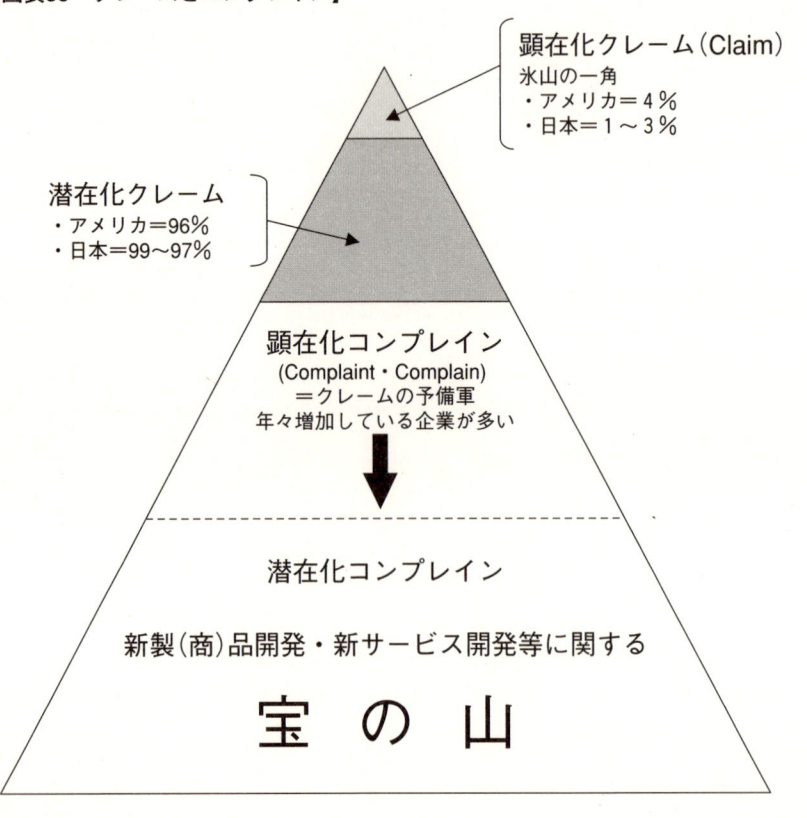

【図表55 クレームとコンプレイン】

顕在化クレーム（Claim）
氷山の一角
・アメリカ＝4％
・日本＝1～3％

潜在化クレーム
・アメリカ＝96％
・日本＝99～97％

顕在化コンプレイン
(Complaint・Complain)
＝クレームの予備軍
年々増加している企業が多い

潜在化コンプレイン

新製(商)品開発・新サービス開発等に関する

宝 の 山

❹「サービス・マインド」向上が業績アップにつながる

図表55のクレームとコンプレインの意味は、図表56のとおりです。

【図表56　クレーム・コンプレインの分類】

項　目	説　　明
❶クレーム （Claim）	①顕在化クレーム 　顧客のクレームが企業に届く比率、不満を感じた顧客がクレームを表明する比率は、アメリカで４％・日本では１～３％（筆者調べ）です。 ②潜在化クレーム 　商品・サービスを購入した直後の顧客の約40％は、何らかの不満を覚えていますが、そのうち、それを表明しない顧客は96％（アメリカ）、97～99％（日本）です。
❷コンプレイン （Complaint・Complain）	①顕在化コンプレイン 　「何回も言っているのにちっとも直らないじゃないか。そろそろ怒るよ！」などは、クレームの予備軍としての顕在化したコンプレインです。 ②潜在化コンプレイン 　何気なく顧客がもらすちょっとした不平・不満です。 　どうせ言ってもムダだと思いながらつい愚痴になるような要素です。

♠潜在化したコンプレインは新商品・新サービス開発のための宝の山

　例えば、コールセンター・お客様電話相談室にかかってくる電話では、問合せがおよそ60～70％なのですが、その問合せは広く捉えると苦情なのです。

　つまり、顧客はわからないから電話するのですが、「日頃からなぜわかるようにしておかないのか」という問題点として捉えれば、問合せが発生しないように手を打つことができるのです。

　顧客は、自分の時間、自分の手間、自分の費用を使用して、わざわざ電話をするようにさせられているのですが、この潜在化したコンプレインは、正に新商品・新サービス開発のための宝の山ということができるのです。

♠クレーム・コンプレインの意味、クレームの種類・対応

　もう少しクレームとコンプレインについて解説すると、図表57となります。
　いずれにせよ、顧客の困っていること、不満を知ることにより、その背景にある顧客の求めがみえて来るというわけです。

【図表57　クレーム・コンプレインの意味、クレームの種類・対応】

【１】　クレームとは

１．日本語では『苦情』の一言
２．Claim

- （１）「顧客にとって当然の権利要求」
- （２）「主観的な立証データによる損害賠償要求」
- （３）「顧客の心理的・感情的な怒り」
- （４）「企業は法律に違反していなくとも倫理的・モラル面の要素が必要」
- （５）「主観的な顧客の不満」
- （６）「商品・サービスの品質に関して企業側（提供側）に原因があるために申し立てる顧客の不満」
- （７）「商品・サービスの欠陥などに関して顧客が製造者・供給者に対してもつ不満」
- （８）「顧客が企業の各種の品質に関して裁判を起こしたり、保証を求めたり、感情的になったりする顧客にとって深刻な事態・出来事」

【2】 コンプレインとは

1. Complaint・Complain
2. 「クレームほど深刻ではないが顧客の示す不平・不満」
3. 「不平・苦情の種・不平をいう・ぶつぶつ文句をいう・不満を訴える」
4. 「クレームの予備軍」
5. 「講義に捉えれば苦情」

【3】 クレームとコンプレイン

【4】 クレーム（Claim）の種類

1. 消費者・生活者・ユーザークレーム
   最終顧客（B to B・B to C）からもたらされるクレーム
2. メーカークレーム
   外注先（工場）との間に発生するクレーム
3. ラインクレーム
   製造部門における前工程に原因があるために、後工程で起こる不具合に関して前工程に対して不具合、異常発生報告と是正措置が要求されるクレーム

【5】 予測したクレーム・予測しなかったクレーム

1. 完成品が世の中に存在しない限りある程度の歩留まりでクレーム発生は予想しておかなければならない。これを「予想クレーム」という。予想していただけに、クレームが発生したときには組織内のルールに従って対応するので「保証クレーム」と表現する場合もある。
2. クレームの中には予想していなかったにも係わらず、致命的な欠陥などの品質特性に深刻な不具合が発生する場合がある。もちろん早急に原因追求と再発防止策を講じなければならないが、これを「予想しなかったクレーム」ないしは「異常クレーム」と表現する場合もある。

【6】 クレームの出所

1．最終顧客からもたらされるクレーム
2．販売店が気づいてもたらすクレーム
3．商社・卸・問屋が気づいてもたらすクレーム
4．加工メーカーからもたらされるクレーム
5．おおもとの発注メーカーからもたらされるクレーム

【7】 一般クレーム・特別クレーム（ポリシークレーム）

1．金銭による代償を求められた場合、通常ルートの中で対応するケースを一般クレームという。
2．企業の特別な事情にメーカー責任ではない認識をもちながらクレームと認めた方がよいと判断する場合、これを特別クレームないしはポリシークレームという。

【8】 受動的クレーム対応・クレーム処理・能動的クレーム対応

1．クレームを受け身の姿勢で捉える場合、これを「受動的クレーム対応」という。
2．クレームを片づける、慇懃無礼な対応をする、処理的要件として捉える場合、これを「クレーム処理」という。
3．メーカーの設計上の問題、製造上の問題と捉え、自ら市場に出回っている製品の回収、リコールなどによる修理、トラブル対応に対して前向きに取り組む姿勢を「能動的クレーム対応」という。

【9】 その他のクレーム

1．専門メーカーに関するクレーム
　（1）例えば、住宅は各種の部材、部品・製品などによって組み立てられている。アルミサッシ、システムキッチン、成型一体型の風呂、トイレの便器などはそれぞれのメーカーがより専門的見地から保証することのほうが適切な対応ができる。
　（2）例えば、システムキッチンがよくトラブルを起こすなどといった場合、「だから、このプレハブメーカーはダメなんだ！」と判断されてしまったのでは他の付随する関係者は共に被害を受けることになってしまう。
　したがって、トラブルを起こしがちなシステムキッチンメーカーに対してクレームをもちかけなければならなくなる。これを専門クレームという。
2．偽装クレーム・マーケットクレーム
　不景気になるとクレームは増加する。また、販売店などが仕入れた商品が思惑どおりに売れないと契約破棄、返品、値引をさせようとなんやかんやと一種の難題をちかけてくる。これを偽装クレームないしはマーケットクレームという。

※「実践的クレーム対応」産業能率大学刊・参照。

22 顧客不満を知るための具体策を練ろう

Point

♤顧客を理解するための方法はいろいろあります。
♤「顧客不満足度調査」の採用がどんどん進んでいます。
♤顧客不満足度調査の設問項目例とヒナ型例を参考にしましょう。

♠ 顧客の心の底を知る

　一般的に顧客のことを知るために採用されている方法はいろいろありますが、図表58にあげる取組みが一般的に実施されています。

【図表58　顧客を知るための方法】

方　　法	説　　　　　明
❶お客様電話相談室・カスタマーセンター・コールセンターなど	文字どおり顧客からかかってくる電話をここで集中して対応する機能を担っていますが、残念なことに多くの場合、顧客のもたらしてきた課題を解決する意志のない企業が圧倒的に多く、むしろ顧客の不満を増幅しているケースが多いのが実状です。 　本来の趣旨は、顧客の一言ひとことに耳を傾け、その内容を課題として捉え解決を図るために設けられた機能のはずですが、いつの間にか、単に顧客の声を取りあえず捉えるだけの部門になってしまっているのです。したがって、顧客の不満を増幅してしまっているのが現状です。
❷インターネット活用の調査	特定多数の顧客に意見を聞くのはよいのですが、不特定多数の顧客を対象にした調査には不向きな面があります。 　というのも、子供が大人のふりをしたり、男性が女性に成り代わったり、営業担当者が顧客になりすまして意見を寄せるなどの問題が実際に起きているからです。 　単に安い費用で済むからという理由だけではなく、本来の役立つ要素を認識して決定すべきことがらなのです。
❸お客様一言情報メモ活動	顧客の何気ない一言を捉え、この一言を集め、整理し、分析を行い顧客の意識下に潜んでいる要素を理解し手を打とうとする活動で、店頭接客などで活用し成果を上げている企業もありますが、メモを取る習慣ができるまでは大変苦労する傾向にあります。 「後で書けばよい」と思っている間に忘れてしまうなどや、人によって気づきの具合が違うためにメモの枚数に大きくばらつきが発生するなどが、その理由としてあげられます。
❹相談カウンター	鉄道などの場合、駅の数がたくさんありますので、そこにコーナーを設けて顧客が訪れて語った内容をコンピューターに入れ、こ

❹「サービス・マインド」向上が業績アップにつながる

| | | れを後でまとめて整理・分析を行い、課題を浮き彫りにして解決するという方法です。
ただし、わざわざそこまで顧客に足を運ばせる、手間をかけさせることになるのと、顧客が思い立ったときにすぐにそれを伝えるという面では向かないといえます。 |
|---|---|---|
| | ❺インタビュー | 大勢の顧客にじっくりと意見を聞くためには時間が限られている中でアンケートのように大勢の人の意見を聞くことはできません。
つまり、統計的に捉え、数値化するだけのボリュームは得られない点が短所といえます。加えて、インタビューする人の能力・感性によって捉え方にばらつきが発生するという点でも問題があります。 |

♠ 主流は「顧客不満足度調査」

なぜこの調査を企業が導入したのかを聞くと、アトランダムですが、実際に図表59のような意見が寄せられました。

もちろん、その結果として顧客の求める満足につながるからこそ、毎年の調査が行われるのです。

【図表59　顧客不満足度調査を実施する企業の主たる理由】

- ☐ 顧客の「本音」が明らかになる。
- ☐ 顧客の「表情」がみえてくる。
- ☐ 顧客のモノの見方がみえてくる。
- ☐ 顧客が「気づいたこと」「要望」「困っていること」「抱えている問題点」「不満」が見えてくる。
- ☐ 顧客の「不満」「怒り」の原因がみえてくる。
- ☐ 顧客の離脱化要因が理解できるようになる。
- ☐ 顧客継続率の向上につながる基盤が浮上する。
- ☐ 顧客の「特にない」「どちらでもない」「普通」などの曖昧な表現の裏側にある要素、本音がみえてくる。
- ☐ 製品・サービスのトラブルの要因が明らかになる。
- ☐ 企業に届いていない顧客不満・顧客離脱化要素が浮き彫りになる。
- ☐ 顧客の本音と企業の建て前のズレが明白になる。
- ☐ 推測・推定・仮説の検証ができる。
- ☐ 創造のタネ・ヒントが豊富にキャッチできる。
- ☐ 次の一手が見えてくる。
- ☐ 新製品・新サービス開発の基盤とヒントが豊富に入手できる。
- ☐ 全社の共通課題が明らかになる。
- ☐ 顧客の真の生の声、意見が明らかになる。
- ☐ 企業の意識革新の基盤となる。
- ☐ 企業の組織革新の基盤となる。
- ☐ 組織の顧客基盤のDNAを創る基になる。
- ☐ 企業のシステム革新の基盤となる。
- ☐ CSの全社活動の基盤となる課題が明らかになる。
- ☐ 部門横断的な解決を図る基盤となる。

- □ 「改善」＋「革新・改革」活動の基盤となる。
- □ 「業績＝顧客の支持率」達成をもたらす基になる。

つまり、顧客の表面化した要望、特に買替え・買増し・リピーター・リピートオーダーの意識を聞いて、そこから実際に行った新商品開発・新サービス開発などが必ずしも上手くいっていないために企業が顧客の心の底に潜んでいる各種の潜在化した要素を困っていること、不満などを捉え、その背後にある顧客の求めを浮き彫りにして顧客に提供することから顧客の支持が受けられますので、役立っているのが顧客不満足度調査です。

つまり「顧客の支持率＝業績」「業績＝顧客の支持率」を示すのだということです。

♠アンケートの基本的な設問項目は

それでは、具体的にどのようなことを顧客にアンケート用紙を通じて質問するのか、図表60は基本的な設問項目があげたものです。

【図表60　アンケートの基本的な設問項目】

1. 貴方が現在お持ちの商品○○はどこのメーカーのものですか。
2. その商品の品番・機種をお教えください。
3. そのメーカーの商品を購入する際に比較したメーカーは以下のどれですか。
4. なぜそのメーカーを選んだのですか。
5. なぜその商品を選んだのですか。
6. なぜ他のメーカーを選ばなかったのですか。
7. なぜ他の商品を選ばなかったのですか。
8. 貴方は今後とも同じメーカーを選び続けますか。
9. 貴方は今後とも同じ商品を選び続けますか。
10. Yes，の場合の理由を以下の項目の中からお選びください。
11. No，の場合の理由を以下の項目の中からお選びください。
12. そのことに関して何かご意見をお持の場合、率直なご意見をお寄せください。
13. 貴方が大変親しくしている人から「どこかよいメーカーを推薦して欲しい」と頼まれたとしたら「当社を是非と言って推薦してくれますか」
14. 貴方が大変親しくしている人から「どの商品がよいか推薦して欲しい」と頼まれたとしたら「是非といって当社の商品を推薦してくれますか」
15. Yes，の場合の理由を以下の項目からお選びください。
16. No，の場合の理由を以下の項目からお選びください。
17. それ以外に何かございましたら忌憚のないご意見をお聞かせください。

♠アンケート表のサンプルを示すと

以上の要点を盛り込んだアンケート表のサンプルを掲げると、図表61のとおりです。

【図表61　アンケート表のサンプル】

集計用コード記入欄 ☐☐☐☐

最初に貴方様が日頃いらっしゃっているお店についてお伺いします。

Q1. いま貴方がいらっしゃっているお店の気に入っている点について該当する項目の番号に○印をおつけください（○印はいくつでも）。

1．親切だから　2．いつも新鮮だから　3．品揃えがよいから　4．店員の感じがよいから
5．品揃えが自分に合っているから　6．見ているだけで楽しいから　7．価格が手ごろだから
8．近所だから　9．交通の便がよいから　10．駐車場が空いているから　11．特売があるから
12．古くからのなじみだから　13．ポイントカード・スタンプを集めているから
14．融通が利くから　15．その他（　　　　　　　　　　　）

Q2. いつも行っているお店はどこでしょうか。該当する店名の番号に○印をおつけください（○印は3つまで）。

1．●●店　2．

Q3. それでは現在、行っていないお店になぜ行ってないのかその理由を以下の項目の中からおえらびください。該当する項目に○印をおつけください（○印はいくつでも）。

1．不親切だから　2．鮮度が悪いから　3．品揃えが悪いから　4．店員の感じが悪いから
5．商品知識がないから　6．情報量が少ないから　7．品揃えが自分に合っていないから
8．楽しくないから　9．駐車場が小さいから　10．車が止めにくいから　11．品質に比べ高いから
12．遠いから　13．交通の便が悪いから　14．特売が安くないから　15．清潔感がないから
16．整理整頓ができていないから　17．その他（　　　　　　　　　　　）

Q4. いままで行っていたお店に行く回数に変化はありますか。該当する項目の番号に○印をおつけください（○印は1つ）。

1．減っている　　　　2．変わらない　　　　3．増えた
↓
次の質問にお進みください。

Q5. 前問で「減っている」とお答えのかたにお伺いします。減った理由に関して該当する項目の番号に○印をおつけください（○印はいくつでも）。

1．不景気だから　2．店に元気がないから　3．店に清潔感がないから　4．特徴がなくなったから
5．気に入った商品が少なくなったから　6．他店と比べて見劣りするようになったから
7．何となく雰囲気がよくないから　8．見ていて楽しくないから　9．店員の感じがよくないから
10．自分の年代に合わなくなったから　11．安売りの品が少なくなったから
12．安くても品がよくないから　13．全体に魅力がなくなったから　14．その他（　　　　　）

Q6. その他、現在お店に対して持っているご意見、例えば「こうして欲しい」「このようになって欲しい」などとお考えの点についてご記入ください。

ここからは弊社●●についてお伺いします。

Q7. どれくらいの頻度でご来店いただいていますか。当てはまる番号に○印をおつけください（○印は1つ）。

1．毎日　2．週に4〜5回　3．週に2〜3回　4．週に1回　5．月に2〜3回　6．月に1回
7．2ヶ月に1回位　8．3ヶ月に1回位　9．その他（　　　　　　　　　　　）

㉒顧客不満を知るための具体策を練ろう

Q8. 商品をお買いあげいただく金額は平均してどれくらいですか。当てはまる番号に○印をおつけください。
（○印は1つ）。

1. ～1000円　4. 1001円～2000円　3. 2001円～3000円　4. 3000円～4000円
5. 4001円～5000円　6. 5001円～6000円　7. 6001円～7000円　8. 7001円～8000円
9. 8001円～9000円　10. 9001円～10000円　11. 10001～15000円　12. 15000円以上
13. その他（　　　　　　　　　　　　　　　　　　　　　　　　　　　　　　）

Q9. 以前と比べてご来店の状況がどのように変化しているかについてお教えくささい（○印は1つ）。

1. 減った　　　　2. 変わらない　　　　3. 増えた
↓
次の質問にお進み
ください。

1. 不景気だから　2. 店に元気がないから　3. 店に清潔感がないから　4. 特徴が無くなったから
5. 気に入った商品が少なくなったから　6. 他店と比べて見劣りがするようになったから
7. 何となく雰囲気がよくないから　8. 見ていて楽しくないから　9. 店員の感じがよくないから
10. 自分の年代に合わなくなったから　11. 安売りの品が少なくなったから
12. 魅力ある商品がなくなったから　13. 高級感がなくないから　14. 不親切だから
15. 鮮度が悪いから　16. 商品知識がないから　17. 情報量が少ないから　18. 整理整頓が悪いから
19. 特売が安くないから　20. 駐車場が狭くて泊めにくいから　21. その他（　　　　　　　　　）

Q10. 弊社におけるご購入についてお教え下さい。当てはまる項目の番号に○印をおつけください（○印は1つ）。

1. 以前から弊社（●●店）で買う方が他店で買うよりも多い。
2. 以前は他店で買っていたが、最近は弊社（●●店）で買うことの方が多い。
3. 以前は弊社（●●店）で買うことが多かったが、最近は他店で買うことが多い。
4. 以前と変わっていない。
5. たまた弊社（●●店）で買ったりしていたが、ほとんどは他店で買っている。
6. 特にこれといった店を決めていない。
7. 特売の魅力に応じてそのつど店を変えている。
8. その他（　　　　　　　　　　　　　　　　　　　　　　　　　　　　　）

Q11. 弊社（●●店）に関してその他お気づきの点、ご要望、ご不満がございましたら、どのようなことでも結構です。率直なご意見をお教えください。

Q12. 弊社（●●店）全体についてお聞きします。

		不満である	やや不満である	こんなものだと思う	ほぼ満足している	満足している
立地の環境	交通の便	1	2	3	4	5
施設外の環境	駐車場の収容台数・停めやすさ	1	2	3	4	5
	自転車の収容台数・停めやすさ	1	2	3	4	5
	店の外観や入り口の雰囲気	1	2	3	4	5
施設内の全体環境	店への入りやすさ	1	2	3	4	5
	店から出る時の出やすさ	1	2	3	4	5
	店の通路の幅	1	2	3	4	5
	商品の位置の分かりやすさ	1	2	3	4	5
	店の清潔感・明るさ・活き活き感	1	2	3	4	5
	店の臭い・空調	1	2	3	4	5
	照明の明るさ・照明の配置・照明の色	1	2	3	4	5
	買い物のしやすさ	1	2	3	4	5

商品	商品の価格	1	2	3	4	5
	商品の品質（含・材質・味など）	1	2	3	4	5
	商品の魅力度	1	2	3	4	5
	商品の安心感	1	2	3	4	5
	商品のセンス	1	2	3	4	5
店員に関して	苦情・トラブル・問い合わせに対する対応	1	2	3	4	5
	部門ごとの店員の対応	1	2	3	4	5
	店員の清潔感	1	2	3	4	5
	店員の質	1	2	3	4	5
	店員の服装	1	2	3	4	5
	店員のマナー・態度・言葉づかい	1	2	3	4	5

Q13. 総合的に見た弊社のイメージについて該当する番号に○をおつけください（○は１つ）。
　　　悪い←　　　　　　　　　　　→良い
　　　１　２　３　４　５　６　７

Q4. 最後に貴方ご自身のことについてお尋ねします。
　１．女性　　２．男性
　お生まれは：　１．大正　２．昭和　３．平成　：　　年　　月　　日生（　　歳）

　　　　　　　　　ご協力ありがとうございました。

●このアンケート用紙は、同封の返信用封筒（切手不要）にて●月●日（●曜）までにご投函下さいますようお願い致します。

●なお「　●　●　」をお届け申しあげたく、下記欄にお届け先をご記入ください。

　○おところ：〒

　○お名前：　　　　　　　　　　　○お電話：

　　サンプルとして掲げたこの調査票の例は、A3・２つ折のスタイルです。本格的に実施する場合にはA4・12ページが平均的なボリュームとなっています。
　　記入するほうからすると、かなり忍耐力のいるアンケート票ですが、しかし顧客不満足度調査に関しては、このボリュームで平均回収率が30～35%となっていますから、いかに人々のいいたいことがいえるようになっている設計かがわかります。
　　しかも調査票には、どこにも「顧客不満足度調査」を謳っているわけではないにもかかわらず、顧客は十二分に日頃感じている内容を親切に教えてくれるのです。
　　つまり調査票の設計にその秘訣があるということです。その１つは、第一問目のQでは誰もが簡単に答えられるようなところから入っているなどがその例です。少ない質問項目でいかに顧客の心に潜んでいる課題を浮き彫りにするかは、調査票の設計にかかっているということです。

23 顧客の率直な生の声を活かすためには

Point
♤「サービス品質の向上」と「鈍感社員の増加」をどう乗り越えますか。
♠商品だけの差別化率はわずか7～8％です。

♠企業は矛盾する課題解決を迫られている！

　企業が熱心にサービス向上に努める意識を顧客に伝え、そのためのアンケート協力を依頼すると、顧客は非常に熱心に様々な観点から日頃感じている意見を伝えてくれます。
　図表62は、「○○○○の各種サービスに関するアンケートのお願いの表示」例です。

【図表62　○○○○の各種サービスに関するアンケートのお願いの例】

　　　　　　　　　○○○○の各種サービスに関するアンケートのお願い

拝啓　皆様におかれましては益々ご清祥のこととお喜び申し上げます。
　日頃は格別のご愛顧を下さいまして誠にありがとうございます。
　さて現在弊社ではお客様から様々なご意見・ご要望を賜り、その内容を各種サービス向上に反映させて参りたいと全体的な見直しに取り組んでいるところです。
　今回その一環として、お客様から是非とも率直な意見をいただきたく、アンケートのご協力にお願いを申し上げる次第です。弊社といたしましてはお客様からご意見・ご要望・ご不満は謙虚に受け止め、ご満足いただけるサービス体制に活用させていただく所存でございますので、どうかありのままをお聞かせくださいますよう重ねてお願いいたします。
　お忙しい時期とは存じますが何とぞ趣旨をお汲み取りの上、ご回答お願い申し上げます。

　　　　　　　　　　　　　　　　　　　　　　　　　　　　　　　　敬具
　　　　　　　　　　　　　　　　　　　　　　　平成18年8月
　　　　　　　　　　　　　　　　　　　　　　　代表

〈ご記入にあたって〉

　　＜個人情報の保護について＞
　　　本アンケートは弊社の各種サービスについてご質問させていただくものです。
　　　今回のアンケートにより皆様からお寄せいただきました全ての内容は、個人情報保護の観点から厳重な管理の下で取り扱い、このアンケートのためだけに活用させていただきます。社外はもちろん、弊社内の他の業務で活用されることは決してございません。また、調査結果はすべて統計的な分析処理をさせていただき

❹「サービス・マインド」向上が業績アップにつながる

ますので、お名前などの個人情報が調査結果の分析処理におきましても現れることは一切ありませんので、ご安心の上ご協力お願い申し上げます。
　ただし、本アンケートの趣旨からも、お寄せいただきましたご意見・ご要望・ご不満の中で直接ご連絡をさせていただく必要がある事柄に限り、お電話などでご連絡させていただくことがございます。
　この点につきましてはご理解をいただきたくお願い申し上げます。

★ご記入に当たりまして、下記の記入方法をご一読くださいますよう、お願い申し上げます。
　１．ご記入には「黒のボールペン」をご使用下さい。
　２．ご回答は各質問の解答欄の「番号」に○印をおつけ下さい。
　３．質問によっては、皆様の率直なご意見・ご要望・ご不満をお寄せいただければ幸いに存じます。

★ご回答の方法、本アンケートの趣旨につきましてご不明な点がございましたら、下記担当者までお問い合わせ下さい。

　　　　　　　「お客様アンケート係」担当：
　　　　　　　　TEL　〈受付時間　　〉

☆アンケートにご協力いただきました皆様にはお礼として、漏れなく「　　」を後日お送りいたしますので、末尾の欄にお名前・ご住所などをご記入下さいますようお願いいたします。

☆ご記入いただきましたアンケート用紙は、お手数ですが同封の返信用封筒にて　　月　　日（　）までにご投函くださいますようお願い申し上げます。

♠顧客から得た内容の整理・分析を行う

　アンケートに協力をしてくれた顧客から得た内容は整理・分析を行い、定量編と定性編に分けてそれぞれのデータを分析します。
　この場合、定量編は数値的な把握を行い点数やパーセンテージにより全体と個の実態をみます。
　一方、定性編は、顧客が自由記入欄に書き記してくれた一人ひとりの様々な率直な意見を大切にして、たとえたった１人の意見であったとしても尊重し、これを課題として真正面から取り組みます。
　顧客の不満・クレームがメーカー、本社・本部に届く比率は、日本ではわずか１〜３％程度なのですから、１人の顧客の辛口の意見はとてもありがたい、貴重な宝物なのです。
　現在は、この定性情報は貴重な一次情報になっています。

♠ ここ10年間に顧客意識に現れている要素

　アンケートの内容は、定量編と定性編を組み合わせて分析を行います。

　例えば、「どちらでもない」と答えた人はどのような意見の人かなど、普通は見えてこない心の底に潜んでいる要素を浮き彫りにするのです。

　もちろん「非常に不満」「困っている」などの回答者はどんなことを考え、どのようなことを感じているのかなど様々な観点の分析を行うのです。

　その結果として、ここ約10年における顧客の意識に現れている要素をあげると、図表63のとおりです。

【図表63　ここ10年間に顧客意識に現れている要素】

ここ10年間に顧客意識に現れている要素	①戦後約50年を経過したために年月をかけて構築してきた各種の「システム」がシステム疲労を起こしていてそこに顧客の不満が集中している。
	②働く人の「サービス・マインド」が衰えてきてなお、「気づきのない人」「鈍感人間」が増えてきている。

♠ 矛盾する2つのテーマの解決を迫られている

　以上の2点が特に顕著な顧客の意見という各社に共通する要素が浮き彫りになり、時代の特性として明らかになってきているのです。

　時代はどんどん急ピッチにサービス社会に向かって進んでいるときに、企業は逆行するようにその面が衰えてきているのですから、その落差は企業にとって大きなダメージに結びつくのです。

　しかも、一人っ子として家庭で大切に育てられた人たちは常に自分が中心人物として存在する習慣が身につき、そのために人のことは気にしない、人の気持ちが汲めない、きめ細かいことに気づかない、自分以外のことに気配りができないのみならず鈍感、といった人物として時代に逆行する面が具体的に表面化してきて、企業としては由々しき事態を迎えているのです。

　一方では「顧客の高質サービスの要求」、また一方では「鈍感社員の増加」という矛盾するテーマの両面を解決する必要に迫られているということになります。

♠ 2つの問題解決を図らない限り安売りでしか対応できない

　この問題解決を図らない限り、企業は安売りでしか対応できないということになってしまいます。

　顧客からすれば「商品とサービスを他社・他店と比較したときに大して変

わらない」と思った場合、「値段が大幅に安くなければ購入しない」というのが結論です（筆者調べ）。

しかし安売りは、永久に値段を下げ続けることはできないことからしても、また損を承知で価格を下げたのでは早晩、企業の存続は途絶えてしまうことになります。

また、資金力のある企業にはどのように価格で対抗しても必ず負けるのは当然です。しかもこうした値引競争は本質的ではありません。大なり小なりお互いに傷つくのが関の山です。

商品だけの差別化率を比較すると、およそ７～８％しかありません（筆者調べ）。これは「貴方はなぜこの商品を購入したのですか？」に対して「どうしても欲しかったから」「この商品以外は購入するつもりがなかった」と回答した人たちの約20種類の耐久消費財に関する回答比率です。

したがって、92～93％は総体的なサービスによって購入の意志決定を行っているということになります。

この場合のサービスとは、設備、システム、人間のサービスなど様々なサービスの総体を指しています。

♠何が求められているか

顧客の意見をみると、様々な指摘がなされています。

例えば、サービスに関してみると、図表64の共通要素があげられます。

【図表64　サービスで指摘される共通要素】

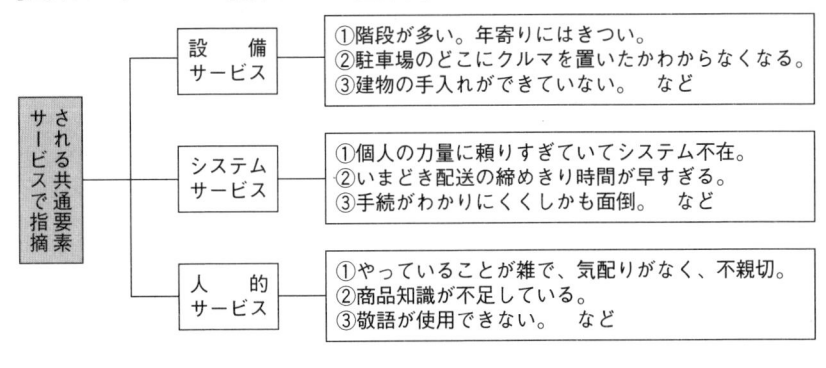

```
                    ┌─────────┐   ┌───────────────────────────────────────┐
                    │ 設　備  │   │①階段が多い。年寄りにはきつい。      │
              ┌────│ サービス│───│②駐車場のどこにクルマを置いたかわからなくなる。│
              │    └─────────┘   │③建物の手入れができていない。　など  │
┌─────────┐   │                   └───────────────────────────────────────┘
│される共通│   │    ┌─────────┐   ┌───────────────────────────────────────┐
│サービスで│   │    │システム │   │①個人の力量に頼りすぎていてシステム不在。│
│要素指摘  │───┼────│ サービス│───│②いまどき配送の締めきり時間が早すぎる。│
└─────────┘   │    └─────────┘   │③手続がわかりにくくしかも面倒。　など│
              │                   └───────────────────────────────────────┘
              │    ┌─────────┐   ┌───────────────────────────────────────┐
              │    │ 人　的  │   │①やっていることが雑で、気配りがなく、不親切。│
              └────│ サービス│───│②商品知識が不足している。            │
                   └─────────┘   │③敬語が使用できない。　など          │
                                  └───────────────────────────────────────┘
```

♠顧客の率直な声は企業繁栄のための取組み課題を提供

どうでしょうか。顧客の率直な声は、企業繁栄のための取組み課題を提供してくれているのです。

というのも、これらの課題を解決することにより顧客が離脱しなくなり、

新規顧客の増加に貢献するからです。

　実はどのように厳しい意見であったとしてもそれは顧客が「こうしたことをきちんと実行するようになればもっと応援する」という一種のファンからのメッセージであり、むしろアンケートに協力をしてくれなかった顧客が心理的な離脱顧客なのです。

♠顧客に伝える企業からのメッセージ

　ですから、これらの課題に対し、図表65の企業からのメッセージを顧客に伝えることにより、この企業は前向きに顧客の声に取り組み、サービス向上に力を注いでいます。

　したがって、今後とも質問されたらいろいろ教えて上げ「もっと購入して上げよう」という応援をしてくれるようになるのです。

【図表65　企業からのメッセージの例】

> 「この度は、大勢の皆様にアンケートにご協力いただき、感謝を申し上げます。ありがとうございました。
> 　つきましては、○○に関しましては直ちに△△のような方法を採用し、直ちに実施に移りましたので、ご報告を申し上げます。
> 　また□□に関しましては解決までに少々お時間をいただくことになるかと思いますが、実施できるようになりましたら、何らかの方法で皆様にお知らせ申し上げます。
> 　そして××に関しては、現在のところ解決の目途がついていませんが、誠心誠意取り組んで、よい解決方法を皆様にご報告できるように努力する所存でございますので、何卒ご理解と更なるご支援をお願い申し上げます。」

　多くの企業はアンケート調査を実施していますが、その後、次の(1)(2)のような活動を行っているのでしょうか。

(1)　アンケートの協力に対するお礼を、お礼状やCSニュースでのお礼、チラシなどに感謝の気持ちを載せるなど、何らかの形で行っていますか。

(2)　アンケートの結果、すぐにこの課題については解決した、これは少し時間がかかるなどの報告をしていますか。

　何回も何回もアンケートを実施しながら顧客にこうした報告をしないことから、顧客は「この会社はダメだ！　繰り返しいろいろなことを教えて上げたにもかかわらず、一向に解決する気がない」ということで逆に離脱してしまう傾向にあるのです。

　業績を上げるために実施したアンケート調査が却って顧客にそむかれてしまう結果につながってしまっているのです。

❺ サービス・マインドの高い「気配り社員」を育てる5つのポイント

　❺では、サービス・マインドの高い気配り社員を育てるポイントについてまとめています。

24 「気配り」とは何かの理解を促そう

Point
♤「気」はどれだけ大切かを認識しましょう。
♤顧客の率直な感想を大事にしましょう。
♤日頃はいいませんが、顧客は実に鋭い観察をしています。

♠ 気になる「気のポイント」

　アンケートを通じ顧客が求めるサービスに関するキーワード(鍵になる表現)を整理してみると、顧客が表明する様々な心理的な要点が浮き彫りになってきます。

　そのほとんどが、いわゆる「気」に関することだといえます。例えば「気遣い」や「気配り」「気力」などです。

　「気」というのは、あくまでも人間がかかわる要素であり、人によって生み出される心理的な面を示しています。

　そうしてみると、身近な表現の中にいろいろ「気」のつく言葉がありますが、いずれの場合も、すべて人間という生き物としての精神面や心に係わることばかりです。

♠ 人間にとって「気」は大切な要件

　例えば、その一部をあげてみると、図表66のような単語となります。

【図表66　気のつく言葉】

「気遣い」「気配(けはい)」「気働き」「やる気」「元気」「正気」「気運」「気鋭」「気炎」「気負い」「気後れ」「気落ち」「気概」「気がかり」「気兼ね」「気構え」「気軽」「気位」「気苦労」「気心」「気さく」「気質」「気性」「気丈」「気色」「気勢」「気絶」「気ぜわしい」「気だて」「気風」「気取る」「気長」「気の毒」「気乗り」「気迫」「気晴らし」「気張る」「気品」「気分」「気骨」「気前」「気まぐれ」「気まずい」「気まま」「気味」「気短」「気持ち」「気むずかしい」「気安い」「気力」など

　このように「気」のつく言葉がいかに多いかがわかります。
　それほど人間にとって「気」は大切な要件なのです。
　しかも、そこには生き物、動物として命がかかっているために、いささかの妥協、手抜き、曖昧さも許されない厳しい現実の様子が垣間見れます。

「よく気がつく」「思いやりがある」「気配りがある」などについてみると「気づきがない」「思いやりが感じられない」「気配りがない」など対比の表現がよく使用されているのは、ご存じのとおりです。

それでは、「気づく：気づきがない」「思いやりがある：思いやりがない」「気配りがある：気配りがない」などを対比してみると、その特性をもった人とそうではない人の相違は一体どこにあるのでしょうか。

♠気づき・思いやり・気配りがない人物像と場面

気づき・思いやり・気配りがない面に関する人物像と場所・場面について独断と偏見で観察してみると、図表67のとおり、いくつか共通要素をみることができます。

【図表67　気づき・思いやり・気配りがない人物像と場面】

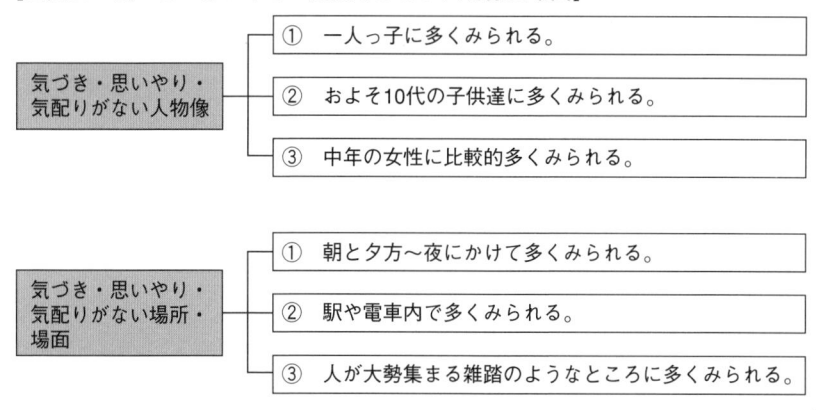

気づき・思いやり・気配りがない人物像
① 一人っ子に多くみられる。
② およそ10代の子供達に多くみられる。
③ 中年の女性に比較的多くみられる。

気づき・思いやり・気配りがない場所・場面
① 朝と夕方～夜にかけて多くみられる。
② 駅や電車内で多くみられる。
③ 人が大勢集まる雑踏のようなところに多くみられる。

♠調査結果に表れる顧客の意見をみると

アンケート調査を実施すると、図表69のように共通した顧客の不満の声として寄せられます。

電話と対面対応についての顧客の意見を紹介しますと、図表68のようになります。

♠メーカーに対する顧客の気になる問題点は

メーカーに対する顧客の気になる問題点は、図表69のとおりです。

♠営業部門・営業担当者に対する顧客があげる問題点は

営業部門・営業担当者に対する顧客があげる問題点は、図表70のとおりで

【図表68　電話と対面対応についての顧客の意見】

項　目	説　　　明
❶ 電話	① 電話の対応が冷たい。温もりがない。 ② お役所的な処理型。 ③ 対応の仕方が拙い。 ④ 敬語の使い方が正しくない。 ⑤ 言葉遣いが非常に悪い人がいる。 ⑥ 早口で聴き取りにくい。こもった声で明瞭でなく聴き取りにくい。 ⑦ こちらの言おうとしていることを理解してもらえない。勝手な解釈を行いその内容がずれている。 ⑧ 話が終わるか否かですぐにガチャンと電話を切る。 ⑨ 「少々お待ち下さい」といいながら延々と待たせる。 ⑩ 相槌を打ってくれないので実に話ずらい。　　etc.
❷ 対面・対応	① こちらが望むことに気づいてくれないことが多い。 ② 笑顔がない。 ③ 声が小さく聴き取りにくい。 ④ きめ細かな配慮がない。 ⑤ 人により接客に差がある。 ⑥ 呼ぼうとしてもボーっとしていて気づいてくれない。 ⑦ 目配りがない。 ⑧ 説明がわかりにくい。 ⑨ 余計なことをいう。 ⑩ マナーを知らない。

す。

　以上のように、顧客からみた目では、厳しいものの当然の意見としてあげられています。

　しかし、「口うるさい顧客だ」「文句ばかりいう」などと考えず、貴重な意見をわざわざ親切に教えてくれる顧客であるという捉え方をすれば、こうした課題を解決するともっと顧客が喜び、ファンになってくれるのだということが理解できる顧客からの貴重なプレゼントとして感謝できるのです。

　少なくとも１年に１回は行うアンケート調査の過去からの推移をみると、顧客から教えを受けた解決すべき課題は課題解決に従い年を追って新たな課題に変わっていきます。

　つまり、顧客の要望は無限であることを意味していることが１つ、次いで１つの課題解決が次の課題をもたらしてくれることを繰り返しているに従い、顧客の要望は次第に高度な内容に変わっていくということを示しています。

　したがって、企業は次第に体質改善が進み、強い体力のある、問題解決が図れる組織に変貌していき、ライバルが追いつけないようになるのです。

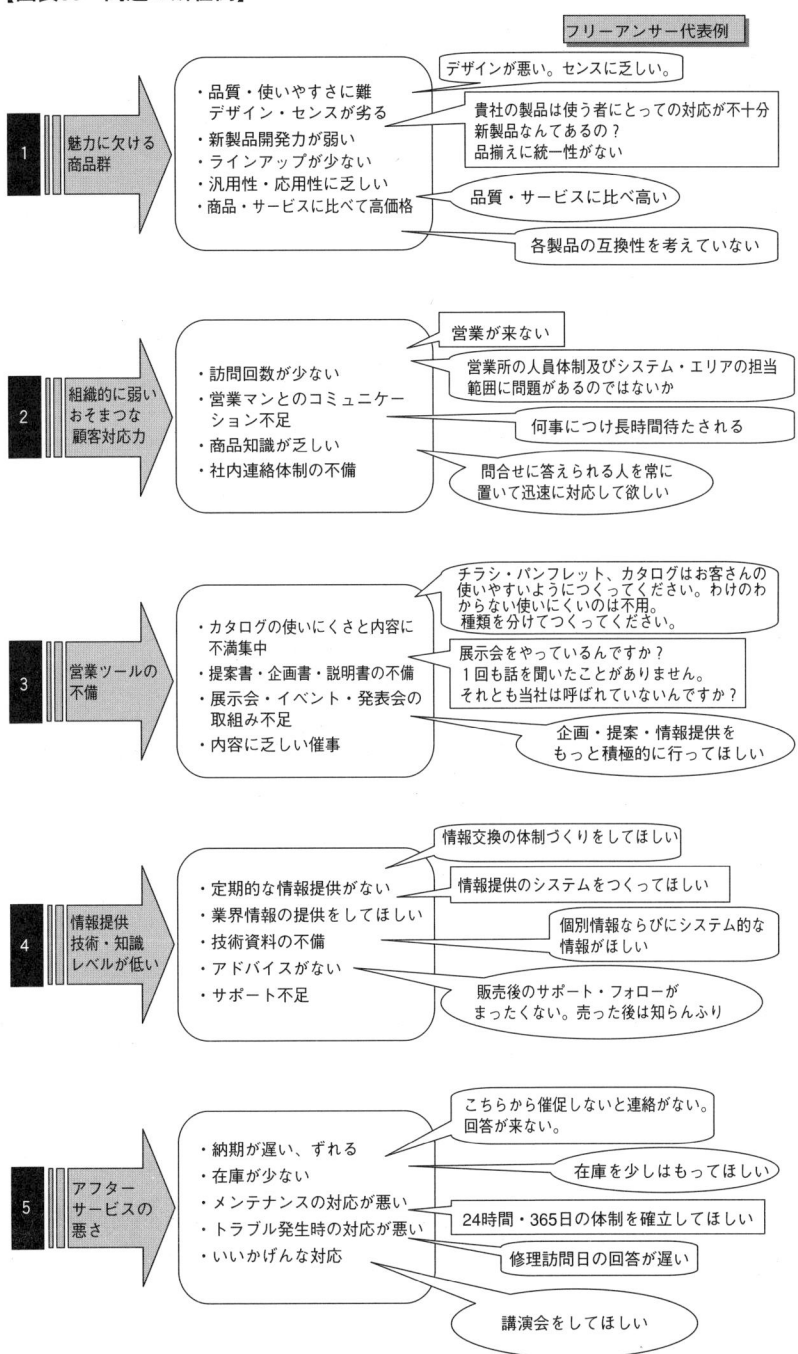

【図表69　問題の所在例】

フリーアンサー代表例

1　魅力に欠ける商品群
- 品質・使いやすさに難
- デザイン・センスが劣る
- 新製品開発力が弱い
- ラインアップが少ない
- 汎用性・応用性に乏しい
- 商品・サービスに比べて高価格

 - デザインが悪い。センスに乏しい。
 - 貴社の製品は使う者にとっての対応が不十分
 - 新製品なんてあるの？品揃えに統一性がない
 - 品質・サービスに比べ高い
 - 各製品の互換性を考えていない

2　組織的に弱いおそまつな顧客対応力
- 訪問回数が少ない
- 営業マンとのコミュニケーション不足
- 商品知識が乏しい
- 社内連絡体制の不備

 - 営業が来ない
 - 営業所の人員体制及びシステム・エリアの担当範囲に問題があるのではないか
 - 何事につけ長時間待たされる
 - 問合せに答えられる人を常に置いて迅速に対応して欲しい

3　営業ツールの不備
- カタログの使いにくさと内容に不満集中
- 提案書・企画書・説明書の不備
- 展示会・イベント・発表会の取組み不足
- 内容に乏しい催事

 - チラシ・パンフレット、カタログはお客さんの使いやすいようにつくってください。わけのわからない使いにくいのは不用。種類を分けてつくってください。
 - 展示会をやっているんですか？1回も話を聞いたことがありません。それとも当社は呼ばれていないんですか？
 - 企画・提案・情報提供をもっと積極的に行ってほしい

4　情報提供技術・知識レベルが低い
- 定期的な情報提供がない
- 業界情報の提供をしてほしい
- 技術資料の不備
- アドバイスがない
- サポート不足

 - 情報交換の体制づくりをしてほしい
 - 情報提供のシステムをつくってほしい
 - 個別情報ならびにシステム的な情報がほしい
 - 販売後のサポート・フォローがまったくない。売った後は知らんふり

5　アフターサービスの悪さ
- 納期が遅い、ずれる
- 在庫が少ない
- メンテナンスの対応が悪い
- トラブル発生時の対応が悪い
- いいかげんな対応

 - こちらから催促しないと連絡がない。回答が来ない。
 - 在庫を少しはもってほしい
 - 24時間・365日の体制を確立してほしい
 - 修理訪問日の回答が遅い
 - 講演会をしてほしい

㉔「気配り」とは何かの理解を促そう

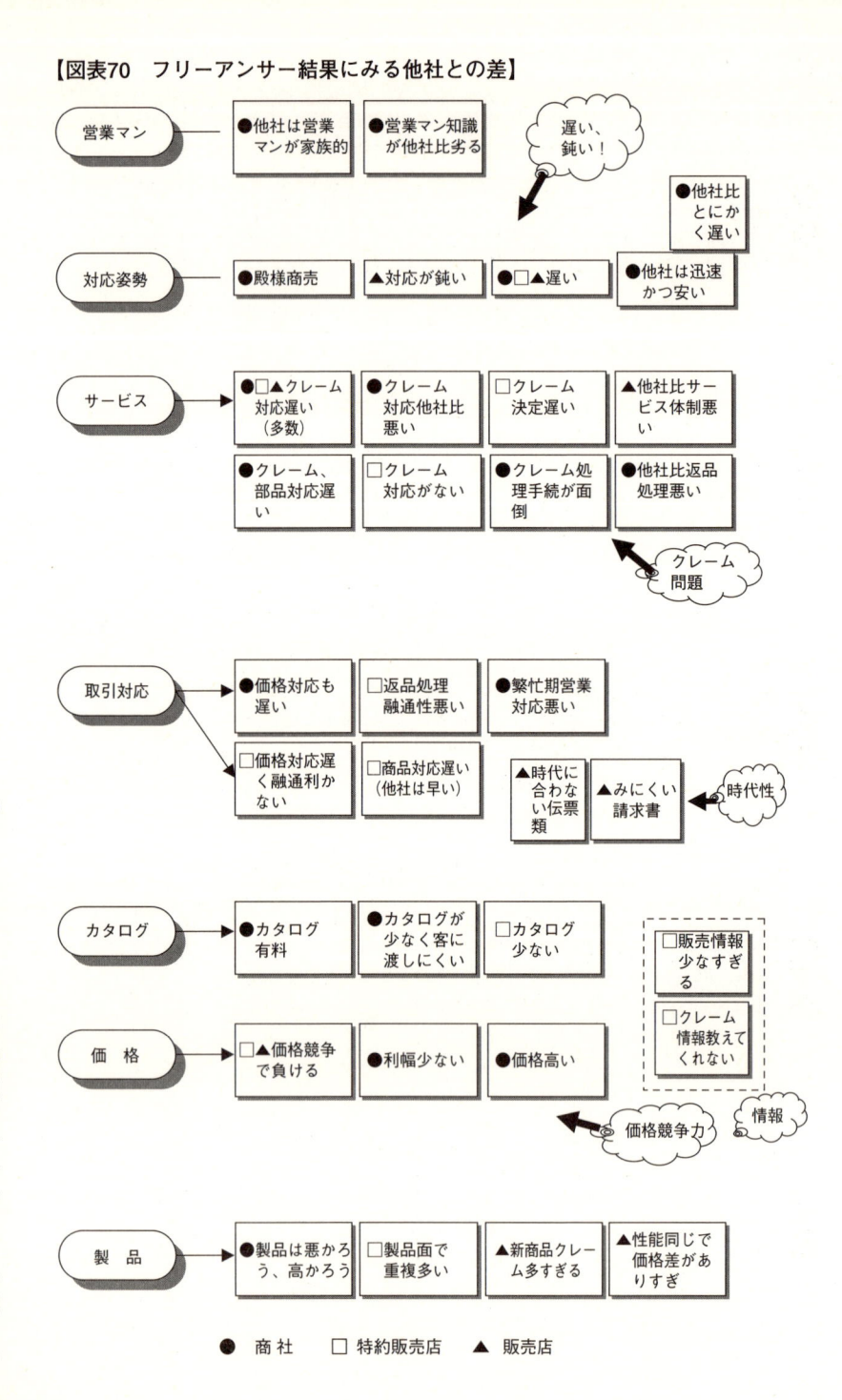

【図表70　フリーアンサー結果にみる他社との差】

営業マン
- ●他社は営業マンが家族的
- ●営業マン知識が他社比劣る

（遅い、鈍い！）

- ●他社比とにかく遅い

対応姿勢
- ●殿様商売
- ▲対応が鈍い
- ●□▲遅い
- ●他社は迅速かつ安い

サービス
- ●□▲クレーム対応遅い（多数）
- ●クレーム対応他社比悪い
- □クレーム決定遅い
- ▲他社比サービス体制悪い
- ●クレーム、部品対応遅い
- □クレーム対応がない
- ●クレーム処理手続が面倒
- ●他社比返品処理悪い

（クレーム問題）

取引対応
- ●価格対応も遅い
- □返品処理融通性悪い
- ●繁忙期営業対応悪い
- □価格対応遅く融通利かない
- □商品対応遅い（他社は早い）
- ▲時代に合わない伝票類
- ▲みにくい請求書

（時代性）

カタログ
- ●カタログ有料
- ●カタログが少なく客に渡しにくい
- □カタログ少ない

- □販売情報少なすぎる
- □クレーム情報教えてくれない

価　格
- □▲価格競争で負ける
- ●利幅少ない
- ●価格高い

（価格競争力）（情報）

製　品
- ●製品は悪かろう、高かろう
- □製品面で重複多い
- ▲新商品クレーム多すぎる
- ▲性能同じで価格差がありすぎ

● 商社　　□ 特約販売店　　▲ 販売店

❺ サービス・マインドの高い「気配り社員」を育てる5つのポイント

132

25 「気配り」を重視する意識づけ教育が不可欠

Point
♤「処理型」対応は嫌われます。
♤お茶の出し方1つでも企業の性格がわかります。
♤商談が上手く行く心配りを工夫しましょう。

♠ 初対面・初印象というのは正しいことが多い

　企業を訪問すると、様々な対応を受けます。

　企業の敷地内・建物に一歩足を踏み入れた瞬間、その企業の性格がみえてきます。

　「冷たそうな企業だ」「雑な感じの人が多いようにみえる」「マナーが身に付いていない乱暴な動きが目につく」「お役所的で偉そうに思える」などが初印象の場合、後で「やっぱりそのとおりだった」と思える場合が多いという経験をお持ちの方は多いと思います。

　結構、初対面、初印象というのは正しいことが多いのです。

♠ たった1杯のお茶から企業の性格がみえる

　ところで、A社を訪問し応接室に案内されお茶を出してもらったときに、こんな経験をしました。

　どう考えても「貴方には本当はお茶を出したくないのだが、仕方ないから出してやる」という感じの出来事でした。図表71は、その例です。

【図表71　たった1杯のお茶の出し方から企業の性格がみえた例】

① お茶を運んできた人がむっつりと面白くなさそうな顔をしていた。
② お盆をもったままそこから直接茶托をもってお茶を乱暴に置いた。
③ 「どうもありがとうございます」と伝えたが聞こえたのかどうか全く無表情のうえになんら返事がなく、無視されてしまった。
④ 手を伸ばしても届かないところにお茶を置いていった。
⑤ お茶を出してくれた人とこれから話をする人が異なるので、折角のお茶だからということで手元に「よっこらしょ」と引き寄せたが、今度は薄い陶器のお茶碗に目一杯熱いお茶が入っていて、うかつに触るとやけでをしそうな状況。
⑥ 相手の方がみえて「お茶をどうぞ」とすすめられたので、我慢して器をもち飲もうとしたら、今度は目1杯お茶が入っていてこぼれそう。
⑦ ところが、こぼれそうではなく、すでにこぼれている。これはうっかりすると茶托がお茶碗を持ち上げたときに一緒にくっついてきて、途中で落下し、恥ずかしい思いをするな」と感じたので、茶托をしっかりと押さえてお茶碗を持ち上げた。
⑧ 次の問題が起こった。お茶碗の底から雫が落ちてきてズボンをぬらしたのである。

この会社の性格は、後からわかったことですが、多分にお役所的で「業務処理型」で相手のため、顧客のためという点が欠落していたのです。

「やっぱりそうだったか」と感じた瞬間です。

上司から「応接室にお客様がみえているからお茶をお出ししてください」と指示されたから仕方なく「お茶さえ出せばいいんでしょ」と業務処理型で対応した例ですが、見事にたった1杯のお茶からその企業の性格がみえてきた例です。

♠ 商談・人間関係が上手くいくお茶の出し方

ところが、B社を訪問したときに出していただいたお茶の美味しいこと！思わず「美味しいお茶ですね。何かこのように美味しいお茶をいれる秘訣があるんですか？」と尋ねたところ、次のような答えが返ってきたのです。

「私どもでは、日頃からお客様にいかにご満足いただけるかというCS（顧客満足）の活動をしています。私たちの仕事の1つに、お客様がお見えになったときにお茶をお出しするのですが、たった1杯のお茶ですが、お客様にお喜びいただけるには、どうしたらいいのかを工夫しようということになりました。そこで、図表72のように検討したのです」。

一連の動作が形式ではなく流れるように違和感なく行われ、非常に満足す

【図表72　たった1杯のお茶でお客様にお喜びいただけるための検討】

① のどが渇いたときに「あの会社のお茶が飲みたい」と思い出していただけるほどの美味しいお茶をお出ししよう。
② お茶の葉は普通のものを選ぶ。高額のお茶は確かに美味しいかもしれないが、普通以下の価格でも美味しくいれることができるはずだ。
③ 少なくとも夏バージョン、冬バージョンの2通りを設定しよう。
④ さて、まずはお茶をお持ちしたときにサイドテーブルに一度お盆を置く。
⑤ 1人分ずつのお茶をテーブルにお持ちする際に、茶碗を持ち上げて乾いたふきんで茶托と茶碗の底を拭う。
⑥ 上座の方から順にスマイルの表情で置いていく。
⑦ 書類等が置かれているときは「申し訳ありませんが、書類がございますのでこの辺に置かせていただきます」と書類をよけた場所に置くことのご了解をいただく。
⑧ テーブルの配置によるが、通常はお客様の右側にセットする。ただし、お客様の右手が動く可能性が高く、お茶をお出しするときにぶつかるとお茶をひっくり返してしまうことになる可能性があるから用心する。
⑨ お客様に一礼して「ようこそおこしくださいました」とご挨拶する。
⑩ 書類等がないときはすっと右手を伸ばしたときに手が届く位置に置く。
⑪ まだ対面する当社の人間が来ていなければ「どうぞ粗茶ですがお召し上がりください」と伝える。
⑫ 一礼して失礼する。ドアの外に出るときに再度会釈をする。

❺ サービス・マインドの高い「気配り社員」を育てる5つのポイント

る雰囲気が提供されたのです。
　当然のことですが、このお茶の美味しさに感謝し、お茶の出し方についてのさわやかさを評価したところから会話が始まり非常に温もりのある雰囲気となり、見事にお互いの仕事の内容にも反映されたのです。

♠ 自らを「気配り」「おもてなし」のできる人間に育てる
　人間は適材適所が大切です。
　人と合うのが大嫌いで絶対に向かないという人に、接客をしてもらうわけにはいかないのは当然ですが、反面コンピュータに向かって仕事をしてもらえば、優れた能力を発揮する人もいます。いうまでもないことですが、人は適材適所が望ましいのです。
　しかし、磨けば宝石になる人もいますから、原石の見極めは重要です。
　いまから約15年前に引退された帝国ホテルの伝説の人・竹谷年子氏は、世界中にファンをもち、英国のエリザベス女王を初め様々なVIPから絶対的な信頼を寄せられていたおもてなしの達人でした。
　普段から顔がすでに笑顔そのものになっていましたが（決して作り笑いではない）、そのうえの笑顔は"帝国ホテルの財産"といわれた方でした。
　竹谷年子氏は、お客様のためには「誠心誠意」「決して手抜きをしない」「こだわりをもつ」「感謝の気持ちで」を身につけていた方でした。
　その様子が柔和な顔の造作にまでなっていたというわけです。
　だからこそ、次にあげるようなことが評価されたのです。
◇顧客に接するときだけ演技をしたり、特別な振る舞いをしたりするのではなく、普段から身体も心も自然体であった。
◇常に顧客の身になって考え、次の段階、そしてその次の状況までをも読み込み段取りを整えていた。そのためには些細なことを見逃したり妥協したりしなかった。
◇しかし万全の準備ということは存在しないのは常である。予想しなかったことが起こることもある。その場合に必要なことは、臨機応変、機転を利かすということである。
◇しかし誰にでもできるわけではない。積み重ねた体験、経験も必要である。
◇単にマニュアルで学び、人に教えてもらうだけでは身につかない。普段から一挙手一投足そのものに磨きをかけることが必要。にわか仕立てで上手く行くほど安易で甘い世界ではない。
◇TVに出てくる有名な人物、身分、立場、見かけなどで人に差をつけない。

サービスの提供者も顧客も本来は平等。良いサービスを喜び感謝し評価する顧客、そうした顧客に対する感謝と喜びの気持ち、最大、最高のおもてなしをするサービス、こうした相互の想いが融合し、初めて素晴らしい心の通った関係ができるのです。
　どんなささいなことでも最善を尽くす、自分にも嘘をつかず、恥ずかしくない考え方、行動を全身全霊、愛情を込めて提供するのがプロの姿なのです。
　「一瞬一生。（その瞬間こそが一生に値する）」瞬間の連続を大切にすることがおもてなしの極意なのです。

♠自分の仕事に付加価値を生んでバトンタッチする

　前述したとおり、バリューチェーン（Value Chain）という表現があります。
　マイケルE．ポーター氏（マーケティングの専門家）が使用する価値の連鎖を意味した言葉です。
　社内のことを例にあげると、「次工程はお客様」といわれるように、Ａさんの仕事がＢさんに、Ｂさんの仕事はＣさんに……そして最終的には顧客に提供されるという流れの中で、それぞれＡＢＣさんは自分の仕事に付加価値を生んでバトンタッチすることは当然です。
　ところが、往々にして何らの付加価値を生まずに仕事を流す人がいます。
　これでは、最終的には顧客に満足が提供できないことになります。

♠バリューチェーン・ゲーム（VCG）で付加価値増大

　そこで、VCG（Value Chain Game＝バリューチェーン・ゲーム）のバージョンの１つ（いろいろな種類があります。当社が独自の開発）をここで紹介しましょう。
　まずは、自分の仕事が社内のどの部門、どの担当者と関係があるのかを「私の仕事地図」として作成します（図表73）。
　そのうえで無駄な流れはカットして、必要な関係には付加価値を生み出す工夫を行うのです。
　これで自分の仕事に対する認識と仕事はつながっているのですから、次工程に迷惑を及ぼさないのみならず、どれだけ付加価値を増大することができるかの配慮を行い、そして最終的には顧客に最大の満足を提供する仕事を行うのです（図表74）。
　よく語られるように、業務処理型は「作業」、付加価値を生むのが「仕事」

【図表73 私の仕事・付加価値提供の機能図】

私の仕事地図・付加価値提供の機能図
◆ 下記の例は、組織における自分の仕事と周囲(他部署)の人たちとの関連を「仕事地図」として表しています。→で示した線が仕事の流れ(Chain)です。そこに、★のような付加価値を加えることで「仕事地図・付加価値提供の機能図」ができあがります。あなた自身の「私の仕事地図・付加価値提供の機能図」を作ってみましょう。

例：私＝営業事務

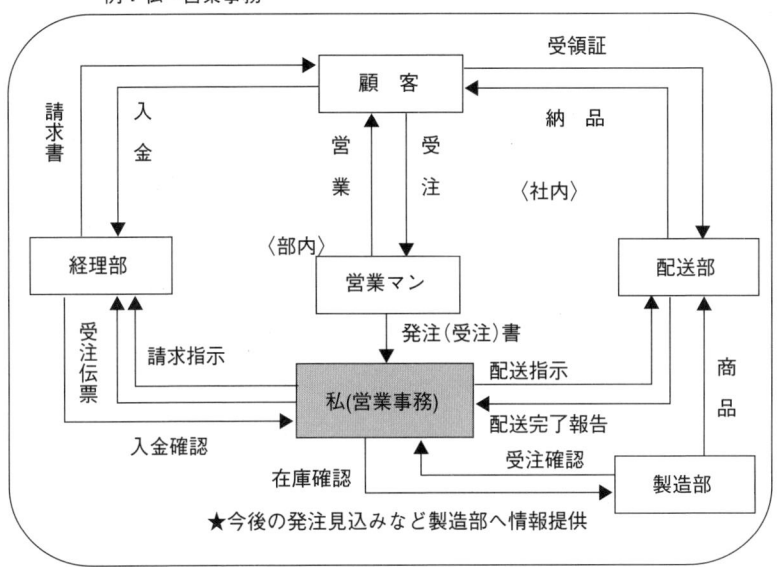

```
                          受領証
            顧 客 ←――――――――――
    ↗   ↑   ↓   ↑          納 品
請  入   営   受         〈社内〉
求  金   業   注
書       〈部内〉
↓   ↑   ↓
経理部   営業マン          配送部
 ↑   ↑   ↓              ↑
受注 請求指示  発注(受注)書  配送指示   商
伝票         ↓       配送完了報告  品
            私(営業事務) ←――――――
    入金確認    在庫確認  受注確認
                    ↓       ↑
                        製造部
```

★今後の発注見込みなど製造部へ情報提供

私の仕事地図・付加価値提供の機能図

所属：　　　　　　氏名：

私（　　　　　）

【図表74　いままでの私の仕事・これからの私の仕事・機能フロー】

《いままでの私の仕事・これからの私の仕事・機能フロー》
※このシートを参考にして別紙にご記入下さい

```
・スピード　・ズレの修正　・情報の提供　・情報の収集　・「不」の解消
・短絡化　・ホスピタリティ　・サービスマインド醸成　・企画　・提案
・コミュニケーションなど
```

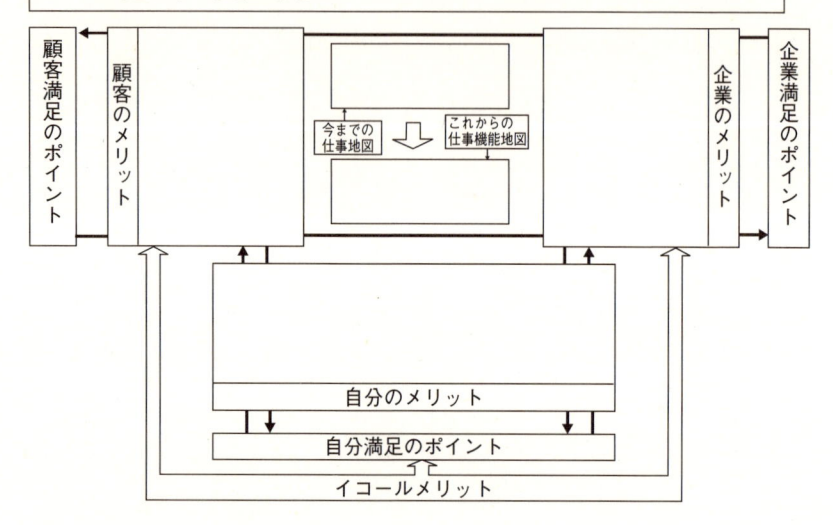

| 顧客満足のポイント | 顧客のメリット | 今までの仕事地図 → これからの仕事機能地図 | 企業のメリット | 企業満足のポイント |

自分のメリット
自分満足のポイント
イコールメリット

といわれるゆえんです。

　当然のことですが、「作業」をせずに「仕事」をしてほしいところです。

　「仕事は誰のためにあるのか？」という問いについては、「社内顧客のため、そして十二分な付加価値を最終顧客である社外顧客に提供する」ためにあるということです。

　そこで「次工程は顧客」と語られているように、社内顧客である前工程からもたらされた仕事に何らかの付加価値を生み出し、やはり社外顧客である後工程（次工程）に良質な内容のバトンタッチを行うということで、最終的にはB to B（企業間取引）にしろ、B to C（企業と最終顧客との取引）にせよ、社外顧客が満足し、感激、感動するレベルにまで高めていくことが仕事の本来のあり方といえます。

　どれだけ世界的に大きな規模の企業であっても、顧客が不在で成り立つ企業はありませんから、当然のことなのです。

　ところが、ついつい自分たちの企業優先、組織第一、都合優先になってしまい、顧客不在の「どのようにしたら儲かるか」「どんな商品をつくれば売れるか」「どんな売り方をしょうか」などとしてしまいがちなのです。これでは、顧客にそっぽを向かれるのは当然です。

❺ サービス・マインドの高い「気配り社員」を育てる5つのポイント

26 「気配り」を促す仕組みづくりを考えよう

Point
♠ 貴方の会社にこんな社員はいませんか？
♠ 採用時にこだわりが必要です。

♠ 最近の新入社員の示す特性例

　最近の新入社員については、多くの企業・組織で似たような現象を示す例が増えています。図表75は、その例です。

　このような兆候を示す社員が特にここ10年来、毎年増え続けているのが実態です。

　貴方の会社・組織に以上のような人はいませんか？

　何とかしなければ、いつ何が起こるかわからない危険をはらんでいるといえます。

【図表75　最近の新入社員の示す特性】

特　性	特　性　例
❶ 気づきがない・雑	① 何事につけ自己中心。 ② 欲がない、ハングリーでない。 ③ 『夢』『ロマン』『志』がない ④ 相手の立場に無関心。 ⑤ 危機感がない。 ⑥ 物事を安易に考える。ミス・トラブルを起こしても意に介さない。 ⑦ 反省心がない。 ⑧ 感謝しない。お礼をいわない。 ⑨ 『報告』『連絡』『相談』をしない。 ⑩ 仕事を天職と考えていない。
❷ すぐに切れる	① 自分の思うようにならないとすぐに興奮する。 ② 忍耐力がない。我慢しない。 ③ 安易さを選ぶ。苦労は避ける。 ④ 血の巡りは悪いが血の気は多い。 ⑤ 苦手を克服しようとしない。すぐに逃げる。 ⑥ いつもそして何事にも不満。 ⑦ 物には満たされているが、心は満たされていない。 ⑧ 『他責型』で『自責型』ではない。 ⑨ 自分の気持ちのコントロールができない。すぐに真っ白になる。 ⑩ 注意力散漫、集中できない。

❸	自分が興味をもっていること以外は無頓着・無関心	①	楽なことしかしない。ちょっと面倒なことを頼むと「できない」と断る。
		②	臨機応変の対応はできない。
		③	機転を利かすことができない。
		④	教えられたことしかやろうとしないマニュアル人間。
		⑤	工夫する、創造することは苦手。
		⑥	相手の立場に立てない。
		⑦	点の対応しかできない。線・面の展開は苦手、無理。
		⑧	人の批判はよくするが本質、理解力はない。
		⑨	手加減ができない。
		⑩	表面的な面にばかり目を向け、深層を理解しようとしない。
❹	コミュニケーションが図れない	①	同年齢としかコミュニケーションが図れない。
		②	相手の気持ち、相手の心の動きがわからない。
		③	グループに溶け込めない。チームワークは苦手。
		④	年齢の上の人たちと会話ができない。
		⑤	自分がけなされたとき以外は反応が鈍い。
		⑥	自分のことを相手が理解しているはずだと思い込んでいる。
		⑦	コミュニケーションは自分だけが勝手に発信してそれでスイッチを切ってしまうやり方。
		⑧	次の瞬間を想定していない。先読みができない。次に起こるであろう現象面には無頓着。起こってからも対応できない。
		⑨	相手が自分をどのように受け止めているかを考えていない。
		⑩	自分の世界にこもる。

❺ サービス・マインドの高い「気配り社員」を育てる5つのポイント

♠ まずは採用時に注意すること

面接時に、図表76のような質問をしてみてください。

【図表76　面接時の質問事項】

- □「なぜこの会社を選んだのですか」
- □「なぜこの仕事を選んだのですか」
- □「貴方はこの会社でどのような仕事がしたいのですか」
- □「貴方の『夢』『ロマン』『志』を聞かせてください」
- □「本日ここに来るまでに何か新しいことを発見しましたか」
- □「1週間に何回家族と食事をしますか」
- □「家族との会話はどのような話題ですか。母親とは、父親とは、兄弟姉妹とは？」
- □「食事をするときにTVをつけていますか。消していますか」
- □「貴方は自分の部屋やコーナーを持っていますか」
- □「貴方は何時ごろ寝ますか。朝は何時に起きますか」
- □「朝、家で新聞を読みますか」
- □「貴方は今日、起床してからここに来るまで何をしましたか」

このような問いかけに対して得られる回答を吟味すると、「就社」なのか「就職」なのか、それとも「就業」なのかがわかります。つまり、どのよう

な仕事がしたいのか、何もする気がないのかが明らかになります。

♠面接時に動作・表情等を観察する

　面接時に動作・表情等を観察してみてください（拙著「5分で人を見抜く」PHP研究所文庫・ムック（図版入り）を参考）。
　また「貴方から私ども（企業）に何か質問がありますか？」も行ってみます。
　更に、次のようなことを行う企業があります。
(1)　グループディスカッションを行う（リッツカールトンホテルなど）
(2)　そのときにどのような参加の仕方か、意見を述べているか、などとその内容
(3)　積極的か受け身か、躊躇しているか　　　　　　　　　　など。

♠サービス・マインドをもった人かどうかを判定する

　以上からサービス・マインドをもった人かどうかを判定するのです。
　先にあげた図表33（74頁）の「サービス・マインドをチェックする20のポイント」を改めてみてください。このチェックリストは、海外の定評あるサービスを提供しているサービス業（ホテル・遊園地など）などで、特にサービス・マインドにこだわっているところから、共通項を選定したものです。
　時代は、確かにサービスに比重を置いた方向に進んでいます。ですから、サービスに向いた人を採用することは大切です。
　取りあえずは、サービス・マインドをもった原石を発見し、それを磨くことになります。宝石に例えれば、ダイヤモンド・翡翠（ひすい）・ルビーなどに該当します。
　しかし、元々単なる普通の石では、これを磨いても決してダイヤモンドなどにはなりませんから、ダイヤモンドや翡翠やルビーが欲しければその原石を見つける必要があるのは当然です。
　しかし、単なる石でも用途によって使い道がありますから、人と話をする、人間同士のコミュニケーションを図ることは嫌だと思う人はそうした仕事に就いてもらえばいいわけです。適材適所です。

♠新入社員に関する対応する方法

　そこで、図表77のような方法で新入社員に関する対応を行います。
　仕事ができもしないのに要求ばかりしてくるずうずうしい人間が多いので、少なくとも基本を身につけてもらうことが必要です。

【図表77　新入社員に関する対応する方法】

(1) 「何事につけ当たり前だと思っていることも知らない」は、「非常識」ではなく「不常識」なのだから、教えなければ始まらない。
(2) 考えない人に考え・気がつくトレーニングを行う（VCG＝バリューチェーン・ゲームなど）。
　　例えば、VCGの別バージョンである気づきを身につける方法として、次のようなことを行う。
　① バージョン１．「お客様にお茶をお出しする方法についての検討」先の例を参照
　② バージョン２．「午後１時30分からＡ会議室で10名ほどが集まるのでこのコピーをとって置いてきてください」とＢ主任からＣさんは命じられました。
　　さてＣさんはどうしたらいいでしょうか。その一部をあげますが、もっと詳しく検討に検討を重ねてもらうのです。
○コピーは少し余分に刷っておくのか。
○会議は外部のお客様なのか、社員なのか、役職者なのか。etc.
○表紙の色は変えるのか。
○紙は裏紙を使用するのか。新しい用紙にするのか。
○どんな閉じ方をするのか（ホチキスかガチャ玉か。etc.）。
○初めからテーブルの上に置いておくのか、後から配るのか。　などなど

♠社内の仕組みづくりに成功している例

また、社内の仕組みとして図表78のような方法を採用して成功している例があります。

【図表78　社内の仕組みづくりに成功している例】

ステップ	方　　法
❶ ステップ１	① １年間は同期の人たち数名とグループ（３名・５名の奇数で。意見が分かれるほうがよい）をつくりコミュニケーションを図る。 ② このチームに先輩社員１名をリーダーとして（女性の場合シスターとか親とか表現している企業がある）つける。 ③ ２か月単位でどれだけ変化したかに関するチェックをグループで行い、自己評価する。自己評価は４～５月分、６～７月分、８～９月分、10～11月分、12～１月分を行う。そして２～３月に１年分の反省・まとめ（総括）・今後のあり方を設定する。
❷ ステップ２	① ２年目の取組みはグループ編成を変える（メンバー構成を入れ替える）。 ② １年間に体験・経験した基盤・内容をお互いに活かす。 ③ 前の年に作成した今後のあり方を持ち寄り、１年間の目標とスケジュールをつくる。 ④ ３か月ごとに新たに発生した問題点・抱えている課題と取組活動について反省し、解決方法と結果を整理する。 ⑤ ６か月単位で事例研究を行う。
❸ ステップ３	① ４年目は先輩として後輩のリーダーになる。 ② リーダー会を開催して相互研鑽を図る。

❺サービス・マインドの高い「気配り社員」を育てる５つのポイント

♠ **仕組みづくりの活動にあたっての留意点**

後は、これを繰り返すことになります。

また、その後の活動に図表79のようなことを配慮します。

【図表79　仕組みづくりの活動で配慮していること】

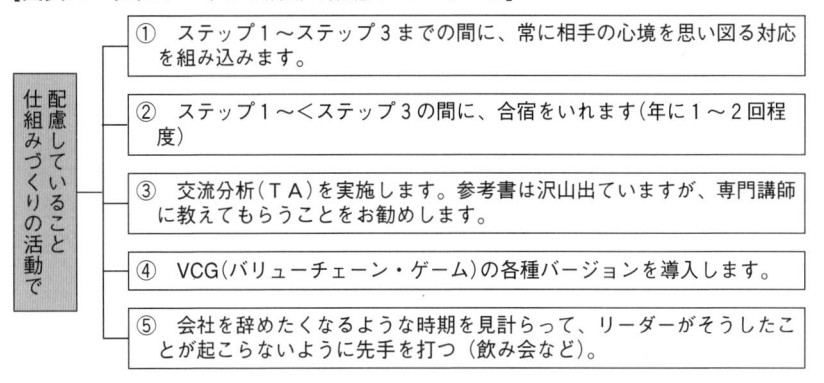

仕組みづくりの活動で配慮していること
- ①　ステップ1～ステップ3までの間に、常に相手の心境を思い図る対応を組み込みます。
- ②　ステップ1～＜ステップ3の間に、合宿をいれます（年に1～2回程度）
- ③　交流分析（TA）を実施します。参考書は沢山出ていますが、専門講師に教えてもらうことをお勧めします。
- ④　VCG（バリューチェーン・ゲーム）の各種バージョンを導入します。
- ⑤　会社を辞めたくなるような時期を見計らって、リーダーがそうしたことが起こらないように先手を打つ（飲み会など）。

栃木県の栗山村に湯西川温泉がありますが、そこでは今だに元服式と称し、実の親以外にもう1人の親を設定し親子の縁を結ぶ儀式があります。NHKライブラリーにも記録されている実に珍しいセレモニーが、今でも行われているのです。

筆者は、特別なご縁により何年にもわたって幾つかの門外不出の儀式をみるチャンスを得たので、実に不思議な歴史を遡ったタイムトンネルをくぐったミステリアスな体験をさせてもらいました。

湯西川温泉はいわゆる平家の落人が山奥に潜んでいたために、依然としてこのような伝統的な儀式がいくつも残っているのです。ほとんどの儀式は公開していないために、その姿が全くといってよいほど浮上しませんが、およそ850年も続いているのです。

さて、親子の契りを結んだときから親分・子分（というような表現を使用する人もいます）の関係により、人生の中で真の親に相談するよりはこの新しい親・親分に相談することになります。

また、様々な伝統的な儀式の継承に加え、世の中のしきたり、ルール、マナーなどを教えてもらうのです。人生の師として仰ぐ血のつながっていない親となるのです。そして自分も然るべき時期になるとまた別の子の親になるという循環をしていきます。

こうして結ばれた特別の関係は、切っても切れないDNA以上に強い精神的な絆になるのです。

㉖「気配り」を促す仕組みづくりを考えよう

27 「気配り」を醸成する組織の活動は

Point
♤ CS（顧客満足）活動は、手順を踏むと間違いがありません。
♤ CS（顧客満足）活動の定義を理解しましょう。

♠ まずはステップを踏んで
　何事につけ思いつきで活動に入ると、行き止まりや失敗を招きかねません。
　そこには、やはり成功の秘訣がありますので、できるだけそのステップを踏んだほうが間違いがありません。ステップを踏むということが手法ということになります。
　CS（顧客満足）活動には、それなりのステップが同様に存在します（図表80）。

♠ ＣＳＭ推進のステップと活動
　図表80をみてください。
　まず、CS（顧客満足）がいかに重要なことであるかを組織全体で認識、理解することが大切です。それは、企業理念が明確かどうかにより決まってきます。
　そのうえで全社でCS（顧客満足）に取り組むのだという強い決心を行います。
　そこで、全員のCS（顧客満足）に関する理解を共通にするために大きい組織の場合はトップ・トップ層から、少人数の企業では全員参加型で勉強会を開催します（近年は土曜日に勉強会を行う例が増えています）。
　まずは、上位者から勉強会を実施することにより、組織の人たちは腰の入った活動をするようになります。
　次に、社外顧客に対する顧客不満足度調査をアンケート方式で実施します。そして毎年行い、前年、ないしは前年までの結果と比較し、どれだけ企業が問題解決を行い成長し、顧客に支持されているかをベンチマークとして観察します。そして、調査結果から浮上した各種の課題を整理・分析し問題解決に入ります。
　企業の新年度の期の途中の場合であっても躊躇なく顧客の意見を採用し、

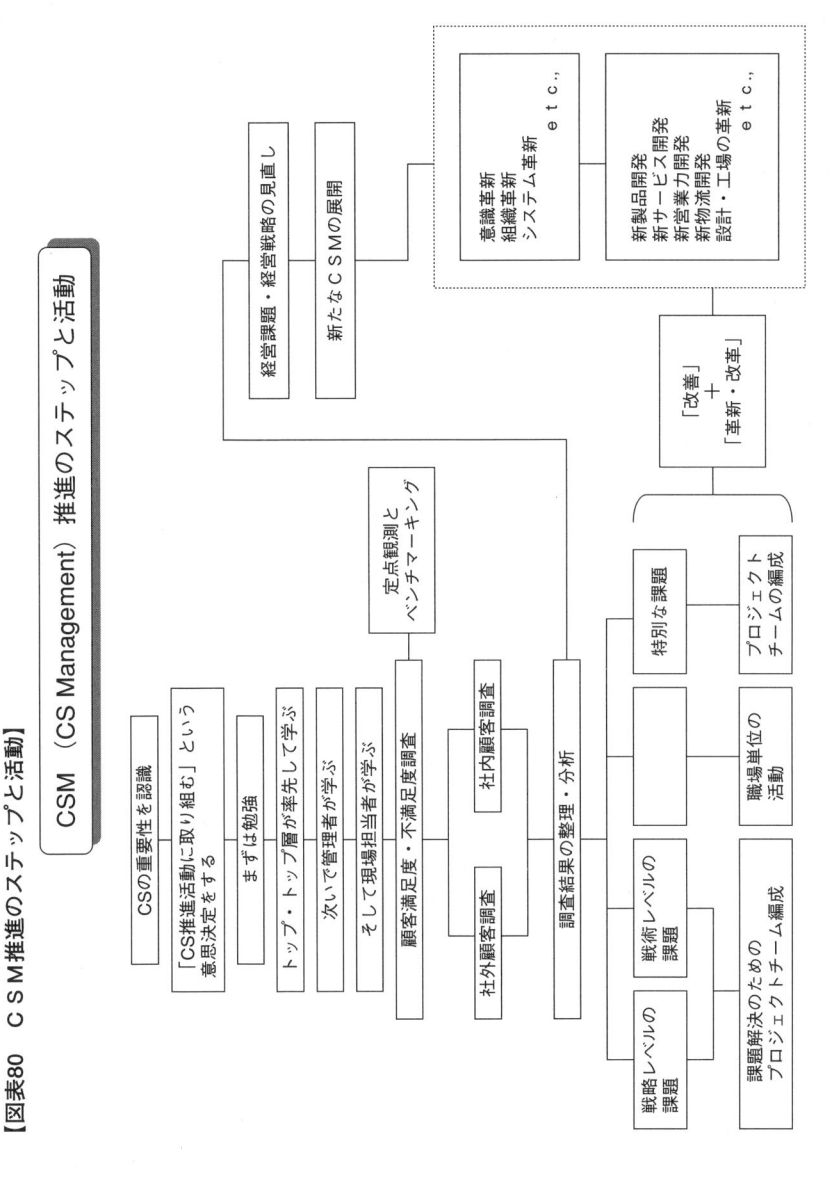

【図表80】 CSM推進のステップと活動

CSM（CS Management）推進のステップと活動

```
CSの重要性を認識
  │
「CSM推進活動に取り組む」という
  意思決定をする
  │
まずは勉強
  │
トップ・トップ層が率先して学ぶ
  │
次いで管理者が学ぶ
  │
そして現場担当者が学ぶ
  │
顧客満足度・不満足度調査 ── 定点観測と ── 経営課題・経営戦略の見直し
  │         ベンチマーキング      │
社外顧客調査                    新たなCSMの展開
  │                              │
社内顧客調査            ┌─意識革新
  │                    │ 組織革新
調査結果の整理・分析    │ システム革新 etc.
  │                    │
  ├─戦略レベルの課題    │ 新製品開発
  │                    │ 新サービス開発
  ├─戦術レベルの課題    │ 新営業力開発
  │                    │ 新物流開発
  ├─特別な課題          │ 設計・工場の革新 etc.
  │                    │
  ├─課題解決のための    │
  │ プロジェクトチーム編成
  │                  ［改善］
  ├─職場単位の        ＋
  │ 活動             ［革新・改革］
  │
  └─プロジェクト
    チームの編成
```

戦略変更に役立てる企業が増えています。

♠ 問題解決の活動に入る

顧客不満足度調査で課題が明確に浮上したら、当然のことながら全組織を挙げて課題解決の活動に入ります（図表81）。

顧客は課題解決がなされるとしっかりその様子を知って評価してくれます。

【図表81　課題解決の活動】

課　題	解　　　決
① 戦略課題	経営者が3か月以内に解決する課題で1年の間に最低4つの課題解決が必要です。しかも革新的な解決を図らなければなりません。
② 戦術課題	管理者が解決する課題です。やはり3か月以内の解決が求められています。 　管理者の実力にもよりますが、50：50、60：40、70：30などの比率で革新：改善レベルの解決を図ります。やはり1年間で最低4つの課題解決を図るのです。
③ 現場レベルの課題	現場の人たちが取り組みます。 　ここでは簡単なテーマも多いので年間に数十単位の課題解決に結びつけますが、ほとんどが改善レベルとなります。
④ 特別な課題	すなわち物流システムの革新、営業活動の再編成などは、各部門の担当者が集まって横断的な見地から解決を図ります。

【図表82　CS活動の定義】

ＣＳ活動の定義

1．企業・組織の全関係者が

2．誰が顧客かを特定し

3．業務推進の過程において付加価値を生み出し

4．顕在化した問題点を改善し

5．潜在化した問題点から満足要素を発掘し

6．創造・革新（改革）につなげ

7．期待以上の高い満足・感動を

8．継続的にもたらす結果

9．顧客から支持を受け

10．業績貢献に反映する発展的サイクルをつくる全活動である。

❺ サービス・マインドの高い「気配り社員」を育てる5つのポイント

♠ CS活動の定義とそのポイント

図表82は、CS活動の定義です。

図表82のCS活動の定義のポイントは、次の点です。

1. 企業組織の全員および関連企業、アウトソース先などの人たちも参加してもらいます。例えば運送会社の運転手、コールセンターのオペレーターなど。
2. それぞれ自分ないしは自分たちにとっての顧客を特定します。
3. 業務推進に関してValue Chain（価値の連鎖）により次工程に対して付加価値を生み出します。
4. 表に現れている問題点を「改善」すなわち修復し、穴埋めし、元の位置にまで戻します。
5. 主として顧客の「困っていること」「不満」から顧客が求めている満足を発見し、顧客が意識下で求めている潜在的に求める満足に置き換えて提供します。
6. できるだけ今までに業界に存在しない、自社になかった要素を生み出し、創造します。
7. そして顧客が期待する以上の満足、それも感激・感動を継続的に提供する活動にと力を注ぎます。
8. また顧客から支持を受け、それが業績に反映する発展的サイクルにする活動とします。

すなわち「業績＝顧客の支持率」が実証できるというわけです。逆にいえば、顧客の支持が受けられなければ、企業は成り立たないことを意味しています。

しかしながら、大企業、財閥企業、歴史の古い企業は、往々にして「企業第一主義」「企業中心主義」「企業重点主義」を相変わらず続けていますので、多くの場合は次第に業績を落とし続けるというマイナスの方向に進んでいる例が増え、しかも企業規模に関係なくこの傾向は増しています。

100年以上経った歴史のある企業を数えると、日本全国にかなり多く存在するように思えますが、しかし反面、近年では3年、5年、10年、30年、50年…と時を刻んでいく度に企業が急ピッチに減少している例も目にし、また、企業数をカウントすると、常に新しい企業が増え続けていますので、時に見過ごしてしまいがちです。

しかし、それでは1年、2年、3年…と時間の経過で、どれだけの企業が消滅してしまったのかについては、恐らくカウントできないのが実態だと思います。

つまり、消えていってしまった企業は、数えられないほど多いということです。

28 「気配り」一杯の企業の風土をつくろう

Point
♤ CS（顧客満足）を中核とした企業文化を創造しましょう。
♤ トップの経営理念と哲学は明快ですか、こだわり続けられますか。
♤ そして「気配り文化」を目指しますか。

♠「気配り」の企業文化
　CS（顧客満足）は「企業・組織の全関係者が顧客を中核にして考え、行動するDNAを生む活動」です。
　そのために、一人ひとりが自分の仕事に関してCSを中核とした考え方、活動を行うのです。
　例えば、住宅をつくる会社の場合であれば、この設計は本当に顧客のためになるか、情報の提供、企画の提案をお施主様にどれだけもたらすことができるか、大工さん、左官屋さん、ペンキ屋さんたちはコンセプトに添って顧客のためにどれだけ自分の専門的な仕事に力を注ぐか、またこの壁紙は本当に顧客のためになるのかどうか、このフローリング材は赤ちゃんのいる家やお年寄りの場合に適しているかどうかなどを社員、並びに専門的な仕事をする人たちがいちいちこだわり、考え、選定し、力を注ぐという心と行為を意味します。
　特に大切なことは、後から手をつけられない箇所に関し配慮し、力を注ぐ必要があるということです。

♠ 社長満足では形式だけの取組みにすぎない
　鉄筋の偽装問題が発生したことは、その点に関する考え方が企業理念になっていなかった典型的な悪例といえます。このような企業にいた社員は誠に気の毒です。
　企業理念、企業トップの経営哲学が「ごまかしてでも儲けろ」「どうせわからないんだから、上手くやれ」という姿勢の会社にいる限りは必ずどこかで破綻し、貴重な人生の大切な時間を台無しにする犠牲者になってしまうからです。
　事実、近年では特にそのような事例が多く、顧客不在のみならず命に関わることがマスコミでも取り上げられ、顧客はもちろんのこと社員自身も大い

❺ サービス・マインドの高い「気配り社員」を育てる5つのポイント

に迷惑を被っている例となっているのはご存じのとおりです。

例えば、自動車の粗製濫造で生じた事故、乳業・食品の中毒問題、航空会社や鉄道の死傷事故、ビジネスホテルの弱者阻害の問題、エレベーターの事故ガス給湯機などなど、ともかくひどい、そして痛ましい事件・事故が目白押しです。

「気配り」の全くない企業というより、コンプライアンス（法令遵守）のみならず倫理観の欠如企業の姿です。

しかし、このような会社でも「CS活動を行っている」「ISOを取得した」「CSR（企業の社会的責任）に取り組んでいる」「コンプライアンス（法令遵守）に力を注いでいる」「シックスシグマを導入している」などといっているのですから、いかにゼスチャーであるか、形式だけの取組みであるかはおわかりいただけるでしょう。

これでは単なる笑い話にしかならない、冗談としかとらえられない実態です。

いずれにせよ、すべてこれらのケースに共通しているのは企業第一主義、企業中心主義、企業重点主義の顧客不在、顧客に対する「気配り」不在のコスト優先主義、経済効果優先などなどのご都合主義の姿です。

あるのはPS（プレジデント・サティスファクション＝社長満足）、BS（ボスの満足）に他ならない様子をありありとみせている事例といえましょう。

♠企業風土の醸成

本書❻以降で紹介している各企業の事例は、すべて「気配り」が企業風土になっているケースばかりです。

しかし、どの企業も最初から「気配り」企業であったわけではなく、常にトップが熱心に毎日、毎時間「サービス・マインド」や「気配り」にこだわり続け、社員と語り合いながら一人ひとりのDNAとして育て続けているからであってゴールのない取組みに対する注力といえます。

一瞬でも立ち止まらない継続した活動が基本です。

♠ホスピタリティの意味・内容

ところで、話は変わりますが、「ホスピタリティ」という表現をご存じだと思います。

実は、語源は中世のヨーロッパが発祥のようですが当時は「ホスピス」という表現を使用していました。そのもっている内容、意味は、図表83のとおりです。

【図表83　ホスピタリティの意味・内容】

1. 十字軍が活躍し、巡礼者が各地を訪問していた頃のことです。
2. 当時は戦で傷つき、病や飢えで倒れている人たちを身近に見ることが多かったようです。
3. 大きな家・館をもっていた人たちが、空いている部屋を使ってそうした人たち収容し、傷の手当てをしたり、病の治療をしたり、食料を提供したりして助けていたのです。
4. もしかしたら、戦いの相手の騎士に襲われるかもしれないし、病がうつるかもしれないにもかかわらず一所懸命にかくまい、なお助けたのです。
5. こうした行為を「ホスピス」といったようです。
6. 時代の推移と共に次第に表現が変わり、こうした行為をした人たちを「ホスト」、宿としての提供を「ホテル」、病を癒す、治療する行為を「ホスピタル」と次第に表現が進化したのです。
7. しかし、以上の中で一番大切なことは「マインド」「心」から命がけでこうした行為に力を注いだのであって、得することを目的としたり、儲けることをねらいとして行ったのではないということです。
8. ところが現在では、顧客をベルトコンベアーに乗せて処理していくホテル、患者を修理する修理工場となってしまっている病院を多くみるところで悲しい限りです。
9. 何が悲しいかというと、本来の「気持ち」「マインド」「こころ」が不足して無機質になり顧客を単に稼ぐ対象としか捉えていないからです。

♠ 成功した基盤はトップの理念・哲学・こだわりの発揮

　企業の活動に一番大切なことは利が後から付いてくるのであって利を先に考えすぎて顧客不在に陥ることです。

　長野の中央タクシーさんはその点では学ぶべき好例ですが、トップは最初とても苦労されたようです。

　しかし何より成功した基盤は、トップの理念、哲学、こだわりがいささかもゆるぎなく発揮されたからだといえます。

　こうして成功したことを後から評論することは、容易ですが、トップの苦労は並大抵ではなく、血のにじむような日々を過ごされたことと推察します。

♠ 企業・スタッフ一人ひとりに「夢」と「ロマン」と「志」はあるか

　「気配り」は、このように簡単に手に入り、身に付くものではないのです。

　どこかの繁盛店の建物だけ、やり方だけ真似しても決して繁盛することがないのと同様です。

　"企業文化は1日にして成らず""気配りの企業文化も1日で成らず"なのです。

　そして、皆様の企業並びにスタッフ一人ひとりに『夢』と『ロマン』と『志』はありますか。

　夢・ロマン・志のない企業に「気づき」や「気配り」はなく、夢・ロマン・志のない社員に「気づき」「気配り」人間はいないのです。

❻ 社員満足度アップで成果を上げた事例

　❻では、社員満足度のアップで成果をあげた5つの事例をまとめています。

事例1 「入院したい」「働きたい」の好循環スパイラルに人が集まる

Point
♠ CS（顧客満足）〜ES（従業員満足）のスパイラルで収益アップ。
♠ 患者様基準の賃金・評価制度を全職種横断で導入。

川越胃腸病院【病院】
◆所在地／埼玉県川越市仙波町2-9-2
◆創　立／1969年
◆従業員／100人（うちパート等20人）
◆URL／http://www.kib.or.jp

♠ 突出した収益率を誇る専門病院

　川越胃腸病院は、1969年の設立以来、診療科目は消化器内科・外科だけです。病床数は40で、設立以来変わりません。

　その理由は、質の高い医療を提供するため、「目の行き届く範囲を超える規模拡大は行わない」ことにあります。それでいて今、外来患者は1日250から300人に達しています。同院での受診歴のない"新患"は、毎日25人前後、年間のメジャー手術は240件以上です。

　これは、大学病院消化器科並みの数字です。単科専門病院では「まず、考えられない」といって、差し支えありません。

　そこから得る「10％」という収益率は、専門病院の中で突出しています。それでいて、例えば看護師の人数は、法定の約2倍を数えます。

　専門職の職員をそれだけ抱え、安定・優良経営を続けている理由は、何なのでしょうか。

　それは、「すべてにおいてプラスのスパイラル」を回しているからです。つまり、卓抜した仕組みの勝利といえるでしょう。

♠ 教育は「スタッフの自発的な勉強会」

　「お待ちしていました」。取材に行くと、受付で優しい笑顔で迎えられます。「ご案内いたしますね」と会議室に促されるその間も、「風が強くて大変でしたね」など相手の心をほぐす会話が途切れません。

　すれ違う看護師の会釈で、ここが病院であることを思い出す──それくらい、抜群の接遇です。

　よほどの接遇教育をしているものと、普通は思って当然です。ところが川越胃腸病院の須藤秀一常務理事は、あっさりとこれを否定します。

「うちの事務スタッフは最高でしょう？　でもいわゆる集合研修は、ここ10年していません。教育は、スタッフが自発的に行う自由参加の勉強会だけなんです」。

♠顧客満足経営の好循環スパイラル

同院は、医療・設備・接遇などあらゆる面での顧客満足度が非常に高い病院として有名です。口コミ等の情報から、外来患者は増加の一途。入院も常に「待ち」の状態ですから、ベッドが空く"間"が生じません。

一方、「良質な医療に携わりたい」医師や看護師からの就職希望も、常に殺到している状態です。なかなか欠員は出ませんが、仮に生じた場合でも、「常に応募者リストから最善の人を選べる」状態です。おのずからスタッフのレベルは上がり、募集広告費もかかりません。

「経営が安定成長しているのは、すべてがうまく回っているからです。これを『CS経営の好循環スパイラル』と呼んでいます」と須藤常務理事。

つまり同院の経営理念である「患者様の満足と幸せの追求」「集うスタッフの幸せの追求」「病院の発展性と安定性の追求」という3つの要素が、互いに関連し相乗効果をもたらし、回り続けながら、より高いレベルを達成していく状態です。

高水準の専門医療や温かなサービスを提供すれば、病院の社会的評価が上がり、患者の数は増加します。これにより収益が高まれば、昇給や賞与アップで還元し、スタッフを幸せにすることが可能です。すると職場の風土も、スタッフのモラルや能力も向上し、更なる患者様の満足につながっていくというわけです。

これを視覚的に表したのが、次頁の図表84です。

♠理念の明確化と徹底が大事

理論は、聞けばわかります。しかし多くの企業は、実際にはこのスパイラルを、回すことができません。

「ポイントは、まずは理念を明確化すること。そしてスタッフが理念に共感できるよう、絶えず説明し、実践して、具現化させること。この結果、スタッフが理念を心から信頼し、常に"理念に合っているか"を判断基準に、行動できるようにすることです。理念の徹底が大事です」。

徹底は、精神論だけでは、できません。そこには仕組みが必要です。

同院の場合、その第一が、20年近く続く顧客満足度アンケートです。アン

【図表84　CS経営の好循環スパイラル】

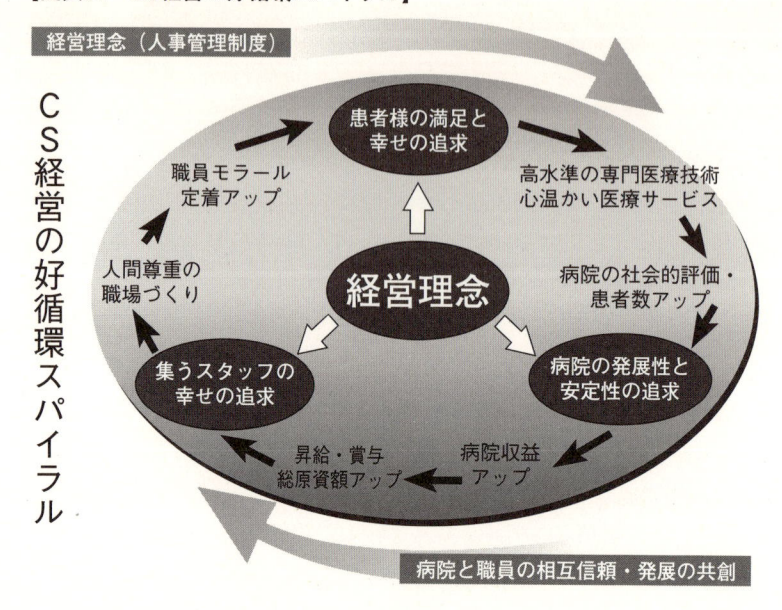

経営理念（人事管理制度）

CS経営の好循環スパイラル

- 患者様の満足と幸せの追求
- 職員モラール定着アップ
- 高水準の専門医療技術 心温かい医療サービス
- 人間尊重の職場づくり
- 経営理念
- 病院の社会的評価・患者数アップ
- 集うスタッフの幸せの追求
- 病院の発展性と安定性の追求
- 昇給・賞与 総原資額アップ
- 病院収益アップ

病院と職員の相互信頼・発展の共創

ケートでは、「待ち時間や休診日などの診療システム関連」、「医師、看護師、事務員等の応対などの人的サービス関連」と「院内の設備関連」の3分野計26項目について、「不満、やや不満、普通、やや満足、満足」の5段階評価で質問しています。

▲医療サービス対応事務局の成果と役割

より「個別・具体的」な患者の声を聞く仕組みもあります。それが、「患者様と会話する中で得たご意見、ご要望やご不満を文書で提出する」職員の報告制度です。

報告制度の参加者は、医師を含めた全スタッフ。実際、患者様の声は同制度で集まるものが最も多くなっています。

「集まった声は、事実関係が確認できなかったスタッフ個人へのクレームを除き、すべて実名で職員食堂に掲示します。これらを行うのが、1992年に創設した医療サービス対応事務局です。事務局は、役員、医師、看護部、事務部、整備課から選任された8人で、"あらゆる患者様の声"を一元管理しています。その一つひとつに対応するとともに、部門間の調整やCSマインドの啓蒙（けいもう）を行います。つまり『お客様相談室』と『CS推進室』の機能をあわせもった存在です」。

♠ 患者様を評価基準にした賃金制度

　一般的に病院では、医師、看護師、事務職員や清掃スタッフなどの間で、明確な序列が存在します。同院のように医師も含めた全員が、誰にも遠慮なく平等に"患者様の声"を吸い上げたり、1つの事務局のメンバーになるなどは、極めて異例といえるでしょう。

　「毎年のアンケート結果からも明らかですが、患者様は病院の玄関を入って出るまでのすべての瞬間に、満足を求めるようになっています。ですから医師も清掃スタッフも、CSを基準に考えれば、序列などはないのです」。

　業界では、特異といえる考え方。これを組織に浸透できた最大の要因は、1983年に導入した賃金制度にあります。

　様々な専門職を抱える病院では、職種別賃金管理が一般的です。そこに同院は、医師を除く全職種横断の賃金・評価制度を導入したのです。

　「評価の視点はただ1つ。質の高い医療サービスを提供し、患者様の満足と幸せを追求することです。これに向けどれだけ努力したかを基準にして、年に2回評価をします。賞与額は評価によって、1.5～2倍ほどの差が出ます。高評価を一定以上続けると、等級が上がり給与も上がる仕組みです。ちなみに、年功的な要素は一切排除しました」。

　評価基準は、看護師も事務スタッフも共通で、職種の違いは資格手当で対応。評価者は、人によるブレを防ぐため10年以上かけて評価者としての資質を育てた部門責任者1人だけ。評価結果については、必ず役員と評価者がスタッフ一人ひとりと、それぞれ1～2時間かけて面談しフォローします。

♠ CS（患者様満足）こそが成功の理由

　"患者様の満足と幸せの追求"は同院の経営理念。これを基準に賃金が決まる明確な仕組みが、スタッフの成長意欲をかき立てています。

　多様な勉強会を個々人が自発的に企画。時間外手当が支給されるわけでもないのにスタッフの7～8割が参加するのは、このためです。

　しかし「かつては悪循環スパイラル状態になりかかったこともあった」と、須藤常務理事は振り返ります。つまり「医療・サービスの低下→患者減→賃金減→優秀なスタッフの流出→更なる医療・サービスの低下」という悪循環に、陥りかけたというのです。

　何とか歯止めをかけなくては──。解を求め、必死にもがき、辿り着いたのがCS（患者様満足）でした。「間違っていませんでした」。柔和な笑顔に、強い自信がうかがえます。

❶「入院したい」「働きたい」の好循環スパイラルに人が集まる

事例2 調理人が「気持よく働ける」ことを大切にし料理で勝負！

Point
♤ 新社屋に「社長室なし。厨房は異例の最上階に。」。
♤ 食材、調理、コストパフォーマンスまで、徹底的な料理へのこだわり。

新橋亭【中国料理店】
◆所在地／東京都港区新橋2-6-3
◆設　立／1951年（創業1946年）
◆従業員数／150人（うちパート・アルバイト75人）
◆ＵＲＬ／http://www.shinkyotei.com

♠ 外食産業の厳しい現状

　景気低迷の長いトンネルを抜けたとはいえ、外食産業は今なお、厳しい状況に置かれています。財布のヒモが硬い消費者を相手に大きく伸びた、デパ地下、ホテイチ（ホテルの1階）、スーパーや専門チェーンの総菜などいわゆる「中食」市場はすっかり定着。ここに奪われた客を、100％取り戻すことは不可能です。

　一方、「外食」同士の競争も、非常に厳しくなっています。新規オープンは多く、当然撤退を余儀なくされる店も出ます。新陳代謝が激しいのです。

　加えて、雑誌やインターネットで得られる「クーポン」の利用が、今やいわば常態化しています。客単価の落込みは、外食業界全体に広がっているといっていいでしょう。

　そんな中、「商品＝料理」であると常に意識し、その味を極めることで、顧客の支持を獲得し続ける店が新橋亭（しんきょうてい）です。

♠ 自店の危機に気づいたとき

　「あれ、席が埋まってないぞ？」。

　東京・新橋で戦後すぐから営業する中国料理店「新橋亭」が、本店の異変に気づいたのは1999年の暮れのこと。忘年会シーズンに、予約で満席にならなかったのは、実に1973年のオイルショックのとき以来でした。

　「仮に席数が100ならば、一度に100人分の予約しかお受けできません。バブル期には同じ満席でも、例えば100人分の席に対して300人のご希望があり、200人をお断りしていたんですね。それが徐々に減って99人になり、1つの空席が出て初めて、ことの重大さに気づいたんです」

　新橋亭の呉 東富社長は、当時をこう振り返ります。しかし1999年といえ

ば、バブル崩壊後10年近くたった時期。しかも同店は、霞が関や旧ＧＨＱ本部に近く、創業当初から外国人や政治家、官僚らの会合に多用されてきた店でもあります。つまり利用は、接待等の宴会需要がほとんどでした。交際費削減の折、本来なら最も打撃を受ける業態。そこを10年、維持してきたのです。

♠ 大切なのは「料理」

　苦しかった時期を越え、今同店の売上は順調です。ただお客様は、以前とは変化しています。

　まず、お金の出どころが"会社"から"自分の財布"になり、店に対する要望レベルが高くなりました。また、クーポン情報誌やインターネットで検索して来る新規客が増え、顧客の流動性も高まりました。こうしたお客様の期待はとてもハイレベル。もし満足しなければ2度と来てはくれません。

　「飲食店で最も大切なのは、商品である料理そのものだと考えています。腕の確かなシェフが、吟味された素材を、最高の一品に仕立てる。それを、より安価にご提供してこそ、ご満足いただけるのだと思っています」。

　鍵は、仕入にあると呉社長はいいます。良いものをより安く仕入れる努力を怠れば、料理の価格を上げるか、質を落とすしかないからです。この点、呉社長はまだ学生の時分から、創業者である父に、徹底的に鍛えられました。

　鍛えられたのは、素材を見る目だけではありません。例えば、市場には、わざと店じまい直前に行くのです。それは、買い手がつかなかった高級素材を「現金で買いたたく」ことでした。

♠ 4日間で1,000人限定・1人3万円のコースを毎年完売

　呉社長のお父様は、12歳で調理の世界に入り、若くして「名人」と呼ばれた人。その腕を日本人実業家に見込まれて専属コックとして来日、戦後の混乱の中、独立しました。

　その父の仕事が、呉社長の原点です。今では仕入も「信頼できる卸問屋や商社にパソコンで注文する」よう変わりましたが、支払条件を良くするなどの提案をして、その分最高の食材をより安く入手しようとする姿勢に、変わりはありません。そうして仕入れた食材を十二分に活用した新橋亭の料理は、実に多彩です。9品5,000円から10品2万円まで6種類ある標準コースの内容は、コースごとにすべて異なり、季節ごとに変わっていくのです。

　それだけではありません。例えば、年に4日限りの特別メニュー「満漢全

② 調理人が「気持ちよく働ける」ことを大切にし料理で勝負！

席」。かの西太后に由来し「7日7晩、象の足から駱駝のこぶまであらゆる珍味を食べ尽くした」とされる宴会形式を模したもので、めったに食べられない極上の料理全16品を、3時間かけて味わうものです。価格は1人3万円。1日250人、4日で計1,000人限定ですが、これが毎年完売といいます。

♠ 自ら客になり金銭感覚を磨く

　人は、3万円出しても、それに見合った料理や、期待以上の満足が得られれば、「また利用しよう」と考えます。難しいのは、そのバランス感覚を掴むこと。そこを呉社長は、自ら、自店の"客になる"ことで解決します。

　「週3回から4回は、知人らとの会食を利用して、ポケットマネーで店のフルコースを食べています。ちょっと味見するのと、きっちりコースを食べ尽くすのでは、量や味の感じ方が違います。また、毎回自分の財布を開いて、5,000円なり1万円を支払うことで『それだけの価値があったかどうか』を、自分の気持ちに確認しているのです」。

　客として食事をすれば、「マンネリ化していないか」という点にも敏感になります。だからこそ、呉社長は、新しいメニュー開発にも熱心です。中国料理に限らず食べ歩き、有名旅館などには「食だけでなく、サービス等の勉強も兼ねて」宿泊します。研修・研究のために中国・台湾・香港に、コックも連れて、赴きます。

♠「1万人無料招待」の真の理由

　1989年、本店を9階建の「新館」に建て替えたとき、呉社長は誰もが驚くことを実行しました。

　5月のオープンを控えた4月、まる1か月間にわたって、計2万人の友人・知人を「無料招待」したのです。実際には1万人が来店しましたが、ご祝儀は一切「お断り」。その間は宣伝をせず、取材の依頼も退けました。

　「新しい厨房や施設に従業員が慣れ、7フロアの客席を滞りなく回すには、1か月は訓練が必要です。その間お金はいただけませんが、ご招待なら少々のミスがあっても許されます。VIP級の"満館"を連日こなせば、訓練はばっちり、中華鍋にも十分油がなじみます」。

　1万人を無料招待など、あまりに計算をはずれた取組みにみえます。しかし、これはトレーニングだと割り切りました。設備がすべて新しく変わっても、料理は従来と変わらぬ最上のものを、最上のタイミングで出すためのトレーニングです。

♠ 大切なのは従業員

　このご招待に先立つ3月末の2日間、呉社長は全社員とその家族を計400人、同様に招待しました。2日に分けたのは、調理やサービスをするスタッフが必要だからです。

　招待は「従業員に感謝の気持ちを表したかった」ため。そしてこの気持ちは、実は新館の設計にも表れていました。普通なら「地下か1階が常識」という厨房を、最も眺めが良く採光にも優れた最上階の9階に設けたのです。

　実際、設計図を見た調理長は、「呉さん、うそでしょう？」といったといいます。ほかにも、大卒初任給が2万円だった1965年に200万円を投資して、当時はまだほとんど普及していなかった自動皿洗機を導入するなど、働きやすい環境づくりの例は枚挙にいとまがありません。

　「従業員が職場に不満で、いい料理など出せません。また、皿洗機を使えば、従業員の負担が減るのはもちろんのこと、油汚れが残りませんので、お客様に不快な思いもさせません」。

♠「好循環」が利益のもと

　「地下か1階が常識」の厨房を、最も眺めが良く採光も優れた最上階の9階に設けたメリットは、新橋亭が何よりも大切にする"料理"をつくる調理人に、快適で爽快感がある環境を提供できたことにとどまりません。

　例えば、最上階は自然の光線が採り入れられるから、料理の素材の状態もよくわかります。逆に本来厨房があるはずの地下室では、地下室ならではの利用法を見い出しました。一例をあげれば、中国料理に欠かせない香味野菜である「香菜（シャンツァイ）」が育てやすい、といった具合です。また、活きた魚を管理するのも楽だといいます。

　加えて呉社長は、こうもいいます。「厨房を最上階にすれば、冷暖房費が浮くメリットもあるんですよ」。

　最上階で調理すると、そこで発する熱を館内に回すことが可能です。ですから冬場も、強く暖房する必要がありません。

　CS（顧客満足）とES（従業員満足）。更に利益確保も、自然体で連動させます。ちなみに1万人の招待客は、「その多くが実際のオープン後に、別のお客様を連れて再来店してくれました」といいます。

　自社ビルを建てながら「社長室はつくっていません」と、呉社長は笑います。忙しければ自ら車を運転し弁当の配達にも行く、その柔軟性が、卓抜なアイデアと行動のもと。そして、従業員の心を掴む理由でもあるのです。

② 調理人が「気持よく働ける」ことを大切にし料理で勝負！

事例3 ベテランパワーがお客様をつなぎとめる

Point
♤ 定年退職者の継続雇用でお客様の要望に応える。
♤ 定年後も働ける環境の整備が、究極の従業員満足に。

前川製作所グループ【冷凍機などの製造販売】
◆所在地／東京都江東区牡丹 2-13-1
◆設　　立／1924年（大正 13 年）
◆従業員／2750 人
◆ＵＲＬ／http://www.mycomj.co.jp

♠ わが社は「定年ゼロ」企業

「わが社は『定年ゼロ』なんです」

こう、公言する企業があります。1924年、つまり大正13年に"竪型冷凍機"の製作で創業した、株式会社前川製作所グループです。

現在、最高齢の社員は94歳。実に勤続57年です。それでも毎日電車で出勤し、技術顧問としてフルタイムで勤務します。70代の現役も、同社には決して少なくありません。

本社は東京都江東区。昭和5年に移転してきました。地下鉄門前仲町駅近くの、いわゆる「下町らしさ」を色濃く残す町並みに、しっくりなじむように建っています。その昭和5年から製氷冷蔵事業を開始、戦後の経済復興期から昭和30年代後半にかけて、「氷屋さん」として大きく会社は伸びました。電気冷蔵庫の普及前、料亭や旅館での需要に加え、氷で冷やす冷蔵庫が各家庭で使われたため、氷が「ひっぱりだこ」となったのです。

その同社が、今では国内67拠点・海外6拠点、従業員数計2,750人のグローバル企業になっています。事業内容も、産業用冷凍機技術を中心に、エネルギー関連や食品加工、ビル空調システムまで、多彩な展開を実現しました。

この、柔軟な伸びを支えたのはもちろん、同社の社員たち。そこに「定年ゼロ」が、大きな役割を果たしています。

理由は、それが社員の満足につながり、その能力をより長く積極的に、活用するための施策だからです。

♠ 高齢者活用の背景

多くの企業は高齢者活用に慎重です。高齢者が長く組織にいることは「老害」だとして、忌避する企業さえあるのが実際です。そんな中、前川製作所

があえて積極的に、高齢者を活用してきた理由は何なのでしょうか。

「当社には、人は生きている限り働くべきだとする考えがあります。また、当社のようなメーカーの場合、1つの分野で一人前になるのに10年はかかります。しかし、1つの分野に習熟しても、お客様の抱える多様な問題を解決することはできません。『お客様と一体となって行動し、市場のニーズを一緒に探りながら、お客様との"共創の場"を求めていく』活動には、長い経験と熟練が不可欠です。ですから高齢者に長く頑張ってもらうことは、会社に必要なことなのです」と、深川高年齢者職業経験活用センターの大嶋江都子さんは話します。

前川製作所グループが設立した深川高年齢者職業経験活用センターは、後述するように、前川製作所グループの高齢者活用の要となる組織です。

大嶋さんは続けます。

「冷凍機など当社の主力製品は、『納品すれば、それで終わり』の商品ではありません。メンテナンスを続けながら、長期に使用するものです。そうしたお客様と高齢者が長年にわたって培ってきた信頼は、実際、とても厚いのです。定年後も継続的に働いてもらえれば、彼らがもつ技術や知識、知恵、人脈などすべてにおいて、徐々に若手に伝承していくことが可能です。お客様も、"気心の知れた社員の対応"を、望んでいらっしゃるのです」。

♠「定年ゼロ」とは

ところで「定年ゼロ」とは、いったいどういうことなのでしょうか。

「実は、前川製作所グループの定年は60歳です。前川製作所グループが定年ゼロといっているのは、定年を迎えても実際には、当社で仕事をするのをやめる人が、ほとんどいないからなのです」。

60歳を迎えた前川製作所グループの社員は、退職金の支払いを受け、一度会社を退職します。その後、深川高年齢者職業経験活用センターに常用雇用者として採用され、前川製作所グループの各企業に、派遣スタッフや業務請負スタッフとして、勤務する仕組みになっているのです。

ちなみに現在、同センターに雇用されている定年退職者は124人。124人全員が実際に勤務しています。年齢別の内訳は、60〜64歳が74人、65〜69歳が36人、70歳以上が14人となっています。

定年後、深川高年齢者職業経験活用センターに異動して働き続けるために、会社が一律に定めた試験や条件等はありません。同社は町工場時代から、「仕事には定年がない」「定年は会社が決めるものではなく、本人が決めるも

の」と、考えているからです。

　ただし、本人が自分の「定年」を決めるうえで、何を基準にすべきかは、会社が明確に提示しています。それは、図表85の3つの条件が、成立しなくなったとき。つまり「与えられた仕事をこなせばいい」と考える人や、職場の仲間に受け入れてもらえない人は、定年後に働くことが許されない仕組みです。

【図表85　雇用継続の3要件】

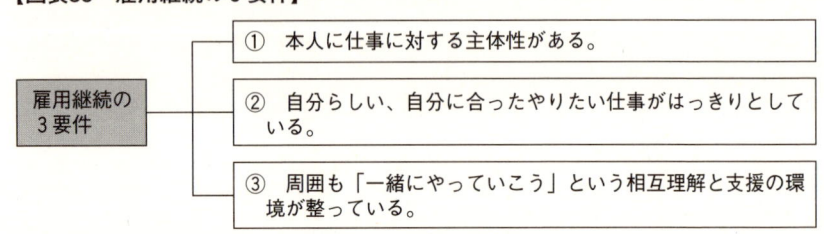

雇用継続の3要件
① 本人に仕事に対する主体性がある。
② 自分らしい、自分に合ったやりたい仕事がはっきりとしている。
③ 周囲も「一緒にやっていこう」という相互理解と支援の環境が整っている。

♠ ES（社員満足）につながる賃金・勤務時間・休日とは

　賃金は、60歳を迎え、雇用主が深川高年齢者職業経験活用センターに変わった時点で、約6割に減ってしまいます。これに、高年齢雇用継続基本給付金と、在職老齢年金が併給される仕組みです。

　従来は、この仕組みで60歳到達時の7割強の手取り確保を実現してきました。しかし、この仕組みが近年機能しづらくなっています。

　「これまでは、賃金面でも定年退職者の方々に、おおむねご満足いただいてきました。しかし年金制度の変更や高年齢雇用継続基本給付金の減額により、センターが支払う賃金額は同じでも、定年退職者の手取りは大きく減りつつあるのです。賃金額の急な減少は、生活を直撃します。今後年金の支給開始年齢も遅くなっていきますから、一人ひとりに『定年後の手取りはこのくらいになります』など、きちんと伝えていく必要があります」と大嶋さん。

　同社では、60歳以降は「より面白い仕事をすることで生きがいが感じられる状態」を目指しています。しかし中には、会社からの支払賃金が減額になることで、モチベーションを下げてしまう人も存在するといいます。

　勤務時間は、高齢者といえども、定年前と変わりません。すなわち1日8時間、週5日勤務であり、職場によっては残業もあります。ただし本人がフルタイム以外の勤務を望めば、例えば1日4時間とか週3日といった、パートタイム勤務も可能です。

　「勤務時間については、ほぼ本人の希望が認められてきました。たとえ短時間になったとしても、"その人に" 勤務してほしいと考えるからです」。

こうした"身の丈に合った働き方ができる"ことも、高齢者の働く満足につながっています。

♠ 社員の自律が「お客様のための」行動を可能に

高齢者を継続雇用する場合に問題になりがちなのは、「年の若いマネジャーやリーダーと、年長者双方が遠慮して」「それぞれの実力を発揮してくれなくなってしまう」こと。この問題が同社で発生しないのは、「人」に関する独自の考え方があるからです。それは「個々の社員にはその人ならではの能力がある。それをきちんと評価して、お互いの能力を認め合うことが大切」というものです。

何も「リーダー」としての能力だけが、評価されるわけではないのです。ですから、リーダー職に就いても、その手当は「多くない」のが実際です。

「実は当社には、人事部がありません。会社側の一方的な判断で人事異動を行わないので、人事部という組織が必要ないのです。というのは、リーダーの選定も含め意思決定は、"意思決定が必要な場所にいる社員が下すのが一番間違いが少ない"と考えているからです。また、お客様にご満足いただくには、社員の創意工夫が最大限に発揮されるシステムが必要です。そのため、社内における規律・統制を極限まで少なくしているのです」。

♠ 社員のベクトルを合わせるコミュニケーション

ここまで現場に決定権をゆだねても、社内が「バラバラに」ならないのは、なぜでしょうか。それは判断基準が共有され、社員のベクトルが合っているからです。

「トップからは抽象的な概念が、いろいろな機会を通じて発信されます。例えば『超産冷』とか『選択と集中』とか『壁を越える』といった具合です」。

抽象的な概念は、具体的な行動に落とし込まなければ、仕事に活かすことができません。このため「会長のこのキーワードの意味は何か」を話し合う会議なども、頻繁に開催されるといいます。

「会議は本当に多くて、しかも長いんです。でも、コミュニケーションは抜群だと思いますね。相談やちょっとした立ち話なんかも、とても多いです」。

同社が志向する「個人の創意工夫が最大限に活かせて、なおかつ個人が生きがいを見出せる組織」。それは、トップが示す方向に向かって、自ら自発的に考え行動する社員によりつくられているのです。

❸ ベテランパワーがお客様をつなぎとめる

事例4 従業員が喜んでママについていく銀座文壇バー

Point
♤ 店が好き・お客様が好きな前向きなスタッフを育成。
♤ 家族的経営でチーム力を向上、店の危機を乗り越える。

クラブ数寄屋橋【バー】
◆所在地／東京都中央区銀座7-7-6
　　　　　アスタープラザビル地下1階
◆設　立／1968年
◆従業員数／26人

♠ 生き馬の目を抜く銀座で38年

　昭和30年代終り頃、銀座には「文壇バー」と呼ばれる店がいくつもできました。夜になると作家や編集者が集まってきて、作品を論じたり、夢を語り合ったりしたバーのことです。

　「おそめ」「エスポワール」「眉」「姫」…大作家らが夜ごと集まる文壇バーは、それだけ敷居も高く、作家を目指す若者やデビュー間もない新人にとっては、強烈なあこがれでもありました。

　そんな中現れたのが「数寄屋橋」。ママの園田静香さんは、当時まだ20歳で銀座ママの中でも抜きん出て若く、明るく聡明で美しく、あっという間に気鋭の若手作家が集まる人気店に駆け上ります。

　静香ママは、その当時をこう話します。

　「芸者になるのが私の夢でした。そこで郷里の熊本から博多に出たのです。それから1年で、ある人のご縁で上京し、店をもちました。お店は、当時はやりの"文士劇"の当日にオープンしました。そこで楽屋に差入れをもっていくなどするうちに、多くの作家の先生方に、いらしていただけるようになったのです」。

　例えば、渡辺淳一先生、森村誠一先生、早乙女貢先生…デビューしたばかりの直木賞作家の方たちや、大御所の先生にも、毎日本当にたくさんいらしていただきました。小さな頃に熊本で、ニックネームの『しかちゃん』と呼ばれていた立場では絶対会えない方々と接して、何だか時空を超えた気がしたものです」。

　あの三島由紀夫は1970年、「数寄屋橋」を訪れて1週間後に、市谷の陸上自衛隊駐屯地で自決しました。

　「今でも、あのときの先生のまなざしを忘れることはできません」。

♠ ライバル店が消える中「唯一残る」理由とは

　「数寄屋橋」は、ライバル店が次々と店を閉じる中、今なお唯一残る文壇バーです。
　「お客様、スタッフ、そしてタイミングに恵まれました」とママはいいます。
　しかしそれは"ママだから"といっていいでしょう。
　例えば、店は「銀座に札束が飛び交った」バブル期も改装せず、開店当時の空間のまま。接客スタイルも「店全体でお客様をお迎えする」オール制を貫きました。
　「自分自身が楽しくなければ、お越しいただいたお客様を楽しくさせることはできない。そういう思いをもって今日まで参りました。結果、素晴しいお客様方に"数寄屋橋"は、今でも愛され続けております」。
　人と同じことは好まない。ママのこの気質は、年に2度計6日間の"お祭り"に端的に現れます。当日は、店にカーテンを吊した即席仕立ての舞台の上で、歌あり踊りあり芝居あり、照明も音響も「プロさながら」のショーを披露。もちろんママも「出演」します。そこに、今や大御所の常連作家らが顔を揃え、大変華やかな夜になるのです。
　「2か月前から台本を練り、演目や演出を考えます。内容が決まったら、舞台監督の指示の下、全員で練習を積むのです。これはもう、真剣勝負です」とママ。このお祭りが、数寄屋橋の大きな魅力となり、常連客を引き付け続けていることは、あえて説明するまでもないでしょう。

♠ ママが好き・店が好き・仕事が好き

　もちろん練習は、お客様がいる「開店時間中」にはできません。つまりスタッフは、その間プライベートの時間を犠牲にし、定時より早く出勤して、練習を繰り返します。
　一般的にホステスは、自らの人気で給料が決まります。それだけに「自分みがき」に精を出し、「自分は自分」と割り切って、店とは一定の距離を置いた関係を保とうとするのが普通です。
　ましてや出勤前は、身支度に忙しく、限られた自分の時間です。また「お客様と同伴」など、ホステスにとってとても大切な時間帯でもあるのです。その大事な時間をあえて削って「お祭りの準備と練習」をするのは、かなり特異なケースといえるでしょう。
　それをなぜ、数寄屋橋のスタッフは、あっさりと受け入れ、しかも年に2

度も、嬉々として励むのでしょうか。
　数寄屋橋のホステスたちは、口々にこういいます。
「うちの店って、とっても家族的なんですよ」
「ママって、本当にかわいらしいんです」
「協力っていうか、みんなで一緒に頑張るのが楽しくて」
「昼間に仕事をもっている人などには、絶対に強制しないし」
「真剣にやるからこそ、お客様にしっかりアピールできたときのうれしさは、何にも代えがたいものがあるんです」。
　ママが好き、店が好き。そして仕事が本当に好き。働く者としての満足感が、スタッフの気持を1つにし、店の魅力となっています。しかもそれを、日々高めているのです。

♠ ホステスの魅力を高めることがホステスの「働く満足」に

「ホステスの魅力は、店の魅力です。ですから採用面接は、気を抜きません」とママはいいます。
　その採用基準は、第一に「情熱のある子」。そして「個性的で、目に輝きのある子」だとママはいいます。もちろん、お客様にとって「好みの子」が店にいるのも大事ですから、「できるだけタイプが重ならない子」を採用することも大事です。
　そして、採用したら、今度は個々のホステスの魅力が最大になるよう、磨きをかけていくことが大切なことだといいます。
「やはり教育が大事です。ただ、女性同士の世界であり、しかも美しいことや魅惑的であること、そして知性など女性としての"魅力"を競う世界なだけに、上手に教え育てるには、工夫をしなければなりません」。
　その工夫とは、指導するのではなく、素晴しさを引き出すよう、演出してあげること。
「こうしなさい、ああしなさい」と口酸っぱくいうのではなく、「こうしてみたらどうかしら。だってその方が、あなたは断然魅力的になるんだもの」とアドバイスするのです。「その人の良いところを、更に伸ばしてあげる」スタンスです。
　ママや先輩ホステスにこういわれて、気分を害するホステスはいません。それどころか「ここで働いていると、自分はもっともっと素敵になれる」という期待につながります。
　これも、働くうえでの大きな満足になっているのです。

♠ 1日も休まずスタッフ全員で店を移転

　そんな「数寄屋橋」に2004年の夏、ある事件が起こります。創業以来入居してきたビルが競売にかけられ、急に退去を命じられたのです。

　「移転のため、空き店舗を探して、朝から銀座を歩き回りました。創業35年を越えた『数寄屋橋』は、壁紙がすりきれるほど古かったのですが、それは自ら培った歴史です。歴史のない、ただ古い店には、とてもお客様を呼べません。納得できる店はなかなかありませんでした」。

　しかし11月20日、ママはとうとう「ここだ！」と思える物件に出会います。そして移転は、12月9日に決定しました。

　「移転はあまりに急でした。でも、どうしてもこの日を、新店開店の日としたかったんです。実は、幼い頃私に踊りの稽古をつけ、『一度銀座の舞台に立った以上、絶対に降りるな』といって私を支え続けた最愛の母が、ちょうどその1か月前となる、11月9日に亡くなっていて」。

　年末の最繁忙期、しかも前夜の12月8日には、店に予約が入っていました。しかしママは決意します。「一日も休まず、移転を成功させるのだ」。

♠ 機関車ママについていく「数寄屋橋」のチーム力

　勤続20年で厨房を仕切るチーフは、12月7日深夜に新店入り、24時間不眠不休で準備をしました。一方ホステスたちは、午前2時半に旧店最後のお客様を見送ったあと新店に移動、朝5時まで準備して、翌夜新店を見事、華やかにオープンさせたのです。

　そのチーフはママを"まるで機関車"と形容します。常に率先垂範、強烈なリーダーシップで、貨車であるスタッフをぐんぐん引っ張るのだというのです。

　「私たちを愛し、信頼し、仕事を心から楽しんでいるのがわかるからついていきたくなる」と話すのは、やはり勤続20年のホステス・そのかさんです。

　ちなみに、スタッフの最年長は勤続36年で、30年選手は計3人。移転は26人のスタッフ全員で行いました。

　「考えてから動いては遅い。動きながら考えるのが私の性分。ピンチはチャンス。自分が動けば相手も動く。持ち前の好奇心で、どんどんぶつかっていくの」とママ。

　そんなママを中心としたチーム力こそ「数寄屋橋」の強みです。そしてチーム力は、楽しく気持よくやりがいをもって働けていなければ、決して醸成されるものではありません。

事例5 名旅館を支える「ノーといわない」おもてなし

Point
♤ 従業員が「思いっきり働ける」環境を徹底的に整備。
♤ 仕事に満足だから「厳しい教育」も受け入れられる。

加賀屋【旅館】
◆所在地／石川県七尾市和倉町ヨ部80番地
◆創　立／1906年
◆従業員／グループ計800人(うちパート等100人)
◆URL／http://www.kagaya.co.jp

♠ 年商75億円を誇る旅館の実力

22万人、75億円。能登半島・七尾湾に面する和倉温泉で、2006年に創業100年を迎える旅館「加賀屋」の、平成17年度の宿泊客数と売上高です。

246ある客室の年平均稼働率は約8割。1日平均600人が泊まり、その客単価は3万4,000円を超えています。

平成18年には、約2万通の投票結果である「第31回　プロが選ぶ日本のホテル・旅館100選」で、26年連続総合1位に輝きました。姉妹館「茶寮の宿・あえの風」を含めると、宿泊客数は年間33万人に上ります。

一方、和倉温泉全体の宿泊客数は、平成3年度に年間167万人だったのが、平成17年度には約100万人と、6割にまで落ち込みました。30件近い宿泊施設が並ぶ中、実に3人に1人が、「加賀屋」を選んでいる計算です。

♠「ノー」といわない旅館経営

「うわ、大きい」

東京・新宿から最短ルートとなる能登空港を利用し、4時間近くかけて辿り着いた加賀屋の第一印象です。一見、バブル後全国でバタバタと倒れていった団体用の大型旅館。しかし「加賀屋」には、地元はもとより、関西・関東を中心に全国から、お客様が"わざわざ"泊まりに来ます。

「うちは、客室係に食べさせてもらっているようなもんですよ」と加賀屋3代目会長の小田禎彦さんはいい切ります。その言葉どおり、お客様は加賀屋の"おもてなし"に期待して、1泊2食付で1人約2万5,000円から10万円支払って宿泊します。そして「また泊まりたい」と、再来するのです。

人をとりこにする"おもてなし"の原点は、小田会長の両親である、先代社長と女将にあります。それは、「できません」「ノー」といわない経営で

す。これが「笑顔で気働き」という言葉とともに、今も脈々と加賀屋に生き続けているのです。ですから、こんなエピソードにも事欠きません。

「夫婦連れのお客様が『亡くなったわが子の命日に』来館されたと気づいた客室係が、独自の判断で厨房と連携し、そのお子様のための一皿を用意。以来そのご夫婦はご常連に――」。

♠おもてなしを科学する

サービスとは何か。小田会長は、これを"プロとして訓練された社員が、給与をいただいてお客様のために、正確にお役に立って、お客様から感動と満足を引き出すこと"と定義します。そしてはっきりとこういいます。

「サービスの本質は、正確性とホスピタリティです。これを実現するには"おもてなしを科学する"ことが必要です。つまり、仕組みと人に分けて考えて、この両面から徹底していくのです」。

人については「お客様のお望みを正しく理解し、思いやりとおもてなしの心で確実に対応していけるよう」育成することが柱です。客室係によって、おもてなし具合に差があるようではいけません。人の目のないところでの手抜きなどは、もってのほかです。

♠おもてなしを支える仕組み①／料理搬送ロボットを例に

一方、おもてなしを支える仕組みは、例えば料理搬送ロボットの導入などに代表されます。加賀屋の食事は部屋食が基本、それも客室係が料理の進み具合などを確認しながら、一品一品出していくスタイルです。ところが、4つの宿泊棟からなる館内は実に広大です。もたもた運んでいては、せっかくの料理が台なしになってしまいます。

そこで、取り入れたのが、このロボットです。要するに裏で館内をめぐり、スピーディーに料理を運ぶ仕組みです。これにより、厨房から遠い部屋でも、熱いものは熱いうち、冷たいものは冷たいうちに、出せるようになりました。

ちなみに料理は、能登の旬の素材を活かした品々です。目の前に広がる七尾湾で採れたばかりの新鮮な魚介。そして近くの牧場で産出される能登牛などが、九谷焼などの美しい器に盛られて出されます。

♠おもてなしを支える仕組み②／社員が安心して働ける環境づくり

料理搬送ロボットの導入により、客室係の仕事の負担は大きく軽減されました。負担が減れば、その分お客様に接する時間を長くすることが可能です。

実はこれも、小田会長が考える"おもてなしを支える仕組み"の１つです。つまり社員が安心して働ける仕組みであり、「安定したサービスを提供するためには、不可欠」というわけです。

　社員が安心して働ける仕組みの端的な例が、企業内保育園の「カンガルーハウス」といえるでしょう。「カンガルーハウス」では、母子寮に住む客室係らの子どもを、仕事時間中預かって、朝食から就寝までしっかり面倒をみています。

　これにより、朝早く夜遅い仕事の客室係も、子どもを心配せず思い切り働けるというわけです。

♠ お客様の声をエネルギーに

　宿泊料の高い高級旅館であるからこそ、サービスがお客様の心に響かなければ、リピートはありません。まして不快に思われては、悪い噂は瞬時に広がってしまいます。

　それゆえに加賀屋では、「お客様の声」を集め、活かすことに、最大のエネルギーを注いでいます。例えば、すでに20年以上続く「お客様アンケート」。宿泊客全員に手渡して、平成17年度は約3万通を、郵送で回収しました。回収率は、約９％に上ります。

　お客様アンケートの項目は43。予約時の電話応対、客室係の様子、食事内容など細部にわたって、５段階評価で聞いていきます。

　アンケートでのプラスの評価は、もちろん従業員の働くエネルギーにつながります。

　もっと直接的な、プラスのエネルギーもあります。それは、滞在中や、お帰りになるときの「楽しかったよ」「素晴しかった」という、お客様からのお褒めの言葉。そして、お客様からの手紙です。手紙は年に1,000通以上が届きます。その一部はバックヤードの社員用掲示板に掲示され、喜びを社員全員で共有します。

♠ 最も重視するのは「クレーム」

　アンケートは、実施するだけでは意味がありません。その結果をきちんと分析し、次なる活動にきっちり活かすことが大事です。

　「集計結果は毎月得点化して推移を追い、サービス・施設・料理の三方から満足度と不満足度をチェックして、原因を分析します。ちなみに自由回答欄のコメントは約4,000件。うち客室係についてのものが38％を占めました」。

5段階評価も、自由回答コメントも、内容はプラスのものばかりではありません。当然、クレームもあります。
　そして加賀屋では、様々なお客様の声のうち、クレームを最も重視しています。クレームは、すべて取出して原因を分析します。そのうえで、役員と各部門の責任者が出席する月1回のアンケート対策会議で、改善策や再発防止策を検討します。
　また、クレームが発生するたびに処理報告書も作成します。ここには、起因者、クレームの具体的内容、お客様への対応や処置、原因調査、分類、問題点から再発防止策まで明記され、全社員が回覧します。最終的には、毎年「クレーム白書」にまとめます。
　目標はクレームを全くなくすこと。毎年3回全社員集会で実施する「クレーム0（ゼロ）大会」では、実際のクレーム事例に基づき、最近の傾向や対応策などを参加者全員で討議します。
　6月には、年間のクレーム事例からワースト5を選出します。最も教育効果が高いものが、『加賀屋クレーム大賞』です。ただし、懲罰は「担当部署の部門長の頭を、ビニールのトンカチでこづく」だけ。笑いと優しさが、かえって従業員の心を打ち、"二度とすまい"との気持ちを自然に引き出すのです。

♠ トップ主導の徹底教育

　お客様に100％ご満足いただけるサービスのため、加賀屋では教育にも、大変に力を入れています。その内容は、「極めて厚い」と表現しても、異論は出て来ないでしょう。
　具体的には、調理師向けの「調理アカデミー」、女性リーダー育成の「女性アカデミー」など。幹部候補者対象のアメリカ研修には、すでに8班164人が参加しました。
　一方、新人には、導入時に業務マニュアルに基づいて集中講座を実施します。客室係の場合、更に約3か月間、教育係による実技プログラム研修を行ったうえ、担当リーダーがマン・ツー・マンで、「おもてなしの心」を植えつけます。
　しかし、特筆すべきは、小田会長か社長が直接教える「トップ教育」の存在です。毎週月曜日の朝10時から12時まで、どんなに忙しくとも欠かさずに、そのとき発生したクレームなどについて、担当部門の社員らとじっくり話し合います。
　失敗が続く人には、「自分の人生を良くするために頑張れ」と、個別に論

すこともあるといいます。まさにひざ詰めで、"加賀屋の心"を注ぎ込んでいるのです。

♠ 従業員を引っぱる女将の「後ろ姿」

　旅館のおもてなしを考えるとき、やはり女将の存在が欠かせません。従業員一人ひとりの気配りある行動が大切なのはもちろんですが、「女将にもてなされた」実感は、宿泊客の満足感を大きく左右するのが実際です。

　加賀屋の女将は「ようこそいらっしゃいました」との感謝の気持ちを、具体的な行動で表します。支配人と協力し、夕食の時間を見計らって、客室一つひとつに、挨拶に回るのです。

　障子の外から声をかけ、床に膝をつけたまま背筋を伸ばし、すっと開けて挨拶する姿は、凛とした雰囲気を漂わせます。高級旅館らしいそのたたずまいも、宿泊客の満足につながります。とはいえ、仮に満館なら、246室に挨拶して回る計算です。簡単なことではありません。

　女将の挨拶は、翌朝も続きます。お帰りになるお客様を、一人ひとり、心を込めてお見送りするのです。

　冬の能登は、強い風と雪に閉ざされた、大変厳しい気候です。そんな中、団体旅行のバスに、あるいは自家用車で加賀屋を後にするお客様にと、正面玄関前の駐車スペースを駆け回るようにして、挨拶に回るのです。

　その動作は"どんなお客様にも、90度に腰をおり、丁寧におじぎする"。この姿こそが、従業員が「おもてなしとは？」を学ぶ"生きた教科書"です。

♠ 人件費を完全燃焼させる

　誰もが羨む業績を上げながらなお、小田会長は厳しい顔でこういいます。

　「団体旅行の衰退や、旅館で夕食をとらない泊食分離の流れなど、旅館業界は大変な逆風下にあります。旅館は商品の在庫がききません。昨日の空室を今日売れはしないのです。お客様がいなければ、調理人も客室係も不要です。ですから、お客様が絶対なのだと従業員に納得させ、信賞必罰と公平・公正な仕組みでやる気を高める。人件費を完全燃焼させなければ、旅館経営は成り立ちません」。

　加賀屋の強み。それは従業員が800人になった今なお、先代女将の"おもてなし"を、全社で続けていることにあるのでしょう。そしてその裏には、従業員とお客様の両方に心を配り、その結果お客様からの絶大な支持を得るための、トップの不断の努力があるのです。

7 顧客の不満足をヒントに他社に差をつけた事例

7では、"顧客の不満度"をヒントに他社に差をつけた4つの事例をまとめています。

事例6 みえない不満足を満足に変える

Point
♤ 研究者だからといって「技術」だけを評価するのではない。
♤ CSを評価基準に取り入れた新人事制度を開発。

インビトロジェン【バイオ研究の支援】
◆所在地(本社)／東京都港区海岸3-9-15 LOOP-Xビル6階
◆設　立／1983年
◆従業員／151名
◆URL／http://www.invitrogen.co.jp/

♠ 満足の裏にある不満

インビトロジェンは、「バイオ研究の支援」を行う外資系企業です。大学や医薬品メーカーの研究所で働く学者や研究者などを主な顧客に、順調に業容を拡大してきました。

顧客である研究者にとって最大の満足は「研究が滞りなく進むこと」。同社が提供する"研究用の試薬"の高い技術は、大きな満足ポイントの1つです。

とはいえ、研究者も人であり感情をもっています。実は顧客である研究者も、製品技術とは別の価値、つまりサービス・マインドの拡充を望んでいるのではないかと同社では考えました。

そうした視点でお客様をみて、その声に耳を澄ますと、サービスへの不満がたしかに、そこには感じられたといいます。

みえない不満をどう解消するか。ここが、同社のCS向上の出発点でした。

♠ 新人事制度の立上げに関与

2006年4月20日午前10時少し前。東京・芝浦にあるインビトロジェンの本社会議室に、自販機の紙カップ入りコーヒーを手にしたスタッフが、1人、2人と集まってきました。

メンバーは、経理や販売、営業など各部門の代表6人と、同年4月に入社したばかりの人事部長。ミーティングの名称は、「人材マネジメント改革プロジェクト」。同社の新しい人事処遇制度立上げのための議論と意見の集約の場です。

召集したのは、同社お客様満足度向上担当マネージャーの加来聡さん。

「社長から"検討の取りまとめ役"を打診されました。私は人事の経験はあるものの、直接の担当者ではありませんでした。それでも喜んで引き受けたのは、人事考課制度は"会社が、社員の何を評価するか"を示すモノサシだからです。ここに、CS視点の考課項目を入れ込みたいと思ったのです」。

❼ 顧客の不満足をヒントに他社に差をつけた事例

♠ CS活動のスタートを再開

　インビトロジェンは、米国Invitrogen Corporation が100％出資する在日法人。1983年に設立されました。事業内容の詳細は、ライフサイエンス・バイオテクノロジー分野で使われる研究用試薬・機器類の輸入販売と、生産・研究の受託サービスといったものです。

　そんな同社がCS（顧客満足）に取り組み始めたのは2001年のこと。3月に顧客不満足度調査を実施したのを皮切りに、5月にはお客様満足度向上担当を新設・任命、10月には社内にCS委員会も発足させました。

　ところが、担当者が体調を崩すなどの事情から、CS活動は徐々に停滞してしまいます。

　加来さんは振り返ります。

　「そんな折、突然、お客様満足度向上担当に異動になりました。その少し前に、昨年の仕事の成果が年間計画と比べてどうだったかをレポートにまとめ、前社長に提出する機会があったのですが…、末尾にほんの10行ほど、CS活動を再開すべきではないかと書いたのが理由ではないかと、私は思っています」。

♠ 人の意識改革を

　担当は、加来さん1人。前任者からの引継ぎもありません。ですから、最初の仕事は、「CS担当者としての自分の役割を考えること」でした。

　そこで出てきた答えは「社員一人ひとりがお客様を大事にする風土を醸成する役割」。しかし、人の意識改革は、一朝一夕にはできません。

　「自分にできるのは、社員一人ひとりに、"大切なのは心"だということを、地道に訴えていくことだ」。

　こう考えた加来さんは、様々な施策を精力的に実行します（図表87）。中でも、効果的だったのが、日本経営品質賞に関する勉強会でした。

　「当初は、マネージャー以上は必須の研修として、毎月1回土曜日に開催することにしました。まずはマネージャーの意識を変えたことからだと考えたからです。

　具体的には、経営とはおもてなしであるとか、大切にすべきものを実際に大切にすることの重要性などを理解してもらい、現場で実践してもらうことから始めました。翌年以降は、全社員に参加の機会を提供しました。土曜日の開催、しかも無給であるにもかかわらず、次第に入社数年の若手社員までが参加するようになって、CSへの思いは徐々に広がりました」。

♠ コミュニケーション・アップ策

"バリューチェーン"という言葉があります。直訳すれば「価値の連鎖」。

【図表87　様々な施策の実行】

年	月	実施項目	内　　　容
2003年	12月	経営品質セミナー（再開）	日本経営品質賞アセスメントガイドブックに従い、毎月第二土曜日に実施。マネージャー以上が対象
2004年	3月	CS委員会（再開）	2002年7月以来中断していたものを再編・再開。再開当初のメンバーは20人（その後15人程度に減少）
	3月	新卒採用基準の見直し	知識偏重から「人間力（＝やる気×能力×人柄）重視」に変更。コンピテンシー採用を実施
	5月	電話応対ガイドライン	言葉遣いだけでなく、「たらいまわし防止」や「トラブル時の対応」の具体策まで盛り込んで作成・配布
	7月	交流分析（全社員）	性格・傾向など結果を個別にフィードバック。会社全体や部門別に分析し、傾向や問題点を明らかに
	9月	Good Job賞	社内の誰かに感謝したら、イントラネットで投稿。「感謝した」「感謝された」回数が多い人をそれぞれ表彰
	10月	手鏡の配布	電話応対時に「笑顔になっているか」自分でチェックしてもらう。笑顔の習慣づくり
	12月	お客様満足度調査	バイオ関係のメルマガ受信者を対象に実施。インターネットサイト上でアンケートに答えてもらうスタイル
	12月	情報共有ツールの導入	お客様の声（質問、要望、クレーム等）を全社員で共有化することを目的に開始
2005年	1月	部門を越えた話し合いの場づくり	月1回、日本経営品質賞のカテゴリーをテーマに、話し合いの場をつくり、部門を越えて考える社員を育成
	4月	社風診断調査	主目的は、新卒採用時のミスマッチを防ぐため。役職、社歴、部門別に既存の社員が感じている社風の分析
	7月	情報共有化施策	お問い合わせのQ&A集の共有化
	9月	情報共有化施策	社員情報、販売店様とのコンタクト情報の共有化
	10月	情報共有化施策	営業日誌の共有化
2006年	1月	人材マネジメント改革プロジェクト	お客様、社員、会社の3者が共に成長し続けることのできる好循環を生み出す仕組みづくり

❼ 顧客の不満足をヒントに他社に差をつけた事例

例えば、会社なら、社員一人ひとりの価値を鎖のようにつなげていくことで、顧客に期待以上の満足を提供できるという意味です。そしてこれは、組織の全員がCS意識をもち、チームワークがとれなければ、実現はできません。

「オフィスはワンフロアで広く、隅にいると、誰が出社しているかわかりません。この環境で社内のチームワークを促進するには、意識的な取組みが必要でした」。

例えば、早々にCS委員会を再開したのは、「CSの推進には、意識を同じくする仲間づくりが大事」だと考えたから。社内コミュニケーションの活性化にも取り組みます。その1つが、内定者向けDVDの作成でした。

「部署ごとに、社員に『君の入社を待ってるよ』などセリフをいったり、ポーズをとってもらいました。本社だけでなく大阪や羽田の事業所にも行って自分で収録し、編集をします。全社員の半数が登場してくれました」。

DVDは、人事部主催の内定式で、5人の内定者に贈呈しました。

「内定者が喜んでくれたのはもちろん、社員にもとても好評です。セリフやポーズの練習をしたことで部署内の雰囲気が良くなったとか、顔も知らない他部署の社員の様子がわかったといわれました」。

♠ 新・人事制度に「CS」視点

加来さんと一緒にDVDを作成した人事部の木田はずきさんは、話します。

「当社の理念は"人類の健康に貢献する"です。この価値を創造するためには、それを担う社員が必要です。私は、社員一人ひとりにスポットライトを当てたいと思っています。そうすることで、一人ひとりが会社を支えていることを実感でき、誇りをもって仕事に取り組めるようになると考えているからです。新人事制度も成果がきちんと評価され、社員の成長、やる気につながる制度であることが重要です。

それには、会社側の経営戦略上のベクトルと、個々の社員の働き方のベクトルが、合致していなければなりません」。

制度は、"枠組み"に過ぎません。制度は、これを社員がどう受け止め、行動するかにかかっています。

「CSは、お客様にご満足いただく行動を組織全体で行って、業績向上を目指す活動です。だからこそ、その"行動"を人事考課項目に加えたいのです。良い仕事とは、お客様の要求、期待を満たし、満足と喜びと感動を提供する行為です。この積み重ねが、結果的に業績につながっているにすぎないのですから」。

⑥ みえない不満足を満足に変える

177

事例7 過疎の町の化粧品店・1ブランドで年商7,000万円の実行力

Point
♠ 従来の店で「満たされなかった」思いを解消しお客様を舞台女優に。
♠ お客様の名前を覚え、きちんと呼びかけるための工夫と努力。

安達太陽堂【薬・化粧品の販売】
◆本社所在地／岡山県新見市高尾2481-3
◆設　立／1928年
◆従業員数／10人（うちパート3人）

▲ お客様が「喜んで」「定価で」化粧品を買う店とは

カネボウ化粧品の専門店ブランド「トワニー」を、9年連続"日本一"売り続ける店があります。

1ブランドで年間売上7,000万円。1日平均20万円は、全国に3,700ある取扱店のダントツトップで、2位を大きく引き離します。

これは、銀座や新宿の話ではありません。岡山県新見市。岡山駅から更に特急で1時間揺られた鳥取県との県境、過疎と高齢化が進む山間の町での実話です。

昼間の町は、がらーんとして、外を歩く人もまばらです。たまに歩いている人は、その商店街の店主らしき人だったり、腰のまがった高齢者だったりという具合です。

そんな町で、3代続く「安達太陽堂」こそ、お客様が「喜んで」「定価で」化粧品を買い、その結果1ブランドで、年間7,000万円も売れる店なのです。

▲ 「満たされない」気持ちを満たしてあげる

「お客様は、どうして安売店に行かず、あえて当店で買ってくださるのでしょうか。それは、当店が、一般のドラッグストアではやっていないことをしているからです。他店でなんとなく感じていた"満たされないもの"を、当店ではしっかりとすくいあげます。そしてその空虚さを"満たして差し上げている"のです」。

3代目跡取の長谷川桂子専務取締役は、驚異的な売上の裏にある理由を、こう説明します。

とはいえ、過疎の町で、ただ「待って」いても、お客様は増えません。だから長谷川専務は、「売りたいなら、どんどん積極的に仕掛けなさい」とも

いいます。

　そう話す長谷川専務が自ら行う仕掛けのうち、最も大きく、最も力を入れているのが、年に4回、計8日間の大売出しです。長谷川専務は、この大売出しにさきがけて、毎回2,000人にDMを送ります。しかも宛名は、全部自分で手書きします。

　しかし、カギはむしろ"当日のご相談予約"の事前取付にあります。自ら「カギ」というだけに、その予約の数は、半端ではありません。何しろ、2日で400人の来店予約を、事前に取り付けておくのです。

♠ 売上目標は2日で1,300万円

　「売上目標は、毎回1,300万円に設定しています。この目標を達成するには、仮に客単価が2万円でも、1回2日間で650人の集客が必要です。それには、少なくとも1日400人の事前予約を、確保しておかなければなりません」。

　ちなみに大売出しでも値引は一切ありません。その代わり、新商品を1万円以上買うと、売出し終了後7,000円相当のエステが受けられる仕組みにしています。

　「鍋釜に引かれてお客様が集まる時代じゃないでしょう」と長谷川専務。

　しかもエステなら、本人が店に来ないと、受けられません。つまり、お客様の確実な再来店につながります。エステ自体を気に入ってもらえれば、定期的な利用も見込めます。

　リピート客は、売上を支える重要基盤。だからこそ「お客様はそのまま帰さない」というのが、長谷川専務のこだわりです。

　例えば、エステに来たお客様に対しても、新商品の発売などに合わせ、必ず次回の来店予約を取り付けます。その予約の日が近づくと、あえて電話し、お客様の来店をうながすのです。

♠「ここで買おう」と思うのは、「美しくなれる」と思うから

　実は3年前、それまで年間4億円あった同店の売上は、急に半分の2億円に落ちました。バイパス沿いにできたショッピングセンターに、大手ドラッグチェーンが進出してきたのです。

　大手ドラッグチェーンの戦略は、大量仕入の低価格販売。もちろん値段では到底かないません。

　「売上は、今なお2億円で変わりません。でも、利益は2年で、売上4億円時代に戻しました」と、長谷川専務は笑顔をみせます。

理由は明快です。高価格・定価販売の「トワニー」が、化粧品売上全体の8割にまで伸びたのです。

世の安売り合戦に一人背を向け定価で売るには、お客様に「ここで買おう」と思わせるプラスαが必要です。化粧品の場合、それは"美しくなれる"こと。長谷川専務は、化粧の仕方だけでなくその成分や漢方の知識まで勉強し、このプラスαを実現します。

例えば「私は口紅が使えないんです。塗るとどうしても、がさがさしてしまうんです」といったお客様が、中にはいます。そんな場合も、「仕方ありませんね」では終わらせません。

代わりに長谷川専務がすることは、カルテに記入した一人ひとりの肌の悩み、商品購入履歴などをもとにして、原因を推測し、その人がより「美しくなれる」可能性を示すこと。具体的なアドバイスです。

医師でも薬剤師でもないため、アドバイスの内容は限られます。それでも「愛読書は医学書なんです」というだけに、その説明は力強く、説得力があります。

例えば、こんな具合です。「これまでの購買履歴をみると、あなたの場合、口紅で唇が荒れる原因はこの色素。別の色なら、ガサガサしないはず」。

今まで他店で経験したことのない、こうした"真のワン・トゥ・ワン"が、お客様の気持をぐっと引き寄せているのです。

♠ 店は舞台、スタッフは主演女優を引き立てる名脇役

長谷川専務が心がけていることに「心の接客」があります。お客様が化粧品店に来る理由、つまり「美しくなりたい」という心の動きを、最大限満たしてあげる接客です。

「私は、お店を舞台だと思っているのです。もちろん、主役はお客様。私たちスタッフは、お客様を最高の舞台に立たせて差し上げるための、脇役女優なのです」。

ちなみに、従業員は全員、制服着用が決まりです。それも紺色のジャンパースカートで、決して華やかでもなければ、流行を意識したものでもありません。

もちろん理由は、従業員は「お客様を引き立てる」のが、その役割の1つだからです。もちろん長谷川専務も、同じものを着用します。

お客様を、上手に褒めてあげることも大切です。ただし褒め言葉は「営業的」「やらせ」になってしまっては逆効果。そしてお客様は、この「わざと

らしさ」にとても敏感です。

では、どうすればいいのでしょうか。

長谷川専務は、明解に答えます。

「例えば、お客様が髪を切ったのに気づいたときは、まずは自分の頭の中で、以前に比べ、どういう風に変わったのかを思い返します。まずは、これをしっかりインプットするのが先決です。そのうえで、具体的な変化について、褒めて差し上げるのです」。

♠ お客様の名前を覚え、呼ぶ工夫

「あら久しぶりね、淑子」

「太田さんいらっしゃい」

午後５時以降、急にお客様が増える店内に、長谷川専務の声が響きます。一人ひとり、お客様の名前を覚えているから、個人名で呼び掛けることができるのです。

それでも、中には名前を覚えていなかったり、他の従業員が接客を担当したお客様が、来店されることもあります。そんな場合は、秘密の合図。すると、そのお客様を知っている従業員が、すかさずそのお客様の名前を呼ぶ仕組みです。

もし見覚えがあるのに誰も名前を知らなければ、新人が「お名前は…」とたずねます。そして、そのお客様が、例えば「小林ですが」と答えた瞬間、長谷川専務が「小林さんにお名前を聞くなんて！」と、合いの手を入れるのです。

DMを含め、長谷川専務が自筆で宛名を書きコメントを添える手紙や葉書は、年間１万6,000通を超えるといいます。うち１万通は、2,000人の顧客宛に送ります。つまり、お客様は、平均すると１年に５回、長谷川専務の自筆の手紙を、受け取ることになるのです。

手紙は、受け取った相手の心に残るだけではありません。長谷川専務自身、この「手紙を書く」という行為を通じて、常に顧客リストを頭の中で整理しているのです。またこれが「お客様のお顔とお名前をきちんと覚える」ことにつながっています。

「決めたこと、与えられたことを必ず実行する」

これが売れる理由だと、長谷川専務はいい切ります。裏には「絶対に一番でいたい」強い気持ちがあるのです。

事例8 「欲しいものが必ずある」スーパーになる！

Point
♠ "お客様第一主義"を可能にする"個店主義"と、"地域密着主義"。
♠ いつでも、すぐに、お客様のご要望を実現。

オオゼキ【食品スーパー】
◆所在地(本社)／東京都世田谷区松原4-10-4
◆設立／1957年
◆従業員数／正社員1,020人、パート等950人
◆URL／http://www.ozeki-net.co.jp/

♠ 正社員比率7割のスーパー

「欲しいものがない」。

商品がぎっしり、ずらりと並んでいるスーパーで、こんな感想を抱く主婦は意外に多いものです。しかし、買いたい物がない店で買い物をして、楽しいわけはありません。

結果的に、「最低限必要なもの」だけをカゴに入れて、店をあとにすることになります。当然、店の売上は上がりません。

そんな中、ひときわ元気なスーパーがあります。東京都世田谷区に本社を置き、都区部ほか神奈川県などに店舗を展開する「食品スーパーマーケット・オオゼキ」です。

何しろバブル以来「17年連続増収増益記録更新中」。2006年2月期決算では前の期比7.4％増の557億8,700万円を売り上げ、同2％増となる41億6,700万円の経常利益を確保しました。

ちなみに従業員数は、正社員1,020人、パート等388人（2006年5月現在・8時間換算）です。

スーパー業界全体のトレンドは、正社員を減らし、非正社員、特にパートを増やす方向にあります。各社がパート化を進める何より大きな目的は、人件費が安く、繁閑の差に対応しやすいパートを多く雇用することでコストを下げ、利益を確保することです。

ところが、オオゼキは、こうしたパート活用のメリット抜きで、上記のような高い業績をあげています。つまり、正社員の人件費をまかなってなお利益が出るくらい、売っているのです。

理由は簡単。お客様第一を極めているからです。つまり「欲しいものがある」店づくりのために、日々努力している結果です。

♠ お客様第一主義

　「多くのお客様にご来店いただき、ご満足いただけるのは、当社が"お客様第一"を徹底しているからだと思います。正社員主体の雇用をしているのも、このためです。なぜならパートではなかなか実現しずらいからです」

　同社人事部長の本郷さんは、好業績と正社員雇用について、こう説明します。

　オオゼキの"お客様第一主義"を語るとき、切り離せないのが"個店主義"と"地域密着主義"。同社では、以上の３つの主義を「オオゼキ３つのキーワード」と呼んで、実行しています。

　個店主義とは、その名のとおり、個々の店舗の独自性に大きな価値を置く考えです。そしてその裏にあるのが、きわめて強い"地域密着主義"なのです。

　オオゼキの店舗は、ほとんどが東京都内。店舗ごとの地域格差は小さいように思えます。ところが、オオゼキの考える "地域密着主義"は、レベルが違います。

　例えば、同じ世田谷区内の店舗でも、店ごとに品揃えは違います。年配者が多く住むところもあれば、若いファミリー層中心の地域もあるからです。つまり、同じ刺し身のパックでも、多少値が張っても高級なものが少量ずつ入ったパックが売れる店がある一方、５点盛り・６点盛りなどボリューム重視で値ごろ感を出したパックの売行きがいい店もあるのです。もちろん、一人暮らしの人に合った品揃えに力を入れる場合もあります。

　売れるということは、その地域のお客様に求められている店だということです。各店が、自店のお客様の要望に、忠実に対応することこそが、すなわち"個店主義"なのです。

♠ 店舗別の分散仕入

　同社の個店主義の徹底は、「店舗独立採算制」と「個別分散仕入」に明らかです。すなわち、何をどれだけ仕入れ、いくらで売るかを、すべて各店に任せているのです。「目標に設定した売上と利益は確実に達成してください。ただしやり方は自由です」というわけです。

　こうして各店舗に権限委譲された仕入は、更に各部門に細分化し権限委譲されています。

　スーパーの店舗は、売場ごとに担当が分かれるのが普通です。オオゼキの場合も、青果・鮮魚・精肉・食品・日配・菓子・酒・雑貨・レジという、計９部門に分かれています。

同社の考え方は、「お客様の肉に対する要望を一番よく知っているのは、その店の"精肉"担当者」。つまり、例えば牛肉の仕入はその店の日配担当者が行うと、最もその店の売上に応じた仕入になるわけです。
　自店のお客様に合わせて、日々品ぞろえが変わるということは、店が地域に合わせて、どんどんカスタマイズされていることにほかなりません。
　同社が究極の地域密着を実現しているゆえんです。

♠希望があれば１品でも注文に応じる

　オオゼキの"お客様第一主義"は、"個客主義"の域に達しています。ですから、お客様から要望があれば、１つから仕入れる姿勢が基本です。
　こんな例があります。
　あるとき、調味料売場で、担当社員がお客様から、「小豆島の丸島醤油はないのかしら」とたずねられました。「通販でも買えるけど、オオゼキさんで扱ってもらえると、とっても便利なんだけど」というのです。
　そこで担当社員は、早速商品を調べて注文し入荷させます。更に"そのお客様がいつでも買えるように"と定番商品に加え、棚の隅に置いたのです。
　ところが、その社員が売場をみていると、隅に置かれた丸島醤油を、意外に多くのお客様が手に取っていくのです。そこで味や製法などの説明をつけ、目立つ場所に置いたところ、予想以上に売れ、ヒット商品につながったのです。つまり丸島醤油は、その店舗のお客様に合った商品でした。そのことをお客様自身が、店に教えてくれたのです。
　実は、同社には、似たような経緯の"ヒット商品"がいろいろあります。個別のご要望に各店が細かく対応していくことで、更に地域密着性が高まっていくわけです。
　こうした個別対応を繰り返せば、取扱商品は当然増えます。今ではオオゼキの商品アイテム数は、一般的な同規模スーパーの約2.5倍です。この圧倒的な商品数、しかもそのほとんどが売れ筋商品であることが、オオゼキの魅力を更に増す好循環を生んでいるのです。

♠「いつでも」「すぐに」対応する

　問合せやご要望に「いつでも」「すぐに」対応する姿勢は、何も仕入に限りません。例えば、お客様からの質問にも、「誰もが"すぐ"答えられる」が基本です。１本売りの魚を刺し身にするといったことも同様です。
　「魚を用途に合わせて"すぐに"おろしますよ、という店は多いです。で

も、営業時間が長くなる中、"いつでも""すぐに"OKというところは、いったいどれくらいあるでしょうか」と本郷部長はいいます。

オオゼキの場合、たとえ閉店時間が近くても、お客様の要望があれば「いつでも」「すぐに」が鉄則です。これは、店が開いている間中正社員がいなければ、不可能な対応です。

「いつでも正社員がいれば、"深夜はアルバイトだけで店を回すから、その分の刺身を早い時間につくり置きしておく"といったことがありません。ツマがドリップで赤く染まったような刺し身は、"お客様第一主義"に反します」。

ちなみにオオゼキの開店は朝10時。閉店時間は22時が基本です。これが、正社員がシフト制の交替勤務で責任をもって対応できる、ギリギリの時間だという判断です。「お客様が買いたくないような、しなびた野菜や鮮度の落ちた魚を置きながら、深夜まで営業していても意味はない」と考えているのです。これなら賞味期限の問題も発生しません。

♠ 正社員を重視するわけ

オオゼキの"お客様第一主義"を、現場が完ぺきにこなすには、スタッフに"その道のプロ"ならではの、深い技術と多くの知識・経験が必要です。しかも、商品アイテム数は他店の2.5倍。半端な知識では対応できず、これを短時間労働のパート・アルバイトに要求しても無理です。

「お客様が店員に求めているのは、単なる表面的な"笑顔"や、お天気などの世間話だけではないはずです。気持ちのいい接客は、もちろん大切な要素です。しかしそうした表面だけでなく、内面がそろって初めて、ご満足いただけるのではないでしょうか」。

それでも、こうしたすべてを完ぺきにすることは、正社員でも容易ではありません。そこで同社がとっているのが、「入社時には必ず『本人が希望する』部門に配属し、その後は本人が希望しない限り、一切の部門間異動を行わない」という、独特の人事施策です。

「もちろん、店舗は変わりますよ。でも青果希望で入社したら、生涯青果部門から外しません。頻繁に異動させては、プロは育ちません」。

ちなみに同社では、青果担当の社員を八百屋さんと呼んでいます。同様に鮮魚は魚屋さん、精肉は肉屋さんです。

要するに「プロ集団」をつくること。「プロ」だからこそ、お客様にご満足いただける店づくりができるのです。

事例9 お客様の声を聴き美容激戦区を勝ち残る

Point

♤ つかみづらい「不満」に果敢に対応、なりたい"イメージ"を共有する。
♤ お客様の気持がわかる従業員の育成がカギ。

アンジュ【美容室】
◆所在地(本社)／埼玉県さいたま市浦和区高砂2-11-14
◆設立／1997年
◆従業員数／65人
◆URL／http://www.ange1997.co.jp

♠「お客様の不満」を解消し勝ち残る

不況下にもかかわらず、美容室は近年、増え続けています。

中でも、伸び率が高い地域が埼玉県さいたま市です。まさに美容室の激戦区。しかし、その激戦区で1997年にオープン以来、前年比2桁増の売上を続ける美容室があります。それが、美容室アンジュです。

激戦区であればあるほど、利用者にとっては「どの美容室に自分の髪を任せるか、その選択肢は多彩」です。なのになぜ、アンジュばかりがこれほど支持されるのでしょうか。

理由は、従来の美容室に対するお客様の不満を、徹底的に解消したことにありました。

つまりお客様一人ひとりに、「私のことをしっかり理解してくれている。私のなりたいイメージをきちんと把握して、そのイメージどおりに仕上げてくれる」と思っていただける美容室であることを、徹底的に追求してきた結果です。

そしてこれは、「お客様を理解し、ともに歩もう」とする、一貫した企業姿勢があってこそ、実現したことといえるでしょう。

♠高くても集客する理由

全国一の美容激戦区といわれるだけに、そのシェア争いは熾烈です。しかしアンジュは、その激戦下に、価格競争にも流されず、お客様を増やしてきました。

料金は、例えばカットは、シャンプー、マッサージ、ブロー込みで5,775円(税込)。これは「商圏で最も高い水準」です。

成功の要因を、仲本勝三社長はこう話します。

「常にお客様をみて、その声を聴くことを第一にしてきた結果だと思います。お客様のご不満やお困りの様子を探って真剣に対応し、美容に関するあらゆるニーズやウォンツを吸い上げて、より高いご満足を提供する。これを、設立以来一貫して志してきました」。

♠ 人間力を高め、なりたい"イメージ"を共有する

　美容室が、お客様の要望を捉えるのは、とても難しいものです。なぜなら、それは「イメージ」だからです。

　例えば、ヘアスタイルは、美容師が個々のお客様のご要望を聞いてつくり上げます。ところが、お客様に「ここを短く」といわれて、そのとおりに切ったとしても、ご満足いただけるとは限りません。

　というのは、同じ「短く」でも、人によって頭に描いているイメージが違うからです。例えば、ナチュラルなイメージなのか、フェミニンなのか。「ここを短く」と聞いた美容師は、さらに突っ込んでその中味を理解しなくては、お客様にご満足いただけないのです。

　「すべての基本は、お客様の立場に立って考えること。それにはお客様との会話から、普段どのような生活をされ、どのような価値観をもっていらっしゃるのかを、知ることが大事です。ここで問われるのが"人間力"です。

　美容師は、お客様がなりたい姿を感じ取り、どう表現するかを一瞬のうちに組み立てて、自らの技術で実現していくのが仕事です。カットの技術や知識は、そのためのものなのです。

　お客様と心から向き合う行動の繰り返しが、ご満足につながると思っています。そこで当社では、スタッフの人間力を高めることに、何よりも力を入れてきました」。

♠ ホスピタリティやマーケティング教育も

　人間力を言葉で表すのは難しいものです。また、スタッフの人間力を伸ばすことは、なおのこと難しいのが実際です。

　「人間力を伸ばすこととは、要するに、まずは一人ひとりの持ち味を活かすこと。それを更に伸ばすことだと考えています。加えて人としての思いやりや温かさ、優しさを育てていくことで、人間力は高められるのではないでしょうか」

　こう考える仲本社長は、スタッフに各種の教育を実施します。

　内容は"おもてなしの心"を育むホスピタリティの学習から、マーケティ

ングまで。美容の技術や知識は当然で、とても幅広いのが特徴です。
「当社のお客様は、美に積極的な方ばかり。勉強を怠れば、すぐに飽きられてしまいます」。

しかし教育を拡充すれば、それだけ時間もかかります。もちろん、経費の負担も大きくなります。ところが同社は、この負担さえも、教育で相殺しているのです。

例えば、美容師は、専門学校卒業後に国家試験を受けて資格を取っても、実際には就職先でシャンプーなどのアシスタント業務を、3年は務めるのが普通です。その間にカットなどの練習を積んで、実際にお客様の髪を切る"デビュー"に備えているのです。

ところが、同社では独自の教育プログラムを作成、1年で独り立ちできるノウハウを確立しました。新人を早期に育成できれば、それだけ利益は多くなります。教育へもより多く投資できるのです。

♠5,000通のアンケート

お客様を知ることを、感覚に頼らず客観的に行うことも大切です。そこでアンジュでは、2年に1度アンケートを実施して、これを徹底的に追跡することを続けています。

アンケートの質問は、「美容室全般に対すること」「アンジュについて」「近隣の同業他店について」など。A4の用紙にびっしり4枚分にわたります。これを2006年は、計5,253通発送しました。

「アンケートを重視するのは、何より当店を積極的にご愛顧くださる、ロイヤル・カスタマーの失客を防ぐためです。また失客してしまったお客様について、その原因を探るためでもあります。ですから集計は、あらゆる角度から行っています。結果からは、当社の強みや問題点が、実に鮮明にみえてきます」。

回収したアンケート結果は、顧客向け情報誌『アンジュ通信』にも掲載し、一部を公開しています。こうした開かれた姿勢が信頼につながってか、一般的に回答の少ない「自由回答欄」への書込みが、年々増えているといいます。

♠顧客づくり・顧客つなぎの工夫

"顧客づくり"、つまり新規のお客様の開拓は、簡単ではありません。
しかし同社の場合、新規のお客様の半分を、実は「お客様が開拓してくださって」います。要するに「新規客の半分は既存客からの"紹介"」という

ことです。

　これは、既存のお客様からの信頼の最大の証しといっていいでしょう。紹介には責任が伴います。「本当にいい」と思わなければ、大切な友人・知人からの信頼関係を犠牲にしてまで、紹介はしないものだからです。そして、既存のお客様の紹介を受けて来店されたお客様は、定着率も極めて高いのが特徴です。

　"顧客つなぎ"、つまり新規や既存のお客様に、今後も継続的にご利用いただくための積極的な工夫もあります。

　例えば、新規客には来店後、社長の名前で封書を送付しています。封書の中味は、来店のお礼と、利用後の感想を聞くアンケート。「自分たちの取組みが間違っているかいないか、常にお客様に確認し続けることが大事」だと、仲本社長は考えています。

　3,000円ごとに1ポイントもらえるポイント制度も、高い人気を誇っています。これは、15ポイント以上ためると、ポイントに応じて、アンジュの様々なメニューなどに利用できる仕組みです。ちなみに友人など新規客を紹介すると、一気に20ポイントがプラスされます。

♠ カギとなる組織力

　「私がやってきたことは、一般企業ではごく当たり前のことです。例えば美容師は、結婚や出産で引退を余儀なくされることが多いのですが、当社では"組織全体でお客様をお迎えする"体制をつくり、これを解消しました。つまり、一時期会社を離れても、また戻ってくることが可能です。せっかく出会い、理念を共有できた優秀な美容師と、ずっと一緒に仕事をしたいと思っているからです」。

　しっかりとしたベテランが会社を支え、新人を育てているアンジュでは、スタッフの定着率も高いのが特徴です。

　「手に職をもつ」美容師は、職場を転々としながら独立のタイミングをうかがう一匹狼的な人が多いものですが、アンジュでは、「深く学び、自分を高められる」ことが魅力となり、多くのスタッフが「アンジュに居続ける」ことを選びます。

　「当社の経営理念の真髄は、価値観を共有できるお客様とともに歩み、更なる美を追求していくことです」と仲本社長。

　この理念を具体的な言葉に落とし込んだものが、図表88の「アンジュが目指し、お客様に約束している10ポイント」です。これを、スタッフはもとよ

【図表88　アンジュが目指し、お客様に約束している10ポイント】

1　Angeは人間味あふれるスタッフを育てることに力を注いでいます。
2　Angeはお客様を大切にできないスタッフはお店に出しません。
3　Angeは高い技術力や豊富な知識を身につけていることはあたりまえと考えています。
4　Angeはどんなに技術が優れ、知識をもっていてもお客様を理解しようとしないスタッフは決してお店には出しません。
5　Angeは常に人間味あふれるスタッフ、いつも素敵な笑顔で優しくお客様をお迎えすることができるスタッフの育成に力を注いでいます。
6　Angeは常にお客様本来の個性、魅力に注目し、お客様らしさを表現するお役立ちに心を注いでいます。
7　Angeは自然の木や緑、季節感あふれる草や花を大切にした空間でゆったりと時間を忘れてお過ごしいただく温もりのあるサロンを目指しています。
8　Angeはお陰様で大勢のお客様と長いえにしが続いていますが、一度のご縁をお客様も大切にしてくださっているからだと思います。
9　Angeはお一人おひとりのお客様を理解し、よりご満足いただけるよう力を注いでいます。
10　Angeは常にお客様の意見に耳を傾け、少しでもお客様にお喜びいただく姿勢を続けています。

りお客様にも公開し、常に実行しています。

　人の入れ替わりが激しくては、これらを実行することは不可能です。

♠ "お客様の美をトータルに演出する"新業態へ

　そうしたお客様の声により、アンジュでは"髪"以外の専門メニューも増やしてきました。例えば、ネイル、エステ、リフレクソロジーやアートメイクなどといった具合です。

　店頭でも、シャンプーなど髪に関するものだけでなく、メイク用品なども販売します。これらもすべて「自分たちが実際に使って良さを実感しているもの」など、自信をもってすすめられる商品ばかりです。

　「お客様がアンジュに来店される理由は、"美しくなりたいから"です。そこで、美しくなるための様々なメニューを用意して、これらのブースを1フロアに配置する、新店舗をオープンしました。こうした専門ブースを融合させたサロンは、業界初であり、新業態といえます」。

　仲本社長は、これらを担う専門職育成の仕組みもつくりました。アンジュの事業は、今や"お客様の美をトータルに演出する"ビューティーサービス事業です。同社はここに、無限の可能性と発展を感じています。

　一方で、「若いお客様のための価格を押さえた店舗」など、お客様の様々なニーズに対応した新しい店舗展開も、積極的に進めています。

❽ 「気づきをうながす」意識づけ教育で業績を上げた事例

❽では、"気づきをうながす意識づけ"教育で業績を上げた6つの事例をまとめています。

事例10 人の力で"聞きしに勝る"サービスを

Point
♤ 「教育」「仕組み」「アンケート」を最大活用して気づきをうながす。
♤ お互いを褒め合い・認め合う風土づくりがサービス向上に直結。

千葉夷隅ゴルフクラブ【ゴルフクラブ】
◆所在地／千葉県夷隅郡大多喜町板谷588
◆開　　場／1979年
◆従業員数／正社員112人、パート等15人
◆URL／http://www.green-club.co.jp/isumi/

♠立地の悪さを人でカバー

千葉夷隅ゴルフクラブがある千葉県夷隅郡大多喜町は、"千葉のチベット"とも呼ばれるほどの奥地です。千葉県内のゴルフ場では"最もアクセスが悪いうちの1つ"であり、同クラブが設立された1979年当時は、車でも片道2時間半、電車では3時間以上もかかり、まさしく「東京からの、ぎりぎりの日帰り圏」でした。

同じ料金で同じ満足が得られるなら、当然お客様は近くて便利なほうを選びます。不利な立地だからこそ、一度でも来場したゲストは確実にリピーターにしなければ、お客様は増えません。

では、どうするか。そこで採用したのが"スタッフの応対を、最も重要な差別化ポイントとする"戦略でした。

♠"聞きしに勝る"サービスを

この戦略は「正解」でした。近年各地でゴルフ場の倒産が続く中、同社は依然として安定的な人気を誇っています。また、1989年には日本能率協会の「サービス優秀賞特別賞」を受賞。1997年には社会経済生産性本部の「日本経営品質賞」を、アサヒビールとともに受賞しています。

ゴルフ専門誌のアンケートでは、2003年度ベストコースランキングで「接客部門1位」を獲得しました。同社の強みは、まさにここ。岡本豊取締役総支配人が話すとおりです。

「接客のポイントは2つあると考えました。1つは"機能的サービス"つまり、いつ行っても誰が応対しても、常に同じサービスが提供されること。もう1つは"情緒的サービス"つまりスタッフ一人ひとりの個性が発揮されていることです。接客部門1位は、この両面から、お客様の期待を超える

❽「気づきをうながす」意識づけ教育で業績を上げた事例

"聞きしに勝る"サービスを、常に目指してきた結果だと思います」。

♠ 気づく力を育てる施策

　機能的サービスを徹底するには、仕組みづくりが重要です。一方、情緒的サービスには、スタッフ一人ひとりの自発的な気づきが欠かせません。

　同社では、様々な策を講じることで、その両方を高度に伸ばし続けています。

　しかし、より難しいのは、スタッフの「情緒的サービスや気づく力を伸ばす」こと。そこで以下に、同社がスタッフの自発的な気づきを促すために行っている多種多彩な施策や仕組みを紹介します。

♠ まごころのサービス・ありがとうキャンペーン

　千葉夷隅ゴルフクラブの教育は、入社時の新入社員教育に始まり、階層別・職種別などいろいろあります。中でも毎年2月の「まごころのサービス・ありがとうキャンペーン」は、全部門を対象に実施する教育・研修目的のキャンペーンで、同社が最も重視するものです。ちなみにキャンペーンの名称は"自分たちが働き続けられることをお客様に感謝する"に由来します。

　キャンペーンの最大の狙いは"基本に立ち返る"ことにあります。期間中は、以下にあげた「キャディ」や「フロント・レストラン」など各部門別に教育・研修を実施。新人もベテランも一緒に参加します。キャンペーンは、クラブ設立後2年目の1981年にスタートしました。

【キャディ部門】

　最大の顧客接点であるキャディの場合、「"ゴルフやサービスに精通した人"、例えば同クラブのメンバーやゴルフ雑誌など報道関係者、ホテル関係者などに、研修対象のキャディと一緒に18ホールのコースを回ってもらう」方法をとります。プロの目で厳しくチェックしてもらい、「キャディ自身が"自分に不足しているもの""改めたほうがいい点"に気づく」ようにするのが狙いです。

　ポイントは、ベテラン・中堅・新人のキャディを1組とし、3人一緒に回らせること。これにより新人は普段見られないベテランの技術を知ることができます。一方、ベテランは、新人のフレッシュな様子をみて、自分を振り返ることができます。

【フロント・レストラン部門】

　フロント・レストランスタッフの場合、振り返りは「接客シーンをビデオに撮る」ことで実施します。食事の注文の取り方、その際の会話、視線、姿

勢、笑顔など、応対業務全般を客観的にチェックするのが目的です。
　その際、リーダークラスのスタッフも、一般社員同様に撮影します。後輩の見本となり、同時にリーダー自身が自分の接客を見直すためです。
　その他の部門も、同様の主旨で実施します。

♠ "気づく" 力を高めてくれるアンケート

　日常業務に埋没すると、どうしても"気づく"力は落ちてきます。そこに刺激をくれるのがお客様の声。同社ではそれを、アンケートで拾っています。
　特に、顧客満足に直結するキャディについては、コースを回るたびにアンケートを実施します。「ボールの行方の確認状況」「距離のアドバイス」「プレー進行上の適切なアドバイスの仕方」「礼儀とあいさつの態度」など14項目について、5段階評価でプレーヤーに記入してもらっています。
　ちなみに、アンケートで顧客満足度70％を切った人には、OJTでフォロー教育を施します。

♠ お客様のホンネを拾う情報カード

　アンケートには限界もあります。回答に表れない"お客様のホンネ"は、必ず存在するからです。それを同クラブでは、お客様同士の会話、あるいはお客様と社員との会話から入手します。
　ここで使われるのが、4色の「情報カード」。4色の使い分けは、記入者自身が行います。すなわち通常の情報提供や提案の場合は「白」、良い情報の場合は「青」、お客様の不平や不満は「赤」、同社が"キーマン"と呼ぶ重要顧客に関する情報は「黄」のカードに記入することになっています。
　記入された情報カードは、いったん岡本総支配人の手元に集められた後、各担当部署に再配布されます。つまり、部門を越えた「情報共有」「情報伝達」ツールとなっているのです。

♠ 日々の積み重ねをたたえる表彰制度

　同社には、以下に例示したような多彩な表彰制度があるのも特徴です。その多くは、日々の積み重ねをたたえるものです。それぞれの賞ごとに、対象となるポイントを、1年単位・個人単位で集計し、トップ得点の人を表彰します。
　実際の表彰は、毎年ホテルで行う忘年会の席上で実施します。各賞のトップ得点者を、楽しく和やかな宴席で、皆で華やかに祝うのです。

楽しく、明るく、「良いことを、素直に良いと、誉めたたえる」。すべてここに立脚していることが、同クラブの強みの源といえるかもしれません。

【まごころ賞】

例えば、コース売店のスタッフが、お客様が「今日のキャディさんはいいね」と話しているのを聞いたとき、同クラブでは、そのことを朝礼で皆に報告することになっています。そのうち、特に"素晴らしい内容"と判断された報告に「まごころ賞」が贈られます。

「喜び合う風土」は職場をイキイキさせます。同時に「どんな行いがお客様に喜ばれるのか」、情報共有することにもつながります。

忘年会では、1年間に最も多く「まごころ賞」をもらった人を、トップ表彰します。「あれはダメ」「これもダメ」ではなく、「良いことをしよう」「良い面を伸ばそう」が基本です。

【グッドサービス賞（ギブ賞・テイク賞）】

社員同士が、お互いの「良い仕事（グッドサービス）」を評価し合うもの。例えば、同僚が自分の仕事を助けてくれた場合や、側でみていて「いい仕事をしているな」と感じる社員がいた場合に、専用のカードにその内容や理由を記し、自分のサインをして、相手に渡します。

普段お客様と接しない社員、つまり社員食堂やコース管理、総務事務社員など「まごころ賞」の対象になりにくい社員の良い点にも、光を当てようというのが、この賞の趣旨なのです。

ちなみに同賞には「テイク賞」だけでなく「ギブ賞」もあります。良い点を記して渡す（ギブ）には、相手の良さに気づく必要があり、その"気づく力"を評価しているというわけです。

【キャディオブザイヤー】

すでに述べたキャディ個々人のアンケートで、トップ得点の人を表彰します。アンケートは毎年10月15日で締めて、1年間の累計をカウントします。受賞者には忘年会で、3万円の賞金とトロフィーが贈られます。

【ルーキーオブザイヤー】

キャディオブザイヤーの新人版。その年採用された新人のうち、アンケートの得点がトップだった人に贈られます。

【ワゴンサービス達成表彰】

レストランで、様々なおつまみを小皿に乗せて客席を回る「おつまみワゴン」。一皿300円前後でビールを飲むお客様などに販売します。その際、販売個数をカウントして、1年で最も多く売った人を表彰します。

事例11 求められる価値を追求し生活情報サービス業へ

Point

♠ 自社の役割は何かを社員が共有、新サービスを自社開発。

♠ 社員行動基準もすべて「お客様視点」にし、気づきを促す。

柳原新聞店【新聞販売】
◆所在地／静岡県浜松市城北 2-14-3
◆創　立／1960年
◆従業員／正社員95人
◆URL／http://www.yanagihara-web.jp/

♠ 時代の逆風を正面に受ける業界

「新聞？　取っていないよ」

「テレビのニュースで十分じゃない」

「インターネットもあるし」

若い世代を中心に、新聞を取らない世帯が増えています。

新聞の世帯購読率は、例えば千葉県千葉市ですでに8割。学生が多い東京都中野区では、5割を切ったという調査すらあります。

しかも、人口は初めて「減少時代」に入りました。更に2007年以降の団塊世代一斉退職は、いわゆる新聞の主購読者層である「サラリーマン世帯」の激減を意味します。

新聞各社にとっては、まさに冬の時代の到来です。そして、そうした逆風を正面から受けるのは、新聞社だけではありません。実際に各家庭と契約し、朝夕新聞を配達する新聞販売店にとっても、これは脅威です。

♠「モノ」や「タダ」で吊る営業

休日に在宅していて、突然呼び鈴が鳴ることがあります。

鏡を見て髪を整え、急いで玄関に出てみると、見知らぬ男性。そして彼は、慣れ慣れしく話し出します。

「ねね、奥さん。1か月タダにするから、3か月だけ○○新聞にしてみない？　新聞なんてどれも同じだし、このくらいはご主人に聞かなくたって決められるでしょ。この洗剤と映画のチケットもあげるからサ、ね」。

こんな新聞拡販員の営業に「○○新聞は絶対に取らない」と思う人は少なくありません。一方、モノやタダにつられて乗り換えた人は、同じ理由で他紙への変更を繰り返していくだけです。

営業する側の新聞販売店にとって、これは「大きなコストをかけ、新規契約してはすぐやめられる」ことの繰り返しです。
　「まるでザルのようでした」
　静岡県浜松市の新聞販売店「柳原新聞店」の代表取締役社長、柳原一貫さんはこう振り返ります。

▲新聞販売業から生活情報サービス業へ
　8年前、柳原社長は、「新聞販売に代わる屋台骨」を真剣に模索していました。新聞の販売業だけでは、もう会社は存続していけないと考えていたからです。
　そんな折、偶然出会ったのが"CS（顧客満足）経営"の考え方でした。
　「徹底的にお客様のご満足を追求すれば、お客様は自社のファンになり、継続的にご購入くださる」「多大なエネルギーとコストをかけ新規客獲得に走るより、既存のお客様を大事にして離脱を防ぐべき」。
　こうしたCSの基本的な考え方に、「まさに目からうろこが落ちた気分でした」と、柳原社長は当時を思い起こして話します。
　では、新聞販売店のCSとは何なのか。もちろん第一は「不着誤配がない」など新聞宅配機能の徹底です。しかし「それだけではないはず」と、柳原社長は考えました。
　「"お客様が欲しいのはドリルではない。穴なのだ"という言葉がありますね。これに新聞をなぞらえてみました。そうして出てきたのがこの考え。つまり新聞販売店のお客様が欲しているのは、"必要な情報を得ることで暮らしを豊かにすること"というものです」。
　自分の仕事は新聞販売業ではない。生活情報サービス業なのだ。この考えに到達し、柳原社長は心を決めました。「本業を軸に戦い抜こう」。

▲1回1,000円のカルチャー講座
　「生活情報サービス業」としての再出発を決めたとはいえ、具体的にはどのようにして、そのスタートを切ればいいのでしょうか。
　考え抜いて決めたことのうち、最も大きな取組みが、カルチャーサロン「M's倶楽部（エムズクラブ）」の立ち上げでした。
　販売エリア内に4つのサロンを開設し、ビジネスマナーやパソコン、英会話、ステンドグラス、料理からヨガまで、様々なカルチャー講座を日替わりで開催します。

「地域の人々が楽しく集う"みんなのたまり場"がコンセプトです」と柳原社長。講座の受講資格も、新聞購読の有無にはこだわりません。誰でも「1回1,000円の格安価格（材料費別）」で参加できます。

しかも支払いは、「当日会場で現金払い」。この手軽さも受けて、今では「講座が1つも開講されない日はない」ほどの盛況ぶりです。

♠ オリジナル情報誌やイベントも

また「商品、つまり新聞自体の内容に立ち入れないならば」と、オリジナル情報紙も独自に発行し始めました。

具体的には、地域情報やプレゼント満載の「M'S NEWS」と、海外旅行情報誌の「7W1H」を毎月発行。保存版冊子「浜松おでかけ便利帳」も人気です。社長自身が大の音楽好きであり、地元浜松がピアノなど楽器の産地でもあることから、「ミュージックプレス浜松」も企画します。しかも、制作は外注をせず、すべて自社内でのオリジナル制作にこだわります。

このほか、文化人やスポーツ選手を招いての講演会も開催。社員が同行するお得価格の謝恩旅行や、社員が"クリスマスにはサンタさん、節分には鬼に変装"し、小さな子どもがいる家庭を回るサービスもあります。

♠ お客様の要望に限りなく応じる姿勢

こうしたいかなる付加価値も、「新聞配達」がおろそかでは、無に等しいと柳原社長は考えます。

ですから、不着誤配の防止はもちろん「朝は○時に配達して」とあれば、配達ルートを変えてでも対応します。「Aスーパーのチラシを入れて」という声に対しても、たとえ本来の折込エリアから外れていても、特別に折り込んで配達します。

要望の高い古紙回収は、お客様の声により今年から、本来関係ないはずの"書籍"や"雑誌"まで、回収の対象に加えました。高齢者世帯で玄関に運べない場合など、社員が部屋まで取りに入ることもあるといいます。

「ポストに新聞を入れるときの折り方までご要望にお応えするんですよ」。

平然と話す柳原社長ですが、これらを着実に実行するのは、簡単なことではありません。

100人近い社員は、1人として同じ場所を回りません。他人の監視の目が一切届かない環境では、社員一人ひとりの自覚、自主性や、責任感に、任せるほかないからです。

♠お客様の声を集め対応する仕組みづくり

　徹底的なお客様志向。これを実現するには、第一にお客様の声を漏らさず集めることが必要です。お客様を知らずして、「お客様志向」の実行は不可能です。

　同時に、その声への対応が、確実かつ継続的に実行される必要があります。「聴きっぱなし」で対応できないなら、「最初から聴かないほうがまだマシ」とさえ、いわれます。

　では、どうするか。ポイントは2つ。仕組みと人です。

　「仕組みでは、CTIというコンピュータシステムを導入しています。お客様から電話があると自動的に取引状況やクレーム履歴などが画面に表示されるもので、随時更新し現場の社員に伝えています」。

　お客様アンケートも、定期的に実施。総合的な満足度、社員や配達に関するご要望などを、きめ細かく聞いています。

♠「お客様を想う社員」の育成を

　「人に関しては、例えば人事評価を、営業成績だけでなくCS行動も重視するように改めました。ホスピタリティ研修や、自由参加の経営企画会議ではCS先進企業のビデオを見て意見を交わすことなどもしています」。

　このほか、配達していて気づいたことを何でも記入し社長に提出する「情報メモ活動」も開始。"転居されたお客様のポストに宅配便の不在通知が入っていたのをみて連絡し、無事荷物を受け取ってもらえた"など気配りに満ちた良い例には、社長賞として1,000～3,000円程度を贈っています。

　また、同僚をみていて、「お客様のことを考えた良い行いをしている」と気づいたときに、それを書く専用メモ「私たちの声」も導入しました。半期に一度の社員総会では、中でもお客様を大事にした人を「ハートフル表彰」しています。社員行動基準も、全文お客様主体に改めました。

　「今年の年間活動計画は"お客様起点で考え行動する"です。顧客サービス向上委員会など計9つの全員参画プロジェクトも立ち上げました」。

　2代目社長のこうした路線変更を嫌い、営業成績の良いベテラン社員がごっそり抜けた時期もありました。一方で、新人定着率に大きな問題を抱える業界にありながら、入社後数年を経た若手社員が次々と育ち、マネージャーに抜てきもされています。

　「この路線で間違いない」――これは、柳原社長の信念です。

事例12 技術者の"心"を育てアフターサービス

Point
♠ お客様の現場を訪ね、現場に学ぶ「5ゲン主義」を徹底。
♠ 「お客様の喜びは、私たちの喜び」を共有し選ばれるメーカーに。

ブラザー工業 M&Sカンパニー【工作機械の製造販売】
◆所　在　地／(M&Sカンパニー) 愛知県名古屋市瑞穂区河岸1-1-1
◆設　　　立／1934年（創業1908年）
◆従業員数／(M&Sカンパニー〈産業機器部門〉) 約265人
◆URL／http://www.brother.co.jp

♠ 受注アップはみえない不満の解消がカギ

　企業のリストラ努力もあり、景気が回復しています。製造業を中心に、設備投資が順調です。

　この動きに連動し、製造各社が自社製品の部品加工に使う「工作機械」業界もまた、大きな伸びをみせています。

　とはいえ、メーカー側の要望は厳しく"選ばれる"のは容易ではありません。そんな中、いち早く受注増の波に乗ったばかりか、すでに2004年時点から「生産が追いつかない」と悲鳴を上げている企業があります。ブラザー工業株式会社のM&Sカンパニーです。

　好調の理由は、同社の「お客様と共に生きる姿勢」にありました。高い技術をもった集団であればあるほど、お客様の心より技術を大事にしがちです。そこをあえて「心を大事に」してきた結果、大きな信頼と支持を得たのです。その過程を2004年の時点の"生情報"として報告しましょう。

♠ 高い技術力を買われて

　電子ミシンや、ファックスやプリンター等のデジタル複合機で知られるブラザー工業株式会社。1908年に「安井ミシン商会」として創業以来92年を経た2000年、同社はCS（顧客満足）経営を前面に打ち出し、新たな一歩を踏み出しました。

　同時に立ち上げた3つの社内カンパニーも、「お客様はどこか」を基準にしたものでした。すなわちオフィスか、家庭か、工場か、ということです。

　この1つ、工業ミシンと産業機器を事業とするマシナリー・アンド・ソリューション（M&S）カンパニーの顧客は、工場です。中でも産業機器事業は、もともと「自社ミシンの部品加工用機械」の生産技術部門でしたが、

その技術力が評価され外販を開始したことに始まります。
　これに端を発し、現在は自動車などの金属部品にねじ穴などを開ける「CNCタッピングセンター」の売行きが好調を極めています。「CNCタッピングセンター」は、生産開始から16年を経た2001年、累計生産2万台を達成しました。それが2005年1月には、同3万台を突破するのです。

♠大事なのはアフターサービス

　生産材のリピート購入は「アフターサービス」次第です。どんなに生産性の高い機械でも、トラブル時の対応が悪く、メーカー側の生産計画が狂っては、元も子もないからです。
　同時に魅力的な「新商品」や「性能アップ」が、新規顧客獲得のためにも不可欠です。
　この2つ、すなわちカスタマー・サポートと、クオリティ・マネジメントを担うのが、M&SカンパニーQCS推進部です。2001年には赤字転落も経験しつつ、ここまで盛り返すことができたのは、同部事業担当メンバーが千々松孝郎部長のもと、共に考え、行動してきたことが大きいのです。

♠現場・現実にこだわって

　お客様にご満足いただけるアフターサービスと品質保証をどう深めるか。ここに千々松部長の、あるこだわりがありました。
　「私は、生産技術屋です。3つの商品のプロジェクトリーダーも経験しました。かつては修理も設計担当の仕事で、お客様の機械を直しつつ、実際の使われ方を見たり不具合を聞いては、次の提案や開発に生かしていました。当時から現場をみなければ何もわからないという考えは変わりません」。
　そこで打ち立てたのが"5ゲン主義"。つまり「現場・現実・現物・原理・原則」重視の姿勢です（図表89）。

♠お客様の声から戦略策定

　そして2001年、まずは自らのCSレベルの"現実"を知ろうと、製品納入実績で上位100社の国内顧客に、お客様アンケートを実施しました。
　質問は、製品やサービスなど8項目、計52問。回答は「非常に良い～非常に悪い」の7段階です。一方、自由回答欄では、内容のみならず記入度合いも重視。"自社に対する認識程度や潜在的な要望"を把握しました。
　回答結果を分析すると、特にアフターサービスで高い評価を得ていること

⑫ 技術者の"心"を育てアフターサービス

【図表89　5ゲン主義】

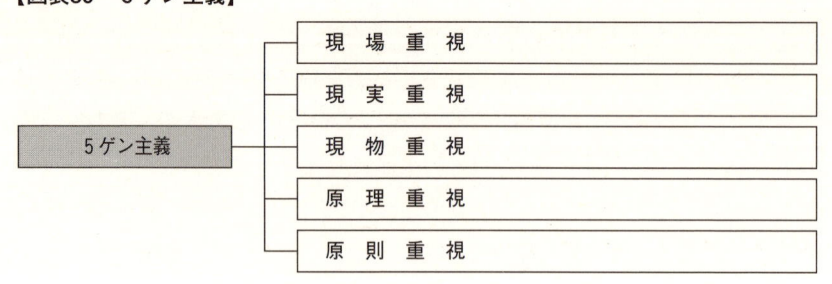

5ゲン主義	現場重視
	現実重視
	現物重視
	原理重視
	原則重視

が判明。そこでこれを、更に高めることを、戦略の柱にしました。

　もちろん、個別の回答には社員への不満等もみられました。しかし、そうした不満への対応は、あくまで「組織として」。理由は、「顧客接点である社員個人を追及すれば、生の声が届かなくなってしまう」から。それは"5ゲン主義"を大切にする千々松部長にとって、最も避けたいことでした。

♠ 仕事増で落ちたサービスをどうするか

　ところが、強みのはずのアフターサービスが、2003年実施の第2回アンケートでは、評価が落ちてしまいました。

　理由の1つは、明らかに「仕事増」。前回のアンケート実施時である2001年に117億円だった工作機械の売上は、2003年には161億円まで急増しました。にもかかわらず、スタッフの増員はなかったからです。といって「致し方ない」では済まされません。受注状況から今後の更なる多忙は確実でした。

♠ お客様の喜びは私たちの喜び

　対策を急ぐ中、グループのトップから、10年後を視野に3つのビジョンが発表されました。

　「その1つ "At your sideな企業文化を定着させる" は、正にQCS推進部が目指すところでした。そこで、まずは "At your side" の意味を、部門全体で考えるところから始めたのです。いわゆる "強い企業" には、技術や仕組みだけでなく、社員一人ひとりにしっかりした人生観や仕事観、役割認識が備わっています。一見遠回りのようですが、サービススタッフに大切なのは、そうした "心の教育" だと思ったのです」と千々松部長。

　その結果、メンバーから出てきた答えは "お客様の喜びは私たちの喜び"。千々松部長は、これに自身の思いを落とし込み、「バリュー7」として具体的な行動姿勢に明文化しました（図表90）。

「これをカードにして常に持ち歩くようにしました。販路拡大を狙う中国でも、現地ディーラー様と価値共有を図っています」。

「バリュー7」は、今や同部の絶対的な価値基準になっています。

【図表90　QCSバリュー7】

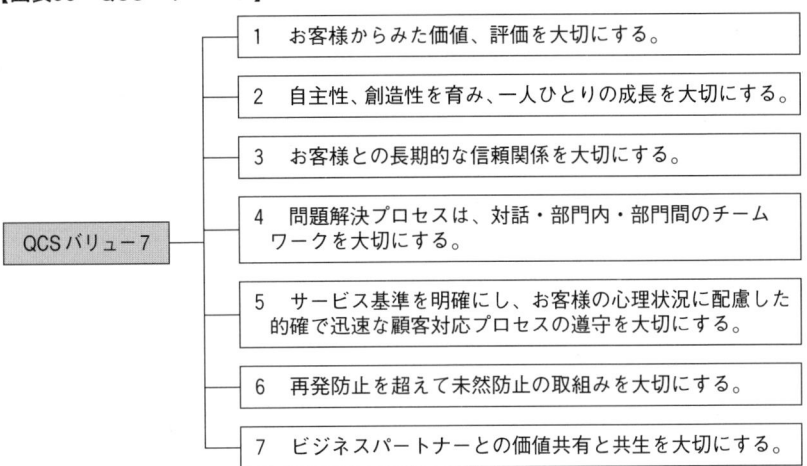

QCSバリュー7	1	お客様からみた価値、評価を大切にする。
	2	自主性、創造性を育み、一人ひとりの成長を大切にする。
	3	お客様との長期的な信頼関係を大切にする。
	4	問題解決プロセスは、対話・部門内・部門間のチームワークを大切にする。
	5	サービス基準を明確にし、お客様の心理状況に配慮した的確で迅速な顧客対応プロセスの遵守を大切にする。
	6	再発防止を超えて未然防止の取組みを大切にする。
	7	ビジネスパートナーとの価値共有と共生を大切にする。

♠ "心がわかる技術者"育成のための教育

具体的な心の教育は「CS経営ビデオ大学」として実行しました。これは、CSで先行する企業のドキュメンタリービデオ『DO IT！（ドゥ・イット）』シリーズから、特に"気づき"の多い作品を選んで上映、その後「感じたこと」「気づいたこと」を個々に書き出したうえでグループ討議、最終的に「部門でも応用できる」3つに絞って発表する、というものです。

「発表は"あいさつをしよう"など基本的なことばかり。でもその気づきが大事なのです」と千々松部長。アフターサービスは直って当たり前。修理を待つ間、お客様がどんな状況にあり、どんな気持ちだったのか。今求められているのは"心がわかる"技術者です。

QCS推進部のもう1つの柱"品質保証"面では、各部門より選出された技術スタッフが各自2～3社を担当し、半期に一度継続訪問するマイカスタマー制度を導入しました。一方、アフターサービス担当者からもお客様の要望など生の声を吸い上げる仕組みをつくり、現場情報の即時入手に力を入れています。

成果偏重の個人主義ではない、チームならではの活動が、"At your side"を進展させます。すなわち、お客様とともに生き、お客様の喜びは私たちの喜びとする風土づくり。これが成長の理由なのです。

事例13 社員180人で目指す年商12億5,000万円

Point
♠「荒くれ者のたまり場」だった職場を教育の徹底で大変革。
♠基本4動作の徹底で、お客様から「指名され」選ばれる会社に。

中央タクシー【タクシー】
◆所在地／長野市若穂保科265
◆創　立／1975年
◆従業員／180名（乗務員160名）
◆URL／http://www.chuotaxi.co.jp

♠ 圧倒的な売上の理由は教育力

　乗務員1人あたりの月平均の売上高が55万円を超えるタクシー会社が、長野県長野市にあります。

　毎月22日間稼働したとしても、1日2万5,000円の計算です。これは、同じ長野市内にあるタクシー会社・主要14社の平均値と比べると、実に16万円も高い数字です。

　2005年度の年間売上高は、11億3,000万円。2006年度はこれを12億5,000万円にし、経常利益1億円企業になることを目指しています。

　「県内で利益が出ているタクシー会社はほんの数社」という中で、まさに圧倒的な強さを誇っています。その理由は、同社の卓抜した教育力にありました。

♠ 待たずに乗れる駅前でわざわざ呼ぶ

　JR長野駅前のタクシー乗り場。ロータリーには各社の車両がズラリと並んでいます。そこへ外から、1台のタクシーが入ってきました。

　そのタクシーは、車両を歩道近くに止めました。間髪を入れず運転手が走り出て、立っている人に声をかけます。

　「〇〇様でいらっしゃいますか」

　車体には中央タクシーの文字。歩道に立っていたその人は、待たずに乗れる駅前で、わざわざ中央タクシーを呼んだのです。

　「"お客様が先、利益は後"を、徹底してきた結果だと思います」

　1975年に中央タクシーを設立した代表取締役社長の宇都宮恒久さんは、自社が支持される理由をこう話します。

　しかし、設立から今に至る30年は、困難と努力が続く日々でした。

♠ タクシー会社は「荒くれ者のたまり場」

　宇都宮社長がタクシー業界に入ったのは1969年。当時まだまだ業界は、いわゆる「荒くれ者のたまり場」でした。

　その後、父とともに経営にあたった買収先のタクシー会社も、「労働争議で労使が対立、社内には怒声が飛び交い、憎しみをぶつけ合うすさまじさでした」と振り返ります。

　こうした職場環境では、せっかく入社した新人も、1か月後には挨拶をしなくなり、3か月後には表情を失ってしまいます。

　ハツラツとしていた顔が、一様に能面のようになる様子を幾度となく目にした宇都宮社長は、こういいます。

　「人をこんなふうに変える会社は存在しないほうが世のためだ」

　その息子に、父はこう返しました。

　「お前は、自分の目指す会社をつくれ。その資金は助ける」。

　車10台、社員18人。28歳のスタートでした。

♠ 業界の常識をくつがえす

　ポロシャツに雪駄で乗務もアリの"業界の常識"に、「これは違う」の思いは強くもっています。といって、目指す姿もはっきりさせられませんでした。行き詰まりを感じていたある日、宇都宮社長は、週刊誌で、京都MKタクシーの存在を知ることになります。

　「京都MKタクシーは、運転手がお客様にあいさつしなかったら、運賃は要らないと公言していました。そんなタクシー会社なんて、信じられませんでした。どうしても当時社長の青木オーナーに会いたくて、約束もしないまま夜行列車に飛び乗ったんです」。

　降り立った京都で見たものは、乗客のためにわざわざ降りてドアを開け、自ら名前を名乗る運転手。一方、青木社長は、すでに400台を保有する会社のトップでありながら、突然訪ねてきた若者に、熱く理念を語り続けてくれました。

　すっかり青木社長に心酔した宇都宮社長。どうしても「常に教えを請うていたくて」、結果的にその後30年近くにわたり、月に1度長野から、京都に通い続けることになったのです。

♠ 未経験者を採用し経営理念をたたき込む

　初めての京都訪問から長野に戻った宇都宮社長は、ドア・サービスも自己

⓭ 社員180人で目指す年商12億5,000万円

紹介も、すべて自社に取り入れます。

しかしこれが、乗務員との軋轢（あつれき）を生みました。「こんなことやってられるか」と反発され、どんどん辞めていってしまうのです。

困った末に取り入れたのは、やはりMK流の方法でした。すなわち経験者採用の中止です。

まだまだタクシー運転手へのなり手が少なかった時代です。もちろん採用難には、輪がかかります。しかし結果的に、このやり方は成功しました。定着率も、社内の雰囲気も、格段に良くなったのです。

同時に宇都宮社長は、教育にも力を入れました。その柱が毎日の朝礼です。具体的には「経営理念や目標を壁に張り、それを見ながら唱和」します。これはすなわち、「目」「耳」「口」という「三感」のフル活用に他なりません。こうして「理念をたたき込む」ことを、社長は地道に繰り返しました。

♠ 教育は1万回の反復指導

宇都宮社長はその後、「ドア・サービス」「自己紹介」「目的地までの道筋の希望と車内温度の確認」「雨の日の傘サービス」を基本4動作と位置づけて徹底しました。

徹底ぶりは「基本4動作をやりたくない人は当社に不要」と言い放つほどです。また、毎年1,300人ものお客様に依頼して実施する覆面モニター調査でも、「4動作ができていたか」は、必ずチェックしてもらいます。

ちなみに、この覆面モニター調査で「基本4動作ができていなかった」事実が判明すると、乗務記録をもとに、「誰ができていなかったのか」、必ず個人名を割り出します。本人が確定し次第「指導」して、その後は「反省文」も提出させます。

しかも、その反省文は、模造紙に大きく清書させ、朝礼で本人と上司、そして同じグループのメンバーたちに、大声で読み上げさせます。

「教育は1万回の反復指導」と宇都宮社長。教育できないのは、上司やトップの責任放棄と考えています。

♠ 基本4動作の徹底を重視するわけ

なぜ、これほど基本4動作を重視するのでしょうか。

「私は社員に、仕事を通じて、生活を支えられる収入と、仕事への誇りを得てほしいと思っています。それにはお客様に、当社を選んでいただく必要がありますが、その境となるのが基本4動作だと捉えています。基本4動作

以上のことができたとき、お客様との真の信頼関係や、豊かな心の交流が生まれます。結果、次もお客様に、当社をお選びいただけるのです」。

実際、こうしたお客様との"心と心のかかわり"を、同社の社員は日々体験しています。

例えば、「駅のタクシー降り場でお客様をお見送りしたら、『柳町の東タバコ店までお願いします』と書かれたメモをもった女性が近づいてきました。その方は口が利けず、ご自分で電話予約ができないため、中央タクシーが来るのを駅でずっと待っていらしたのです。これに気づいたとき、深く感謝し感動しました」という具合です。

ちなみに、こうした体験は、専用の情報カードに記入され、全社員が共有します。体験談は、枚挙にいとまがないのが実際です。

♠ お客様が先・利益は後

割安な料金や新商品も、もちろん大事なサービスです。

例えば空港タクシーは、相乗りのジャンボタクシーでお客様を羽田空港や成田空港までお連れして、価格は自宅までの送迎つきで羽田まで6,900円、成田まで8,500円という設定。「新幹線より安くて楽」と、大人気となっています。超豪華ジャンボタクシーの「グリーン車」は、小旅行などにひっぱりだこです。

また、かつて無料で行っていたタクシー代行は、法改正により今ではワンコイン（500円）の有料となりましたが、それでも深夜に順番待ちが出る人気ぶりです。

ちなみに、無料代行を始めたとき「前年比246％の年間売上を達成できないと赤字」との計算でした。ところが、フタを開ければ、売上は前年比260％に達していたと、宇都宮社長は話します。

安価で利益が出せる理由。それは「売上の75％が電話予約」など、地元住民の圧倒的な支持を得ていることが最大です。もちろんこれは、一朝一夕には実現しません。

例えば、長野オリンピックの開催時、オリンピック特需をキャンセルしても日常的な需要に徹底して応えたことや、乗務員たちの礼儀正しい仕事ぶり、電話予約時の丁寧な応対など──圧倒的な支持は、まさに信頼の蓄積のたまものなのです。

"お客様が先、利益は後"。理念は見事に結実しています。

⑬ 社員180人で目指す年商12億5,000万円

事例14 CSの徹底で業界水準2倍の車を売り上げる

Point
♤ CS（顧客満足）は社員教育。5Sならぬ30Sを社員に徹底。
♤ 給料はお客様が決める——多様なCSを独自路線で。

ホンダクリオ新神奈川【車の販売・修理】
◆所在地(本社)／神奈川県大和市深見3591-2
◆設　　立／1969年
◆従業員数／250人
◆URL／http://www.clio-shinkanagawa.co.jp/

♠ 業界平均の2倍以上売る営業社員たち

　海外での日本車人気に比べいま1つ元気のない国内自動車販売。限られたパイをめぐって、各メーカーの系列販売店は、し烈なシェア争いを続けています。

　ただし、店がお客様の心を掴んでいれば話は別。ということを、ホンダ車の販売・修理を中心に事業展開するホンダクリオ新神奈川は、「営業社員1人あたりの新車販売台数が業界平均の2倍以上」という実績で証明します。

　自動車販売業界の、営業社員1人あたりの新車販売台数は、年間35台程度といわれています。ところが、ホンダクリオ新神奈川のそれは80台。ちなみに購買顧客の5〜6割は既存客ベース、つまり過去に同社で購入したことのあるお客様の買替えや増車、あるいは紹介だといいます。

♠ ホンダの「お客様満足度調査」で連続1位記録更新中

　「社員がよく頑張っていると思います」と同社代表取締役の相澤賢二会長は顔をほころばせます。

　というのは、同社にはもう1つ記録があるのです。それは、ホンダ技研工業が実施する「お客様満足度調査」で、実に9年連続、全国クリオ店の第1位に輝いていることです。

　同調査は、ホンダが直接、購買顧客にアンケートするものです。具体的には、販売店の応対を65項目に細分化し、各項目について「大変不満」「不満」「普通」「満足」「大変満足」の5段階評価で聞いています。

　ホンダクリオ新神奈川全体の場合、その「大変満足」の回答割合は49.4%（2006年1〜6月）に上ります。うち瀬谷店のそれは、実に65.1%です。

　ちなみに、ホンダが全国に販売店に提示している「目標」は30%です。

♠ CSは社員教育

　徹底的な顧客満足の追求の結果、業界平均の「2倍」を売る同社。しかし、最初から順風満帆だったわけではありません。

　例えば、会社設立2年目の昭和46年、相澤社長が30歳のときには、"社員27人のうち24人が辞める"事態にも遭遇しました。

　「このとき、企業責任とは何かを考え抜きました。その結果到達したのが、社員に対する教育責任、お客様に対するアフターサービス責任、取引先に対する販売責任の3つだったのです。それ以来、この3つをしっかり果たそうと考え、取り組んできました。その結果が、今につながっているのだと思います。特に社員教育は、CSに直結しました」。

　相澤会長にとって、会社は家族、社員は兄弟。親である経営トップは、子を真剣に愛し、叱る役目なのだと考えています。

　例えば、15ある店舗は独立採算制で、毎日前日の販売成績が全社に公表されますが、下位店舗には「何考えてるんだ！」「お前らバカか！」といった叱責が飛びます。ただし、叱るのは、そのとき、その場で、そのことだけを。社員教育の目標は、男性が"どこへ出しても恥ずかしくないビジネスマン"、女性は"気遣いのできる優しいお嫁さん"です。

♠ OJTで30Sを徹底

　実際の教育は、図表91の「30S」をOJTで徹底します。

【図表91　ホンダクリオ新神奈川の30S】

1 整理	2 整頓	3 清掃
4 清潔	5 躾	6 作法
7 清楚	8 素直	9 親切
10 誠実	11 信用	12 セールスするな、アドバイスせよ！
13 正義	14 辛抱	15 債権ゼロ
16 スピード	17 スマイル	18 サンクス
19 サービス精神	20 センス	21 ショールームはリビング
22 節約	23 率先垂範	24 仕事はスポーツ
25 趣味の推薦	26 心配が仕事	27 先輩がマニュアル
28 失敗は会社の財産	29 創意工夫	30 先生はお客様

　30のうち、代表的なものを説明すると、図表92のとおりです。

♠ 給料はお客様が決める

　同社では、1998年から2種類のはがきアンケートを実施しています。1つ

【図表92　30Sの主なものの説明】

項　目	説　　明
3　清掃	毎朝、店内は女性陣が椅子の足まで徹底的にふき上げます。一方、外を担当する男性陣は、店の前はもちろん、近隣の民家の前の道路まで掃き、雑草を抜くのです。「実は最近、外の清掃距離を1.2キロメートルに制限しました。放っておくと、どんどん清掃距離が延び、どこまでも掃除してしまうんです。おかげで行政から表彰されたり、ご近所の方からお褒めの言葉をいただくことも多いようです」と相澤会長。 　自分は、叱り役に徹し、その分社外の人に褒めてもらうのだ、と笑います。
4　清潔	これは、店舗のお客様用トイレに象徴されます。清潔さの基準は"赤ん坊がなめても大丈夫"です。
9　親切	そのトイレには、オムツ換え用のシートはもちろん、紙オムツもS・M・Lの3サイズを完備しています。
5　躾	女性社員全員に、毎月就業時間中に「お茶のおけいこ」を課しています。1回は約4時間。あちこちの店舗から一度に7〜8人が集まります。 　これには副産物もありました。絶対人数が少ない女性社員同士の交流です。「29　創意工夫」の項で述べる「ミシン購入」のアイデアも、この場の話題に上ったことで、全店舗に広まったそうです。
7　清楚	例えば、茶髪は一切禁止です。女性はすべてのお客様に「みられて」いるからです。女性の評価が会社の評価なのです。
6　作法	信頼される礼儀作法が必須です。
11　信用	「信用」は、非常に大切な要素です。お客様から「信頼」され「信用」されることなくして、200万円もする高額商品は扱えません。
12　セールスするな、アドバイスせよ！	売る店でなく買っていただく店にする努力をしています。営業社員はアドバイザーになれといっています。子ども連れのお客様でも夫婦がじっくり話し合えるよう、店奥のキッズコーナーなどで、女性社員が子どもたちの遊び相手をしたりします。
20　センス	たとえトイレでも手は抜きません。実際に大和店の女性用に入ってびっくり、可愛いのです。ぬくもりある木の棚に、手づくりの人形やドライフラワーが、センスよく飾られています。男性用のトイレには、熱帯魚を飼う水槽や、観用植物などが配されています。
21　ショールームはリビング	例えばテーブルクロスも、季節ごとに交換します。夏は涼しげなクロス、冬は温かみの感じられるものなどです。その他、ちょっとしたコーナーを設け、季節感の感じられるディスプレイを工夫します。
25　趣味の推薦	1996年1月から毎月1冊課題図書を全員に配布、感想文の提出を義務づけています。第1回目は「提出すれば3,000円プレゼント」のインセンティブをつけたにもかかわらず、全員提出まで4か月もかかりました。報酬はその後減額し、今は2,000円を給料に入れ前払いしています。ちなみに課題図書は話題の小説やビジネス書など社長が決めて、会社が毎月購入し、その予算は年間1,000万円です。

❽「気づきをうながす」意識づけ教育で業績を上げた事例

| 29 | 創意工夫 | 店内の飾付費用としてホンダクリオ新神奈川では、毎月３万円を各店に支給しています。これを女性たちで話し合ってやりくりするのですが、『テーブルクロスも手づくりなら安い』と、少しずつためてミシンを買った店がありました。今では全店ミシン完備だといいます。 |

が、納車時に担当営業が渡すもの。もう１つは、修理等のお客様に、サービススタッフが渡すものです。

「アンケートでは、当社や店舗、サービス、社員などについて聞いています。はがきは、誰が渡したものかわかるようにして、返信内容は人事考課に反映させています。つまり、社員の査定を、お客様にお願いしているのです。ちなみにはがきは毎日、70通程度戻ってきます」と、相澤会長。

それどころか、はがきはすべて、全店にファクスで回覧します。その際、担当社員の名前もきっちり記入。つまり、褒められても、クレームでも、全社全員にみられてしまうというわけです。お客様想いの接客応対やサービスに自然と力が入るのは当然で、それが同社の風土となっているのです。

しかし、アンケートの最大の効果は「お客様が"良い人"だとわかったこと」だと相澤会長はいいます。「例えば、お客様の中には、しつこい値引要請をする方がいらっしゃいます。しかしそれは、人によって値引額を変える店への、お客様の不信感の表れだったのです」。

アンケートを返してくれたお客様には、社長と担当者が必ず返事をしたためます。

♠CS（顧客満足）のための様々な独自路線

このほかにも、同社では、様々な独自路線をしいています。

例えば、ショールームの入り口のドア。店舗を改装する際、一度は自動ドアにしましたが、これを再度、手動に戻しました。理由は、「自動ドアだと社員がお客様のためにドアを開けて差し上げることができない」こと。お客様と社員の接点が失われてしまうことは、大きな損失だと考えました。

あるいは納車は、「すべてご来店による店頭引渡し」としましたが、その際は納車式として、店で盛大にお祝いをします。これによりお客様の満足感は、一層高まります。一方で、店頭引渡しにすれば、納車時にお客様の近くに住む住民の方々に、迷惑をかけることもありません。最近では、このやり方をする会社は増えていますが、いち早く導入したのは同社です。「売掛はお断り」も、高額商品だけに、思いきったやり方です。

これらはすべて「倒産寸前の危機の中で考えた"企業の３つの責任"、すなわち社員に対する教育責任、お客様に対するアフターサービス責任、取引先に対する責任を全うするためのもの」だと、相澤会長はいいます。

事例15 技術より表情で満足！女性が支える"子ども写真館"

Point
- 子どもの記念撮影をする親の気持に応えるサービスを開発。
- 仕事ができる人をきちんと評価する仕組みで若い女性を戦力化。

スタジオアリス【子ども写真館】
- 本社所在地／大阪府大阪市北区梅田1-8-17
- 設　　立／1974年
- 従業員数／2220人(うちパート・アルバイト1300人)
- URL／http://www.studio-alice.co.jp/

♠子をもつ親の気持ちを掴む会社

　健やかな子どもの成長を願う親にとって、わが子の成長記録を残しておくことは楽しい仕事の1つです。子ども専門の写真館チェーンを展開する株式会社スタジオアリスは、そんな両親のハートをしっかり掴んでいる企業です。

　1992年に設立し、現在では直営店・FC店を合わせ350店舗を運営。韓国・台湾など海外や、ペット専門の写真館も開始しています。

　同社の1店舗あたりの年間売上は8,000万円前後。一般的な写真館チェーンの約2倍にあたります。2002年にジャスダック市場に上場、2003年には東証二部に上場、2004年6月には東証一部に上場と、急成長を遂げました。

　成長の秘密は、子どもの写真を撮りに写真館に来るお客様の不満を解消したこと。更に満足に変えるための、人材育成にありました。

♠「最高にかわいい瞬間」を撮る工夫

　店舗を訪れると、ズラリと並んだ衣装の多さに圧倒されます。衣装は、スタジオアリスのターゲットである、0歳児から7～8歳児用のドレスや着物、民族衣装など。どの店舗でも約400着をそろえます。

　来店客が、中から「わが子が最もかわいく見える」一着を選ぶと、次は女性スタッフが着付けとヘアセットをしてくれます。ここまでの料金は無料です。

　支度が終わると、いよいよ撮影。撮影は、各店舗にしつらえられた専用スタジオで行います。しかしシャッターを押すのは、この道20年のベテランカメラマンではありません。人事採用部の大西康雄部長は、その理由を語ります。

　「お客様が望まれているのは、わが子の"最高にかわいい瞬間"をとらえること。ですから、当社の撮影スタッフはほとんどが女性です。大切なのは撮影技術より、お子様との上手なコミュニケーションなのです。泣いたり、

❽「気づきをうながす」意識づけ教育で業績を上げた事例

緊張してこわばった顔では、せっかくの記念撮影が台なしです」。
　1人のスタッフが、ヘアセットから着付け、撮影まで全部行うのも「子どもがよりリラックスできるように」という配慮なのです。

♠気に入った写真を自分で選べる仕組み
　撮影後は、フォトセレクトコーナーで、画像をチェック。顧客は画面を見ながら写真を選び、気に入ったものだけをプリントしたり、引き伸ばせます。
　「以前の写真館は、撮影した写真を写真館の都合で選んでいました。お客様は、それをただ渡されるだけ。私たちが支持された理由の1つは、最高の表情を自分で選びたいという気持ちに、素直にお応えしたからだと思います」。

♠手軽さが受ける"暮らしの中の写真館"
　こうした一連のサービスが、一般の写真館の約半値。となればリピート率が高いのも当然で、例えば赤ちゃんの誕生記念写真を撮ったお客様は、その後もお宮参りや七五三などイベントごとに同スタジオを利用するといいます。
　しかも写真は、マグカップなどにプリントできるのです。
　「気軽に、便利に、手ごろな価格で家族の記念を提供する、"暮らしの中の写真館"がコンセプトです。家族のきずなや愛情を深め、記録したいというニーズは、大きいですね」。潜在需要に、これまでにない満足やイベント性を付加したことが、成長のけん引力になっています。

♠教育を支える職務資格制度
　同社の従業員数は2,200人。その多くが女性で、平均年齢は25歳程度という若さです。当然店長も若手女性ですが、若くても店長の仕事の内容は変わりません。具体的には、スタッフの教育からシフト管理、売上などの金銭管理など、店舗における全責任を負っています。
　ちなみにスタッフの人数は、1店に大体7～8人。うち2～3人が正社員で、残りがパートという構成です。七五三などの繁忙期は、その時期だけの短期アルバイトを大量に採用して対応します。
　注目したいのは、正社員にもパートにも同じ職務資格制度を適用していること（図表86）。これが、同社の"人材育成"に大きく貢献しています。
　資格は仕事の中身によって10段階に分かれ、スタートはトレーニー、つまり試用期間中のT-0です。その次が基礎業務レベルのM-1～M-3。ちなみにM-3は、スタジオアリスの基礎業務である①撮影、②フォトセレクト、

⑮技術より表情で満足！女性が支える"子ども写真館"

【図表86　スタジオアリスの職務資格制度】

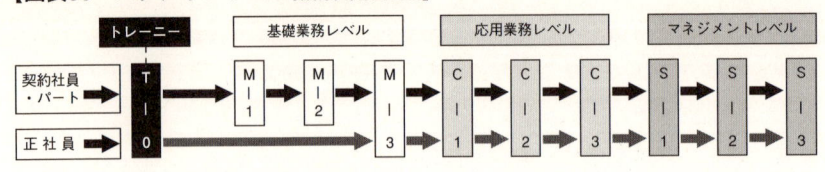

契約社員・パート	トレーニー	基礎業務レベル			応用業務レベル			マネジメントレベル		
正社員	T-0	M-1	M-2	M-3	C-1	C-2	C-3	S-1	S-2	S-3

③着付け、④ヘアセットの4つが、自力でできる人材を指しています。

その上の資格であるC-1～C-3は、接客などいわゆる応用業務レベル。更に上のS-1～S-3はマネジメントレベルであり、店舗管理や人材教育などを行います。ちなみに現在、パートの最高職位は、C-3です。

♠「ありがとう」といってもらえる組織づくり

こうした資格制度が、同社の「サッカー型経営」に必要なのだと、大西部長は説明します。サッカー型とは、上司が指示するのではなく、現場が自分たちで考えて、業務を遂行する組織のことです。

「従業員が成長するのは、中央集権的な管理をしないからです。従来の日本企業は野球型で、何でもベンチつまり本部の指示で動いていました。でも、一から十まで指示された仕事は、楽しくないですよね。従業員が仕事に不満では、お客様にご満足いただけません。ですから、徹底した現場主義を採用したのです」。

とはいえ、現場スタッフがバラバラな方向を向き、好きな方向に走っては、企業が成り立ちません。サッカー同様、スタジオアリスにも"ルール"があります。それを記したのが、毎年1月末の経営方針発表会で全員に配布される「経営方針書」。中には「社員のヒューマンな生涯設計の達成と、その基盤である企業の安定と発展を図り、視聴覚文化関連事業を通じて"暮らしの豊かさ"に貢献する」という経営理念をはじめ、「店はお客様のためにある」、「損得の前に善悪がある」、「"仕事を楽しめる"ようになること」などの社訓が記されています。

この社訓を同社の全社員が暗記しているといいます。各店舗で、朝礼などを利用して、繰り返し読合せをしているのです。

同社は、何のために働くのかを理解してこそ、お客様に心から喜んでもらえるサービスができると考えます。

「お客様に『ありがとう』といっていただくために、一人ひとりに"何をするべきか"を考えさせる。気づきをうながす意識づけ教育の原点は、ここにあるのです。売上は、お客様の満足の大きさですからね」。

❾ パート・アルバイトの「サービス・マインド」の向上で他社に差をつけた事例

❾では、パート・アルバイトの「サービス・マインド」の向上で他社に差をつけた3つの事例をまとめています。

事例16 パートの力でお客様を喜ばせる店づくり

Point
♤ 自店の「お客様」を明確化し、ターゲットを絞った販売戦略。
♤ 「お客様のために」の意識をパートタイマーと共有化。

> **Aコープこま野白根店【食品スーパー】**
> ◆所　在　地／山梨県南アルプス市在家塚1271-1
> ◆開　　　店／1965年（現店舗オープンは1996年）
> ◆従業員数／正職員9人、パート・アルバイト110人

♠ 30分並んでも買いたい店

　レジに並んでから精算するまで30分。多忙な主婦が、そこまでして"買いたい"食品スーパーが、山梨県にあります。Aコープこま野白根店です。

　同店は、農協を母体としてはいるものの、野菜を含め仕入は、ほとんど一般のスーパーと同じ市場から。店の外観も、一見何の変哲もありません。

　しかし、そのたった300坪の売り場で、年間30億円を売り上げます。そこから仕入原価や人件費、設備管理費などを除いた営業利益も、年間3,000万円を確保します。

　これがいかに多いかは、近隣の競合他店と比較すれば明らかです。例えば、同店から徒歩5分の場所に2004年にオープンした大手チェーンは、売り場面積は680坪と2倍以上ありますが、一方の年商は約15億円だといいます。

　「まさに圧勝」といえる売上の理由。それは、同店が「お客様に喜んでいただけること」を目標に、日々努力しているからにほかなりません。

♠ お客様は「年収300万円～500万円の家庭の主婦」

　"休日レジ待ち30分"が、決して大げさな表現でないことは、特売日である土・日曜日と、"5の市"の当日に現地に行けばわかります。レジに10～20人も並んでいるのが、目に飛び込んでくるからです。

　仮にレジを通るのに1人3分かかるとしても、10人いれば30分。もちろんレジが少ないわけではありません。レジの作業スピードも、「チェッカー技術向上会」などを実施して、常に短縮に励んでいます。事実、同店を見学に来た大手チェーンストアの社員が、ストップウォッチで計測して、「うちより圧倒的に早い」と驚嘆して帰ったこともあったといいます。

　では、どうしてこんなに同店に、お客様が集中するのでしょうか。

⑨ パート・アルバイトの「サービス・マインド」の向上で他社に差をつけた事例

その理由を同店の岩本勇治サブマネージャーは、こう話します。
「当店では、どんなお客様に喜ばれたいのか、を考えました。結論は地域の住民つまり"農家を中心とした世帯年収300万～500万円のご家庭"です。この方々に喜んでいただける、"毎日の食卓に役立てる"店になろうと考えたのです」。

♠ 必要なものを「安く」売る工夫──特売チラシの廃止など

なすべきことは、日々必要なものを、安く売り続ける努力と工夫。したがって、例えば精肉コーナーに、神戸和牛など高価なブランド肉は置きません。高級メロンも仕入れません。砂糖なら、グラニュー糖・白砂糖・三温糖・黒砂糖が各1種。「私は○○ブランドの砂糖でなくてはダメ」などとこだわりのある人は、売り場面積の広い競合他店に行ってくださいというわけです。

種類が少なければ、商品の管理も楽でロスが減ります。一方、お客様にも、商品選びに迷わなくてすむ、というメリットにつながります。要するに、買い物に余計な時間がかからないこと。実はこれも、家事や子育て、仕事などに忙しいお母さんや主婦たちに、"喜ばれる"ポイントとなっています。

安く売るためには、無駄なコストの削減も大切です。そこで同店が行ったのが、「特売チラシ」の廃止です。

「もともとチラシについては疑問をもっていました。チラシは、まけば一定の売上につながりますが、実際には特売品だけ買っていく、いわゆるバーゲンハンターが、増えるばかりではないかと考えたのです。廃止で浮いた1,500万円は、お客様に還元しました。

例えば、味噌や砂糖など"日々の食卓に必要な"基本調味料を中心に、常時250アイテムを、それぞれ3～5か月間、地域の底値価格である"ショックプライス"で販売することにしたのです」。

こうした工夫は、お客様にとって、「Aコープに行けば、いつでも必ず、チラシ価格同等の特売品がある」状態にほかなりません。土・日曜日や"5の市"など定期的な特売も、すぐに口コミで広まって、今ではチラシをまいていたとき以上の集客があります。

♠ パートの従業員満足を高める工夫

店の目的は「お客様に喜んでいただく」こと。それにはもちろん、気持ちよく買い物をしていただける接客も大切です。

「当店のスタッフの主力は、パートさんです。農協の正職員が計9人なのに対して、フルタイムのパートさんは25人、1日3〜4時間勤務の短時間パートさんは25人以上います。ほかに、主婦や学生を中心としたアルバイトも50人以上います」と岩本サブマネージャー。

開店当初から、パート主体の従業員構成だったこともあり、自然とパートが"戦力化"されてきたのだと説明します。

「具体的には今、陳列、ポップの作成、販促企画、シフト管理から商品発注まで、パートさんに権限委譲し、責任をもってやっていただいています」。

高度な仕事を任せているからこそ、正職員との処遇格差も、極力縮めるよう努力してきました。実際、同店のパートの最高時給は2006年7月現在、1,420円となっています。最低時給も、「地域相場より高め」の800円を提示します。2005年には、「テリトリー制」という名の、評価に応じた賃金制度も導入しています。

それだけではありません。店側からパートに指導して、労働組合もつくらせているのです。理由は、組合を通じて、思っていることや要望などを、Aコープにきちんと伝えてほしいから。こうしたこともスタッフの働く満足につながっています。

▲「参画意識」が高い理由

「私はパートさんを、大事な仲間だと思っています。パートだから正職員だからという考えは、一切ありません」。常に一丸となり協力し合って、お客様に喜ばれる店を一緒につくりたいという岩本さんら経営側のこうした思いは、パートにしっかり浸透しています。

例えば、パートの労働組合からの要求も、設立当初は「時給を上げてほしい」「福利厚生を良くしてほしい」などでした。ところが、今は「お客様のために自分たちが一体どうしたらいいのか教えてほしい」といった内容に変化していると岩本サブマネージャーは話します。

委員会活動も活発です。「店舗向上委員会」を中心に、「鮮度管理委員会」「POP委員会」「朝市夕市委員会」「美化委員会」、いわゆるポイントカードの「みのりカード委員会」がありますが、委員長はいずれもパートです。

更に、年に2回、休店日を利用して、アルバイトを除く全従業員が参加する全体会議も実施します。全体会議は、店の問題を解決する徹底討論の場。その全体会議でこんな問題提起がありました。「レシートも品物ももってこないお客様が、"牛乳が傷んでいたから返金して"とおっしゃる場合、どう

したらいいか」というのです。

　皆が答えに詰まってしまったとき、あるパートの発言により、全員一致で問題解決したといいます。発言は、「お客様はAコープを信頼してお買い物に来てくださる。ですから私たちも、お客様を信頼すべきではないか」というものでした。聞いた瞬間全員がハッとして、拍手が起きたのだといいます。

♠ 教育訓練費は800万円

　「発注は、パートさん自身が日ごと販売計画を立て、それにのっとって行います。その際、必ず結果を記録して、検証を行います。なぜ欠品したり、余剰在庫になったのかの分析を、パートさん自身に繰り返し行ってもらうのです。これにより発注の精度が高まります。在庫も格段に減りました。無駄がなくなって経営効率が高まれば、それだけパートさんの賃金を増やすことも、商品価格を下げることもできるのです」。

　とても大胆な権限委譲です。しかし、これだけの仕事を任せ、責任を負わせることは、パートに対するきちんとした教育訓練抜きにはできません。ですから同店では、年間800万円以上の教育訓練費用を計上しています。部門別の教育訓練を日常的に行うほか、パートさん本人から通信教育や研修の要望が出た場合なども、費用はすべてAコープで負担します。

♠ お客様を喜ばせる仕組みづくり

　お客様に喜んでいただくための工夫として、同店ではポイントカードを、早くも1983年に導入しました。今ではPOSシステムに連動させた「みのりカード」となり、発行枚数はすでに2万6,000枚近くに達しています。

　500円の入会金が必要にもかかわらず、毎月160人程度の新規入会があるのは、「既存会員からのご紹介」つまり口コミが圧倒的だからです。

　ほかにもイベントはたくさんあります。例えば、1,000円で1回引ける「福引」や、元旦に無料で配る福袋。中でも毎年、8月の第1土曜日に実施する「夏祭り」は、近所の子どもたちの「一番の楽しみ」にすらなっています。

　「これを、イベント企画会社に任せるのは簡単です。でも、いつも店でお客様と接している私たちが、自らの手でつくり上げ、お客様と一緒に楽しむことに、価値があるのだと思うのです。私たちは、地域の皆さんとのふれあいを、大事にしたいのです」。

　この気持ちは、確実にお客様の心に伝わっています。だからこそ、お客様は、30分レジに並んでも「あえて」同店を選ぶのです。

事例17 高い処遇で"精鋭パート"を採用し「気配り」の店に

Point
♠ 従業員の8割を占めるM社員（パート）を戦力化。
♠ 毎年3万件超の改善提案で常に仕事をブラッシュアップ。

しまむら【衣料品の販売】
◆所在地（本社）／埼玉県さいたま市北区宮原町2-19-4
◆設　　立／1953年
◆従業員数／1万2,567人（うちパート・アルバイト1万1,147人）
◆URL／http://www.shimamura.gr.jp/

♠ 強さの秘密は「人」にある

「しまむら」が、依然その強さを誇っています。

低価格衣料品専門チェーンのさきがけであり、安くておしゃれな商品展開で主婦層を中心に圧倒的な支持を得てきたしまむらが、同業他社の多くが低価格化競争に息切れをみせる中、着実に増収増益を続けているのです。

商品が売れるというのは、それだけお客様に支持されているということです。そして、しまむらが支持されている理由を語るとき、同社のM社員制度の説明は、はずせません。

何しろM社員は、同社の従業員の7割以上を占めているのです。

M社員とは、同社における短時間労働者の呼称です。いってみれば、パートの活用ですが、同社のそれは「正社員より人件費コストが安いから」「労働力量が簡単に調整できるから」といった安易さとは一線を画しています。

「M社員制度は、能力の高い主婦の方々にその力を存分に発揮してもらうため、戦略的につくられた制度です。店舗では、正社員はたいてい店長だけ。実際の運営はM社員が行います。

つまりM社員は、私たちが最も大切にする店舗の現場最前線で活躍する人材です。そこでの接客や店づくりなど、M社員の一挙手一投足がお客様の満足を左右します。

そこで大切になるのが、M社員の方々一人ひとりの"気配り"です。ほぼM社員だけで店を回すということは、M社員が自ら判断して動けることが大事です。それを可能にする仕組みづくりをするのが会社の役割です。そこで当社では、より優秀なM社員に働いてもらえるよう、家事と両立できるシフトを提供しています。また、処遇も高くしているのです」。

スタッフの気配りと頑張りをうながす、そんな同社のM社員制度について、6つのポイントに分けて紹介しましょう。

♠ポイント①／シンプルでわかりやすい制度

　パートを雇用するとき、多くの会社で頭を悩ませるのが、シフト管理です。シフトは「忙しいとき・暇なとき」という店側の都合と、「働ける時間・働けない時間」というパート側の都合の両方を考えて、組んでいかなければいけません。

　これが、パートを管理する人にとって、大変な負担になっていることが多いのです。一方、パートとして働くほうも「いつ、どのくらい働けるのかはっきりしない」ことなどに、不満を募らせてしまったりします。

　その点、M社員制度は、極めてシンプルな制度です。というのは、すべてのM社員を午前〜昼すぎまでの"ショート" 2日、終日勤務の"ロング" 3日という、週5日勤務に固定しているのです。

　しかし、こうしたシフト管理は「Aさんはこの仕事しかできない」「Bさんはこれだけ」といった状態ではできません。定休日がない店舗においては、なおさらです。

　そこで同社では、一人ひとりのM社員が、レジや検品、品出しなどすべての店舗作業ができるように教育しています。

　これにより、店内の誰もがお客様からのいかなる質問にも応えられる状況もつくっています。

　一方で、これがM社員の賃金制度をシンプルでわかりやすくしています。なぜなら職種による時給格差が生じないからです。

　もちろん、評価次第で昇給や賞与に違いは出ますが、例えば、新店舗オープン時の新人スタッフの時給は、すべて同額となります。ちなみにその初任時給も、物価などの地域格差を考慮して、全国を5段階に分けているにすぎません。

♠ポイント②／高い処遇で精鋭のやる気アップ

　M社員の時給はとても高い設定です。その「各地域の地域相場より高い初任給」が、人事評価次第で更に上がる仕組みです。

　加えて賞与が年に2回、平均して各1か月分が支給されます。勤続年数が5年以上なら一律7万円、10年以上なら15万円の退職功労金ももらえます。

　ちなみに雇用契約は、いわゆる正社員と同じ「期間を定めない」契約です。いずれも「気配りのできる有能な人にこそ、長く働いてほしい」という同社の考えの表れです。

　ただしその分、仕事の幅が広いため、「やること」「覚える」ことも多いの

が実際です。でも、それを「マスターしてしまう」のが同社のM社員。高い募集時時給の効果です。

というのは、募集時時給が高いため、新店舗オープン時など新規採用の際、募集をかけると地域によっては、100人を超えるほど応募者が集まるのです。そこから選んだオープニングスタッフ10人は、実際、優秀な人ばかりです。まさに精鋭部隊といえるのです。

♠ ポイント③／負担にならない仕組みづくり

M社員は、同社のコア戦力ではありますが、あくまでも家庭との両立が第一のパートタイマーです。家事との両立で疲弊してしまっては、気配りはできません。

そこで同社では、M社員にとって「仕事が過度な負担にならない」工夫を凝らします。

例えば、「本部主導の商品管理」。要するに商品の仕入や値引販売について、各店舗のM社員が独自に判断したり実施することが基本的にはありません。

売場のレイアウトなども、本部の「売場計画書」に従います。基本や土台は、すべて指示されたとおりに行えばいいため、売場の管理は容易です。迷ったり、判断ミスから損失を出すこともありません。

その分店の状態に目を配ったりお客様との会話や関係づくりに力を注げるというわけです。

ちなみに、すべての仕事はマニュアル化されています。マニュアルは、1冊の厚さが5～7センチで、これが全部で10冊あります。うち5冊が店舗用です。

マニュアルは「対応が形式的になる」などの理由から、マイナスのイメージをもたれることが少なくありません。

しかし同社では、これを最も効率的な仕事のやり方をまとめた"仕事の辞書"と捉えています。仕事をしていて、わからないことや困ったことが生じたときは、全員がこれを参照します。

♠ ポイント④／マンネリ防止の施策あれこれ

指示どおり、マニュアルどおりの仕事は気配りや気づきのための余裕を生み出す一方で、マンネリや飽きにつながりやすいのも事実です。それを解消するのが、さきにあげた「一人ひとりのM社員が、レジや検品、品出しなどすべての店舗作業を行う」仕組みです。

日により時間帯によって、検品やレジなど様々な仕事に従事することは、マンネリ防止に有効です。

またM社員は、それぞれ紳士服、婦人服、下着といった、担当コーナーをもっています。売上のノルマはないものの、自分が担当するコーナーが決まっていると、自ずから、接客にも力が入るというものです。
　顔なじみのお客様ができるようになると、ファッションの相談に乗ったり、あるいは何げない雑談などお客様との会話などが、モチベーションアップにつながっていきます。

▲ポイント⑤／改善提案制度でマニュアルを強化
　しまむらのマニュアルは、日々更新されています。その基になるのが、改善提案制度です。
　制度の概要はこうなります。
　「日々の仕事を通じて、今のマニュアルにあるやり方よりもっと良い仕事の方法や、新たにマニュアルに加えるべき内容をみつけた場合に、現状報告とともに、その内容をパソコンで入力して提案する。全国の改善提案はすべて本社に送られ、担当部長のチェックを経て担当役員に回され、マニュアルに反映すべきかどうかを検討する」。
　こうして出てきた改善提案の数は、1年間で3万件を超えています。この勢いで、日々の仕事が「改善」され続けているのです。この結果が、お客様にとって「買い物しやすい」「買い物に行きたくなる」店舗づくりに、プラスの影響を及ぼすのは当然です。
　ちなみに改善提案には、1件につき500円以上の報酬が出ます。また提案件数の多かった店舗は、各地域ごとの新年会で表彰もされます。

▲ポイント⑥／評価に応じた賃金・昇進
　M社員の評価は目標管理で、これにより賃金だけでなく賞与の額も変動します。能力や評価の高い人には、昇進の道も用意されています。
　その第一歩が店長代理。店長不在時に代わりを務めたり、仲間のM社員を指導したり相談に乗る役目です。
　会社が指名した人には、店長への道も開かれます。すなわちM社員から正社員への登用です。M社員出身の店長は、今では600人を数えます。また、数店舗を統括するブロックマネージャーに昇格した人も約50人います。
　「頑張ればチャンスがある」という思いは、確実にM社員のモチベーションを上げています。モチベーションの高い店は、明るくイキイキしたエネルギーで一杯です。これにより、更に「お客様にとって魅力ある」店づくりが、可能になっているのです。

⑰高い処遇で"精鋭パート"を採用し「気配り」の店に

事例18 会員と「会話する」仕組みと研修でアルバイトを戦力に

Point
♤ 大量のアルバイトを会員とコミュニケーションができるスタッフに育成。
♤ キャンペーンやコンテストを効果的に活用。

ジェイアール東日本スポーツ【フィットネスクラブ】
◆所在地(本社)／東京都渋谷区代々木1-58-1石山ビル3階
◆設　立／1978年
◆従業員／458人（うちアルバイト等369人）
◆URL／http://www.jexer.co.jp

♠ 1年で「会員の半数が入れ替わる」業界

　ジェイアール東日本スポーツが経営する「ジェクサー・フィットネスクラブ赤羽」は、2005年7月にオープンしました。
　JR埼京線、京浜東北線、宇都宮線、高崎線の上下計8線が乗り入れるJR赤羽駅の広大な高架下を利用して、延べ床面積1,430坪という規模でのフルフラットつまり一層構造を実現しています。これは、国内のフィットネスクラブでは最大規模です。
　オープン当初の目標は「1年目の平均会員数4,000人」。ところが、その会員数は、2006年2月時点で6,050人を超えました。2003年開店の大宮店も好調で、"開店景気"が終わった今なお、8,800人の会員を擁しています。
　設備の魅力だけで、これだけの会員維持は難しいのが実際です。何しろ「毎月会員の4％が退会」するのが業界の平均です。12か月で48％。要するに、わざわざ会員登録まで行いながら「1年後には、その半数が入れ替わってしまう」業界なのです。

♠ 10年間の停滞期を越えて

　「長い停滞期を、ようやく脱しました。会社の立て直しに、実に10年かかりました」。
　ジェイアール東日本スポーツが、ジェイアール東日本グループの新規事業としてフィットネスクラブを初めて開設したのは1991年のこと。その2年後の1993年に2号店をオープンして以来、2003年の大宮店出店は、実に10年ぶりのことだったのです。
　その大宮店は年平均会員数8,800人という大成功、赤羽店はこれを上回る勢いです。

⑨ パート・アルバイトの「サービス・マインド」の向上で他社に差をつけた事例

加えて2006年7月には、JR上野駅構内で、同社3番目の巨艦店をオープンしました。世界に類をみない、駅の中という立地も手伝って、「ロッカーが足りない」ほど集客しています。
　「利用者は、まだまだ増えると思います」
　と同社は予想しています。健康ブームの中、2007年には団塊世代が一斉に定年退職し始めます。「時間もお金もある人」の増加に、業界の展望は明るいといって差し支えないでしょう。

♠「局地戦」を勝つために〜ハードよりソフトが大事〜

　しかし、現場に視点を落としてみると、そこにあるのは熾烈（しれつ）な同業間競争です。
　会員は入会する施設を、生活動線にある数店から厳選します。要するにフィットネスクラブのお客様は、主に周囲3キロメートル圏の地域住民なのです。フィットネスクラブ各社は、"限られたパイ"をめぐって、「局地戦」を戦っているのです。
　しかもフィットネスクラブは、施設の新しさや充実度などハードだけでは選ばれません。会員は、単に運動するだけでなく、スポーツを通じ「楽しむ」ために、クラブを訪れるからです。
　大事なのは、そのための"ソフト"づくり。カギを握るのは、スタッフたちです。

♠鍵を握る大量のアルバイト

　ジェイアール東日本スポーツをはじめフィットネスクラブのスタッフは、大半がアルバイトです。ジェクサー赤羽店の場合も同様で、正社員は14人ですが、アルバイトは60人を抱えます。クラブの運営には、多くの人手が必要だからです。
　"ソフト"を充実させるには、この大量のアルバイトスタッフを育成しなくてはなりません。すなわち"私たちの会員様"との意識づけ」をどう行うかが重要になります。加えて、会員との「コミュニケーション力」の養成が不可欠です。
　ところが、これが難しいのです。なぜならアルバイトスタッフというものは通常「学業や趣味など"自分の本業"のかたわら、空いた時間を利用してお金を得たい」人たちだからです。
　いわゆる"腰掛け"的な働き方。そうした働き方のスタッフの教育には、努力と工夫が必要です。

♠ "ソフト"を育てる教育・研修・評価とは

「小規模な教育研修はほぼ毎日、更に月に1度は休館日を利用して、全スタッフ参加の研修を開催します。そこでは毎回"館内放送"などテーマを決めて、全員で話合いを行います。例えば、館内放送を行う場合、マイクを通すとどんな話し方が聞き取りやすいのかなどをスタッフ同士で討議するのです」と赤羽店の塚田康一マネージャー。

討議の際のポイントは、すべて「会員にとってどうか」を基準に考えること。したがって、例えば館内放送の音量なら、話合いの結果は「リラクゼーションスペースでは、小さめのほうがいいよね」となるのです。

スタッフの評価制度も、指導の仕方や実際の運動能力などテクニカル面だけでなく、その人の「接客」ぶりも評価して、時給に反映する仕組みにしています。

実際には、アルバイトの接客評価は、正社員のチーフが担当します。チーフは、エアロビクスやダンス、ヨガなどのグループレッスンを行う「スタジオ」、マシンが並ぶ「ジム」、そして「プール」など、セクションごとに配置されています。

このチーフが、部下であるアルバイトスタッフの「お客様とコミュニケーション」する様子を、日々見守っているのです。

♠ スタッフと会員が「会話」できる仕組み

同社が重視するのは、スタッフと会員との"フェイス・トゥー・フェイスの会話"です。

ところが、これはきっかけづくりが難しいのです。会員は老若男女多様です。しかも、思い思いにマシンを使い、汗を流したり体を鍛えています。そんな会員に対して、若いアルバイトスタッフに、ただ「声をかけろ」と命令しても、効果は期待できません。

そこで工夫したのが、スタッフと会員が「会話」できる仕組みです。具体的には、全スタッフが日替わりで担当する"司令塔"という役割がポイントになります。これが、実に有効に機能しているのです。

"司令塔"は、フロア全体を常に見る役目です。そして「マシンの使い方がわからない」など困っていたり迷っている人をみつけては、無線で各セクションのスタッフに連絡します。

連絡を受けたスタッフは、即座にその会員のそばへ行き、「大丈夫ですか」「何かお手伝いできますか」などと声をかけるのです。指令塔からの"指示"であれば、アルバイトも臆せず話しかけられます。

♠ キャンペーンで会員の「名前を覚える」

特に「初めて利用する会員の方々」には、必ず"お声がけ"する約束です。しかし「初めて利用する会員」は、どうすれば見分けられるのでしょうか。

「初めての人を見分けることも、実は仕組みで解決しています。当社では、新規会員にはオリエンテーションを受けていただきます。つまり、オリエンテーション会場から出てきた方は、必ず"初めて当クラブを利用する方"というわけです」と塚田マネージャー。

多くのアルバイトスタッフに「誰でも、同じように接客できる」ことを望むなら、そこには"仕組み"が不可欠なのです。

そして、塚田マネージャーはこう続けます。「"お客様のお名前を覚える"キャンペーンなども、大変効果的でしたね。オープンから2か月で、何と50人のお客様のお名前を覚えたアルバイトがいましたよ」と。

思い思いの格好で汗を流す会員は、もちろん名札など付けていません。自ら話しかけ対話せずに、相手の名前はわかりません。

ジェイアール東日本スポーツでは、アルバイトスタッフに、ここまで積極的な行動を促しているのです。

♠ 現場を支えるCS推進室

現場のこうした活動を下支えするのが、同社のCS推進室です。

CS推進室は、「サービス業なのに、現場にサービスマインドがないのでは」という社内の問題意識がきっかけで発足しました。

有田岳夫CS推進室長は振り返ります。

「業界内に、CSの専門部署を設置している例など、聞いたことがありませんでした。しかも私自身、鉄道会社から異動してきたばかりのときでした。ですから、まずは基本の基本、つまり"フィットネスクラブのCSとは何なのか"を考えるところから始めたのが実際です」。

とはいえ、その活動は積極的かつ多様です。例えば、スマイルナンバーワン活動やマナーアップキャンペーン。月間MVPや年間MVPなどの社長表彰は、スタッフのやりがいや誇りにつながると同時に、「会社が考える"良い行い"とは何か」を、具体的に提示する役目を担っています。

♠ お客様の声を集める活動

CS活動に欠かせないお客様の声。同社の場合、直接的には「専用の用紙を更衣室に用意して会員に書いてもらう」ことにより日常的に吸い上げています。

赤羽店の場合、回収は1日だいたい3件です。内容は、即座にすべて会員向けの掲示板などに掲示します。その際、クラブからの回答や対応も明記します。更に、同時にその内容は、本社にもメール送信される仕組みです。
　一方、「One MeMo活動」は、スタッフを通じてお客様の声を集める仕組みです。スタッフがお客様から直接ご意見やご要望をいただいた場合や、スタッフ自身が気づいたことなどを、メモして提出するのです。赤羽店の場合、こちらも1日1件は上がってきます。
　顧客不満足度調査も定期的に行っています。成績は店舗ごとに明らかになりますが、これは全スタッフを一同に集めて発表します。店舗間の競争を生み、発表の場は大変な盛り上がりをみせるといいます。

♠若いスタッフの力を活かす

　しかし、同社の「中でも効果を実感している」のが、接客ロールプレイングコンテストです。具体的なやり方は、図表93のとおりです。
　有田CS推進室長は、「スタッフは、上司である現場のチーフにあこがれ、チーフの背を見て仕事をします。だからCS活動でも、そうしたチーフたちの力を、今後もっともっと活用してくつもりです。具体的には、チーフに"CSリーダー"研修を行って、現場主導のCSをさらに強化していきます」といいます。
　同社の退会率は、すでに2％後半～3％前半になっています。退会率が下がれば当然、継続的な収益力がアップします。
　それだけではありません。新規募集のための広告宣伝費など余計なコストも不要になります。これが次なる出店の原動力。攻めの姿勢は若いスタッフの若いエネルギーがあふれる社内を、嫌が応にも、活性化していきます。
　退会率の、業界平均との「1％」の差が意味するものは大きいのです。
　しかし同社は、この差を、さらに広げる考えです。

【図表93　接客ロールプレイングコンテスト】

❶　ジェイアール東日本スポーツの全店舗から、各2～3人ずつを選抜。
❷　選抜された2～3人が、舞台の上で、接客スキルを競い合う。
❸　具体的には・・・
　　①　プロの役者が会員役になり、様々な場面を演じる。
　　②　役者の演技に即応し、選抜されたスタッフがアドリブで応対。
❹　効果は・・・
　　①　役者を相手にしたアドリブは現実味があり、疑似体験さながらのリアリティーがある。
　　②　どういった応対が良いのか、全員で共有できる。
❺　応対の素晴しかった人を表彰。ちなみに優勝者のロールプレイには、その応対の見事さに、会場から一斉に「ほーっ」と声が上がるほど。

⑩ お客様に「心」を届けて業績アップに成功した事例

⑩では、お客様に"心"を届けて業績アップに成功した6つの事例をまとめています。

事例19 夫婦の心を豆腐に乗せて宣伝せずに年商1億3,000万円

Point
♤ 原価率を上げて少しでも良いものをお客様に。
♤ 「ご縁はお豆腐がつくってくれる」の気持ちで、年間宅配注文2万件に。

> 安心堂白雪姫【豆腐の製造販売】
> ◆所 在 地／大阪府堺市中区土師町4-12-13
> ◆設 立／1984年
> ◆従業員数／正社員4人、パート等35人

♠ 家族経営の豆腐店に年間2万件の宅配注文

同じ豆腐を商っていても、安心堂白雪姫の豆腐は、工場で大量生産されたものとは、全く違う豆腐です。

いわゆる街の「お豆腐屋さん」の豆腐と比べても、そのほとんどと「一線を画する」といって差し支えないでしょう。

その証拠に、例えば日本を代表するメーカーから「役員会で食べ、ものづくりの原点を考えたい」という理由で、注文が入ったりします。あるいは、誰もが知るような著名人から「素晴らしいと聞いて」と、次々に依頼が来たりもするのです。

この豆腐をつくるのは安心堂白雪姫のご主人で、販売を担うのはその妻です。今ではすっかり成長した2人の子どもも、販売を手伝います。

そんな家族経営でありながら、宅配だけで、今では年に注文が2万件以上。一方で寄せ豆腐262円など店頭での地道な商売も重ね、年商は1億3,000万円に達しました。

2006年7月には、本社と工場を移転。より広く、豆腐づくりに適した環境で、新たなスタートを切るに至っています。

しかし、なぜ、どこが、他店の豆腐と違うのか。それは"祈りの豆腐"だからです。表からはみえない価値に、お客様が、集まってくるのです。

♠ 午前3時の豆乳づくり

2005年4月なかばの朝、午前3時。大阪府堺市の団地に建つ、小さく古びたスーパーの裏手に、いつもと同じ明かりが灯りました。

今では年商1億3,000万円と創業時の13倍、贈答やお取り寄せなど宅配の注文が1日平均70件も入るという豆腐店「安心堂白雪姫」の創業の地。以来

2006年6月まで、ずっとここで、つくってきました。
　午前4時。人がやっとすれ違えるほどの通路を残した作業場は、すでにもうもうと立ち上る湯気でいっぱいです。
　天井まである大きな機械に、一晩水に浸されふっくら戻った大豆が吸い込まれ、一方の端からは絞ったばかりの豆乳が、クリーム色に泡立ちながら、大きな寸胴を満たしていきます。
　この時間、作業者は1人。白長靴に白い帽子と作業服の、橋本太七代表取締役です。

♠ 祈りのにがり

　4時半に1人、空が白くなってきた5時に更に7人が出社して、豆腐づくりはピッチが上がります。
　人が増えても、大きく重い寸胴を動かすのは、依然として主に社長です。四角い木綿や絹豆腐、柔らかな寄せ豆腐やざる豆腐、そして厚揚げや油揚げなど、すべての商品はこの同じ豆乳から、生み出されます。豆乳は、すべてを決める「源」なのです。
　その寸胴を前に、社長が突然、眉間の高さで両手を合わせました。
　目をつぶり、祈りの姿勢。その後一瞬のうちに両手を離し脇を締め、全身に力をみなぎらせたかと思うと、右手でにがりの入った計量カップを取り、円を描くように流し入れます。
　続いて寸胴に沈めた穴の空いたドーナツ型の道具をもつと、ゆっくりともち上げて撹拌しました。これが冷め、寸胴の中でやんわりと固まったものが、寄せ豆腐の「あわゆき豆富」になるのです。

♠ 工場長から"豆腐屋"に

　午前9時。すっかり太陽が上った頃、ようやく社長が長靴を脱ぎ、頭から帽子を取りました。
　「うまみ、甘み、香り、柔らかさ——私が自分で食べて心から"美味しい"と思えた豆腐に辿り着くまで、1年かかりました。その間、毎日試作品をつくりましたが、1回の失敗で、120丁分もの豆乳を捨てることになります。それでも人とのご縁で、糖度の高い大豆と伊豆大島の天然にがりをご紹介いただき、ようやく納得のいく豆腐ができました」。
　豆腐をつくっているときとは違う柔らかな表情で、橋本社長はこう振り返ります。

⑲ 夫婦の心を豆腐に乗せて宣伝せずに年商1億3,000万円

橋本社長は、もとは金沢「芝寿し」の食品工場長。豆腐店を営む親戚から跡継ぎを依頼されたとはいえ、「安定した生活を捨て、斜陽産業の豆腐屋になるなんて」と、周囲には強く反対されました。
　それでも「やってみたい」と思った橋本社長に、妻だけは賛同し、3人の子どもを連れて堺に移り住んだのです。
　"引き継ぎ"はたったの20日。化学物質で固める豆腐づくりをにわか仕込みで教わって、独立しました。
　化学物質で固めて行う豆腐づくりは、天然にがりを使う豆腐づくりに比べれば、格段に楽な作業です。しかしこれとて「夜、家に帰ると足腰が立たないくらいこたえた」と、橋本社長は回想します。

♠「ばか正直」が支持されて

　「化学物質に頼ったこの豆腐では、工場生産のものと差別化できず、早晩行き詰まってしまうに違いない。小さな町の豆腐屋だからこそできる豆腐をつくらなくては」。
　橋本社長がこの考えを確たるものにしたのは、かつて勤めた「芝寿し」会長のこの言葉がきっかけでした。
　「豆腐店のサービスとは何か。それは、原価率をできるだけ上げて、少しでもおいしい豆腐をつくることです。ばか正直さこそが、お客様の気持ちを動かすのです」。
　そうしてつくり上げたのが、天然にがりを使い、絹と木綿の間のような食感を実現した豆腐"白雪姫"でした。更に"かぐや姫青竹筒"など新商品の開発に、相次いで成功します。
　宣伝は一切せず、当時販売は堺だけ。なのに「美味しいと聞いて」と、わざわざ遠方からお客様が買いに来たり、有名料亭が仕入に来るようにもなったのです。
　一度食べたお客様からは、今度は「大事な方に贈りたい」とのご要望が増えました。その声に後押しされて、クール便での宅配を始めましたが、これが今では1日平均70件を数えます。
　中元や歳暮など贈答シーズンには、「冷蔵庫の関係から1日150件」と決めた限界以上の注文が入ります。
　「おいしいものを、最高の豆腐を届けたい」。
　ご主人のこの気持ちがこもった祈りの豆腐は、人の気持ちを動かして、人から人へと伝わりました。

❿ お客様に「心」を届けて業績アップに成功した事例

♠豆腐がご縁

　販売のカギは、妻の由起子さんにあります。
　「私にとってお客様は、お友達であり父母なんです。ですから『本当に美味しくて体にもいいお豆腐をどうぞ召し上がって』と、自然にお勧めしてしまうんです」
　人懐こい、とろける笑顔で由起子さんはこう話します。
　店頭と異なり、お客様と直接会えない宅配便のお届先には、手書きの水彩画に気持ちを込めて、商品と一緒に送ります。添える言葉は、母の日なら「お母さまへの感謝」など、主に贈り手の気持ちです。つまり、贈り手の心を代弁するのです。
　今の元気な姿からは想像もできませんが、由起子さんは30歳で原因不明の病に倒れ、体の自由がきかない極限状態を3年間経験しました。子どもは小さく、トイレも食事も介添えがいります。
　「ごめんなさい」。泣いて謝る由起子さんを当時工場長だった橋本社長は、何もいわずに支え切りました。
　2人の間のこの信頼と、感謝の気持ちと謙虚さが、安心堂白雪姫の強みです。例えば、製造現場に掲げられた「私の願」という一編の詩（図表94）。「一隅を照らすもので　私はありたい」で始まる、住友グループのリーダーの1人、故・田中良雄氏のこの詩を、社長は毎日、更に週に1度は、スタッフ全員で朝礼で唱和します。
　「ご縁は、お豆腐がつくってくれるんです」。来店客がメッセージを書き込む"縁尋機妙（えんじんきみょう）"という名の冊子は、すでに20冊を超えました。
　やるべきことをやり抜く姿勢。これが、お客様に通じ、お客様の心を動かしているのです。

【図表94　安心堂白雪姫が大切にする詩】
社長は毎日これを唱え、社員は週に一度の朝礼で必ず唱和します。

```
             私の願
         一隅を照らすもので私はありたい
         私の受け持つ一隅が
         どんなに小さい惨めなはかないものであっても
         悪びれずひるまず
         いつもほのかに照らしていきたい
         田中良雄
```

⑲夫婦の心を豆腐に乗せて宣伝せずに年商1億3,000万円

事例20 営業は「お客様」・リピート率65％の温泉旅館

Point
♠ 一期一会を大切にする女将の心がお客様に届く。
♠ 「ここは感じがいいわよねえ」の口コミで満館に。

花の宿「松や」【旅館】
◆所　在　地／栃木県日光市鬼怒川温泉藤原19
◆創　　業／1957年
◆従業員数／60人（うちパート等12人）
◆URL／http://www.matsuya.co.jp/

♠ 淘汰の波に負けない旅館

「東京の奥座敷」といわれる鬼怒川温泉。

バブル期には団体客が押し寄せ、多くの旅館が更なる増客を目指して高層化しました。しかし今、宿泊客は「ピーク時の約6割」といわれています。そこに地元「足利銀行」の破たんが追い討ちをかけました。

温泉街を、淘汰の波が襲っています。しかしそんな中にも、オフシーズンでも週末は必ず「満館」という宿があります。宿泊客の65％がリピーターという、花の宿「松や」です。

リピーターが多いのは、設備や食事はもちろんのこと、何より「居心地がいい」からです。その居心地の良さを演出するのは、スタッフです。

いろいろな旅館を転々としてきたスタッフは、「松や」に来て「ほかのどの旅館より、自分のことを考え、思いやってくれる」女将に接します。

そこで感じるのは、従業員としての「働く喜び」であり「満足」です。そして、「ここで精一杯頑張ろう」と思うのです。

これが、お客様にとっての「居心地のよさ」につながっています。

♠ リピーターの実態

「私は3回目よ」

「長野さんは4回目ですって。雪の時期もすてきだそうよ」

「雪の露天風呂かあ。じゃあ次は冬に泊まりに来ましょうよ」

この会話は、鬼怒川温泉の最上流に位置する旅館「花の宿『松や』」から、系列の「日光竹久夢二美術館」に向かう専用バスで、実際に交されていたものです。

たまたま乗り合わせた、60年配の女性客5人が、こう楽しそうに談笑して

いました。
　1人のお客様が同じ温泉旅館に、何度も足を運ぶことはあまりありません。普通は「どうせなら別の温泉に」と思うからです。
　ところが「松や」には、こうしたリピート客が少なくないのです。
　もちろん、眼下に鬼怒川を望む露天風呂つきの総工費3億円という大浴場や、女性客には松やの女将が大ファンだという竹久夢二をテーマにした"大正ロマン風"インテリアも魅力でしょう。
　しかし、松やが固定客を掴んでいる最大の理由は、先の女性客がいった言葉に集約されます。
　「ここは感じがいいわよねえ」。

♠朝礼が人を育てる

　「旅館で一番大切なのは、人材です。うちの場合、その教育は、全員参加の朝礼がすべてです」
　松やの女将、臼井静枝さんは、こういい切ります。
　1989年から、(社)倫理研究所が発行する冊子『職場の教養』を取り入れた朝礼を、1日も欠かさず続けてきました。
　『職場の教養』には"挨拶の効用"など500字ほどの短文が、1日1テーマ日替わりで載っています。朝礼ではこれを全員で読み、うち2人が感想を述べ、その後女将が話を補足します。
　『職場の教養』が終わると、続いて予約係が、当日宿泊予定のお客様について、部屋ごとに説明します。
　例えば「家族連れか」「VIPか」「特別料理は」といった具合です。これを、ルーム担当はもちろん、多くの旅館で治外法権的扱いとなりがちな"板場"の板長も真剣に聞きメモを取るのです。
　所要時間は約15分。進行によどみはありません。

♠一人ひとりが「お客様の立場」で判断

　「朝礼は、毎朝10時半から行います。今でこそ開始時間に全員そろいますが、最初は大変でした。旅館の従業員は、あちこち渡り歩く人も多く、上手に文章が読めなかったり、人前で話したことなどない人がほとんどです。当時はバブルで、働く場所はいくらでもあり、『朝礼が嫌だ』といって辞める人も多くいました。ただでさえ人手不足の折、業務が回らなくなって、私も布団の上げ下ろしや、食器洗いをしたものです」。

女将は、なつかしそうに話をします。

そこまでして朝礼をやめなかったのは「これからは個人客の時代。必要なのは、おもてなしの心であり、かゆいところに手が届く接客とサービスだ」という考えがあったからです。

滞留時間の長い旅館では、様々な場面で従業員が、お客様と接触します。業務の完璧なマニュアル化は不可能で、となれば一人ひとりが、その場で判断するより仕方ありません。

朝礼は、いうまでもなく「情報共有」の場です。ここに女将は、「一人ひとりがお客様の立場で判断する訓練の場」としての役割ももたせたのです。

そのため、松やでは、正社員の朝礼より30分早く、清掃や食器洗いのスタッフにも、同様の朝礼を実施しています。また、夕方4時には、ルーム担当など当日お客様に接するスタッフだけを集めた夕礼を、女将の進行で行っています。

♠ **一期一会を大切に**

「女将ほど『一期一会』を大切にしている人はいません」

松やで20年以上働いてきた、ある従業員は、こう話します。

「女将はよくいうんです。お客様は、世界中の観光地から鬼怒川を選び、更に100軒もある旅館から"松や"を選んでくださった。幾多の選択肢から、選んで選んで、奇跡的にお見えになった方を、おもてなししないわけにはいかないって」。

女将の気持ちは、行動にそのまま現れます。例えば各部屋の入り口に張られた宿泊客の名前は、すべて女将自ら、半紙に墨で筆書きしています。出張などでいないときも、その間の予約分、事前に書いて置いていくという徹底ぶりです。

女将は理由をこう話します。

「本来女将は、すべてのお客様をお出迎えし、お見送りすべき立場です。でも実際は不在だったり、いてもタイミングを逃してしまうことも生じます。だからせめて、お客様のお名前を一つひとつ書くことで、おもてなしの気持ちを伝えたいと思うのです」。

それだけではありません。館内のそこかしこに飾られた野の花は、旅館の敷地などで摘み、女将が自ら生けています。毎晩夜中の2時、3時までかかって、お得意様などに礼状もしたためます。

「可能な限り、自らお客様をおもてなししたい」

こう考える女将に、休日はありません。

♠ 同じ失敗は４度まで

　まさに率先垂範。女将の背をみて育った従業員は、自然に"おもてなしの心"で行動するようになります。しかしそれでも、失敗はあり、トラブルもあります。例えば——と女将は話します。

　「クレームは一刻も早く伝えなさい、それもあなたの仕事ですよと、これは本当に厳しくいっています。だって、お客様が館内にいらっしゃるうちは、お目にかかってきちんとおわびができますから」。

　不満を抱えたまま帰途については、せっかくの旅行が台無しになってしまいます。しかも悪いうわさほど、あっという間に広まってしまうのが実際です。

　「同じ失敗は、４回以上は許しません。先日も、いくら注意しても"つっかけ"を脱いだままにする従業員がいて、とうとう本人の目の前で投げ捨てました。事務所で怒鳴ることもしょっちゅうです」。

♠ 従業員を愛する心

　そんなとき従業員は、深く悔やみ、反省するといいます。雇われる身とはいえ、大の大人です。なぜそこまで素直になれるのでしょうか。

　入社して６年になる従業員は、理由をこう話します。

　「女将は採用面接のとき、『もう根無し草はやめなさい。ここでいろいろ身につけなさい』というんです。そして誕生日には、必ず筆書きの"ラブレター"もくださるんですよ」。

　その人の良さを具体的に褒める内容。しかも便せん４〜５枚にもなるといいます。

　松やでは「年配者の心配りの細やかさは、若者より数段上」という考えから、定年を定めていません。そのため勤続10数年の人が少なくありません。

　それもこれも、女将の深い愛情が、従業員の心を掴んでいるからです。

　創業者である先代から、松やを継いで34年。当初は客室数も20弱、「雨漏りがする」など日夜苦情に頭を下げ、一方で団体旅行客獲得のため、農協や東北地方の中学校に営業をして回ったと女将は回想します。

　しかし、以来松やは、「営業」社員を雇っていません。宿泊後地元に帰ったお客様が「鬼怒川なら松や」と広めてくれるため、必要がないのです。

⑳ 営業は「お客様」・リピート率65％の温泉旅館

事例21 お客様の気持がわかるクリーニングを仕組みと教育で実現

Point
♠ 代表的な「クレーム産業」でありながらクレーム・ゼロを実現。
♠ 大切なのは、Quality（品質）、Question（《お客様の意見を》聞く）、Service（サービス品質）とSmile（笑顔）、Cleanliness（クリーンリネス）。

クリーンサワ【クリーニング】
◆所 在 地／和歌山県和歌山市宇須1丁目1-33
◆創　　業／1960年
◆従業員数／正社員21人、パート等14人

♠ クレーム産業といわれるわけ

「クレーム産業」。

クリーニング業界は、しばしばこう表現されます。衣服にまつわるトラブルが、クリーニングをきっかけに一気に助長されたり、発見されることが多いからです。

実際にはトラブルの原因は、無理な加工を施した布や劣悪な設計や縫製、消費者の着方や保管の悪さにあったりします。要するにクリーニング会社に届いた時点では、どうしようもない状況。そんな中で限りなくクレームゼロに近い経営を続けている会社があります。和歌山市内に8店舗を展開するクリーンサワです。

安値競争が激化する中、同社のクリーニング価格はワイシャツ1枚330円など、決して安いわけではありません。それなのに「県外にお引っ越しされたお客様が、わざわざ当社に宅配便で洗濯物を送ってこられる」ほど、顧客の心を掴んでいます。

同社のクレームゼロを追求した経営が、いかに徹底したものかは「ホンダが、ディーラー用の教育資料をつくるために取材に来た」というエピソードからもわかります。

「汚れ落ちは抜群、環境汚染は皆無、しかも型崩れもシワもない」という全く新しいシステムによるクリーニング機械「グリーンドライ」を自ら考案し、商品化したこともその表れです。

♠ CSはスタッフの心から

どうすれば「クレームゼロ」を実現し、「県外にお引っ越しされたお客様

が、わざわざ当社に宅配便で洗濯物を送ってこられる」ほど、お客様の心が掴めるのでしょうか。

この質問に、株式会社クリーンサワ代表取締役の澤浩平さんは、開口一番、「人心管理がすべてです」と答えます。

そして理由をこう続けます。

「なぜならご満足とは、価格、品質、接客サービスなどすべての面で、お客様に納得し安心していただいた"結果"だからです。お客様と価値観を共有でき、お客様のために損得勘定抜きで働ける従業員が、何より大切なのです」。

そうした従業員の育成のため、同社が基本政策として示しているのが「QSCの提供」です。すなわちQuality（品質）とQuestion（お客様の意見を聞く）、Service（サービス品質）とSmile（笑顔）、そしてCleanliness（クリーンリネス）です。

同社が顧客に支持される理由は、このQSCを、"仕組み"と"教育"の2方面から、徹底的に追求していることに尽きるのです。

♠クレーム回避の仕組みづくり①／洗濯前の入念な点検

起きてしまったクレームには誠心誠意対応し、同時に同じクレームは二度と起きないよう工夫する。クレームゼロを実現するには、これを愚直に繰り返すしかありません。ところが原因が社外にあった場合、対応は困難です。

そこで同社が行っているのが、洗濯前の入念な点検です。専門の工程を設け、ほころび、変色、ボタンの状態など24項目についてチェックします。

♠クレーム回避の仕組みづくり②／お客様への説明の徹底

ほころび、変色、ボタンの状態などについて、もし店頭での受付時に見逃したものがあれば、一度預かった衣類も店頭にフィードバックしてしまいます。そして、受付担当者からお客様に、「クリーニングでこんなトラブルに発展する可能性がある」などと説明します。

「できることを正しく行う。できないことはしない。それがプロのあり方ではないでしょうか」と澤社長はいいます。

♠クレーム回避の仕組みづくり③／作業工程を秒単位で記録

預かった衣類はクリーニング後お返しするまで、すべての工程でバーコードチェックされています。誰が、いつ、どの作業を行ったかが、○時○分○

秒単位でわかるのです。

　これにより、例えば紛失事故は皆無になりました。そのうえ社内の雰囲気が、格段に明るくなったといいます。

　「自分のせいでお客様にご迷惑をかけることをシステムが防いでくれる。この安心感と自信が従業員の表情に表れているのだと思います」。

♠ クレーム回避の仕組みづくり④／業務別チェックシートの活用

　「業務別チェックシート」とは、一人ひとりの担当業務について、何をどのようにすべきか記したもの。チェック項目は、きわめて細分化されています。例えばシミ抜き業務なら、「エアガン」の蒸気圧や、ヘラの使い方といった具合です。

　ちなみに業務別チェックシートは、パートも含めた全社員が、一人ひとり「自分のものを自分で」つくります。もちろん、それには理由があります。

　「自分で自分の業務別チェックシートをつくる作業とは、要するに入社後、仕事を覚える過程で、先輩から教わった内容を紙にまとめてもらう作業です。この作業をすることにより、仕事をきっちり、正確に覚えてもらうことができるのです」。

　もし新人が自分のチェックシートに間違ったやり方を書いていた場合、"先輩の教え方"に問題がある可能性があります。つまり、先輩社員のやり方もチェックできる。これも大きなメリットだといいます。

　業務別チェックシートの作成は、全社全員が"正しいやり方で仕事をする"ための、標準化の仕組みの１つになっているのです。

♠ 目指すのは"着る心がわかるクリーニング"

　Quality（品質）を高める仕組みが、Smile（笑顔）を引き出しています。Smileは当然、気持ちのよいService（サービス品質）に直結します。クレーム回避の一連の仕組みは、従業員のお客様対応まで高めているのです。

　それでもトラブルが起こることはあります。そんな場合は、説明責任に帰すとして、弁償もします。

　「１点単価580円の地道な商売ですが、最高級のカシミヤのセーターがほつれ、10万円お支払いしたこともあります。でも、それでもお客様の気持ちは、マイナスからゼロに戻るだけ。衣類にまつわる思い出は、お金では償えないからです」

　そこで、更にセーターを丁寧に繕って『普段着にしていただけたら』とお

届けします。これが同社で目指す"着る心がわかるクリーニング"。これでようやく、お客様の気持ちはプラスに振れるのです。

♠スキルと心を育む教育とは

スキルと心の教育のポイントは、図表95のとおりです。

【図表95　スキルと心の教育のポイント】

ポイント	説　　明
❶全社員を対象に	教育は、"着る心がわかるクリーニング"を、実現するためのものです。それには技術はもちろん、心の教育が大切です。 　そして同社では、これパートを含めた全員を対象に、年に20回も実施します。誰か一人でも"着る心がわかるクリーニング"から外れた行動をしてしまったら、すべては水の泡、という考えです。
❷まずは理念の徹底から	教育は、第一に経営理念の徹底から始まります。具体的には、次の3点です。 ①全社員がお客様のほうを向いて仕事をする ②お店はお客様のためにある ③本物に近道なし 　この経営理念を繰り返し伝えることで、使命感をもって全力で取り組む姿勢をスタッフに刷り込んでいくのです。加えてクリーニングの技術指導、染色・繊維の基礎知識、更には時事問題までと幅広く行います。
❸２方面からの技術向上	技術面では、全業務の作業基準を記した"通達集"の熟読など。詳細にわたる約束事を全員が守ることで、いつ誰が作業をしても最高の仕上がりを保証できます。つまり標準化が目的です。 　一方、百貨店めぐりというユニークな項目もあります。目的はファッション感覚を磨くこと。そして新素材やデザインを知ることです。これが実は、技術の向上に役立ってくるのです。 　澤社長はこういいます。 「今売られているものは、半年後には必ずクリーニングに出てきます。どんなデザイン、どんな縫製、どんな素材、どんな加工の衣類が持ち込まれて来るのかを、事前に分析しておくことで、最善のクリーニングが可能になるのです」。
❹「できるまで」教え込む	ちなみに新人は、担当業務すべてに社長のOKが出るまで、実務には携われません。例えば受付なら接客マナー、表示タグの見方、素材別クリーニング方法など７項目が「プロとして」完ぺきになるまで、店の裏での研修が続きます。 　ここまで徹底して始めて、お客様に"着る心がわかるクリーニング"の提供ができると考えるのです。また、そのために「一切の甘えを許さない」会社の姿勢を、新人のときに、従業員の心にしっかり刷り込むことが可能になるのです。

事例22 お客様に響く産直"活け造り米"に15年続くリピーター

Point
- 最高の米をつくりたい。だからこそ「食べた人の評価がほしい」。
- 無意識のCS（顧客満足）が、お客様との心をつなぐ。

只野農場【有機減農薬栽培米等の生産加工販売】
◆所　在　地／宮城県遠田郡美里木間塚字押切東27-2
◆創　　　立／1991年
◆従業員数／5人
◆URL／http://tadano.m78.com/

♠消費者が「意識していなかった」不満足

今では珍しくない「米の産地直販」。

しかし食管法のもと、政府が生産者から消費者までの流通ルートをすべて管理してきた日本で、消費者が農家から直接米を買う歴史は長くはありません。1987年に当時の食糧庁が、"化学肥料や農薬を原則使用しないなど通常と違う栽培方法でつくった米"についてのみ認めた「特別栽培米制度」が始まりです。

その産地直販を、解禁間もない1988年から手がけ、「一家4人が食べてこれた」ほど顧客に支持されてきた農家があります。

宮城県美里町の只野農場です。

その始まりは、まさに「ブレイク」といえるほど、劇的なものでした。安心・安全を大切にした商品は、当時の消費者の心にあった、それまで意識していなかった「不満足」を浮かび上がらせました。そして、その不満足を解消するものとして、大きな反響を呼んだのです。

♠食べた人の評価が欲しい

「米」「産直」と入力し、ホームページを検索すると、今では無数のサイトがヒットします。インターネット上の仮想商店街を利用すれば、商品情報を消費者に届けるのは簡単です。

しかし15年前、今のこの状況は皆無でした。しかも米は、農家が消費者に直接販売すること自体、一部で解禁されたばかりだったのです。

そんな頃いち早く「産地直販」を掲げ、スタートした農家の1つが、只野農場だったのです。

「自分のつくった米を、実際に食べてくださる方に、直接お届けしたい―

心でした」
　ご主人の只野督禮(とくお)さんは、こう振り返ります。
　只野家は代々続く農家です。従来どおり農協に納入すれば、そこそこの安定収入が確実です。
　しかし只野さんにとって、農協への納入は、「事務的作業」に過ぎないように思えていました。農協という仕組みを通している限り、どんなに心を込め丹精した米に対しても、「おいしかった」のひと言を聞くことができないからです。
　「食べた方の評価が欲しい」。この強い思いが、只野さんを、当時まだ少なかった"米の産直"へと動かしました。

♠米の味にこだわって

　人を精神的に最も追い詰めること。それは、その人に対して無反応を貫くことだといわれています。
　只野さんにとって農協は、まさにその「無反応」。ひたすら米の味にこだわってきただけに、「おいしい」とも「まずい」ともいってもらえない辛さはひとしおだったと振り返ります。
　そんな只野さんがいかに味に対してこだわってきたかは、例えば研究機関やメーカーに協力を仰ぎ、全く新しい"米の乾燥機"を開発した事実に端的に表われます。
　「刈り取った稲は、もみすり・精米の前に乾燥させます。ところが伝統的な天日干しでは長期間風雨にさらされるなど、気候に味が左右されてしまいます。一方、従来の火力乾燥では、お米の表面がガサガサに傷んでしまって、味が落ちてしまうのです」。
　新しい乾燥機はヒートポンプの理論を利用したもので、味は格段にアップしました。またあまりに早く自然に乾くため「まるで活け造りだね」ということで、この米を"活け造り米"と命名しました。
　こうして味に自信を得た只野さんは、つくり手の思いが伝わる新しい販売方法を模索し始めました。
　このほか、除草剤や農薬を使うと土がやせ、米の味も落ちるため墨やヌカで代用する方法や、アイガモ農法も早くから導入しています。
　アイガモ農法とは、水田に放したアイガモが雑草を餌にするため除草が要らず、フンが肥料になるうえに、水かきが泥をかくはんし稲の成長を助けるという、究極の自然農法です。

㉒ お客様に響く産直 "活け造り米"に15年続くリピーター

♠ ゼロからのスタート

「産直」を掲げるのは簡単です。難しいのはまだ見ぬ顧客への告知です。只野農場の場合も、最初は「親戚中に声をかけて」のスタートでした。

「それが練習になりました」と妻・乃愛(のあい)さんは振り返ります。

例えば、届け先の親戚から、「もち上げた瞬間、袋が破れて、台所中に米をばらまいたよ」と笑う電話が来たりしたというのです。

理由は、せっかくの米が酸化して風味を損なわぬよう、袋詰めに「真空パック」を導入したことにありました。真空パックにするには、袋の強度が足りなかったというわけです。

♠ 安心・安全が「大ブレイクした日」

そんなある日、只野農場にとって忘れられない一日がやってきます。

「1990年8月31日の朝でした。早朝の農作業を終えて家に戻ったら、妻が電話にかかりっきり。しかもそれが鳴り止まないんです」。

理由は、その日の日本経済新聞の1面「春秋」欄に、「宮城県でコメづくりをしている友人」で始まるコラムが載ったことにありました。

記事は、解禁直後の特別栽培米に触れたもの。そこに「実際に購入した」という産地直販情報があったのです。

「記事には、只野農場の名前はありませんでした。そこをわざわざ、読者の方が、日経新聞に問い合わせてくださったそうなのです。それだけ消費者の方々の米に対する意識が高まっていたのですね」。

記事がきっかけの注文は、結局300件に達しました。そして今、継続的に受注する50件はほとんど、そのとき以来の付き合いです。

当時、バブルの絶頂期。その6件に1件が、15年以上にわたりリピーターとは、驚異的といっていいでしょう。

♠ 無意識のCS

とはいえ実際には、産直は想像以上に大変でした。これまでのように「農協に運んで終わり」ではありません。受注、箱詰め・発送そして請求から入金確認まで、すべて個別に、自ら対応する必要があるからです。

「当時中学生だった娘2人を巻き込んで、パッケージのデザインなどは、絵の得意な彼女たちにすべて任せました。妻と私ではこなしきれなかった」と只野さん。

そんな只野さんの苦労を支えたものは、2つあります。

1つは、「手塩にかけた作物を、最高の形でお客様にお届けしたい」気持ちです。例えば、今、耕地の33％は米作を禁じられていますが、そこでつくった小麦は選びに選んだ製粉所と製麺所に依頼して、オリジナルうどん「おさなご」に加工して、お客様にお届けしています。

　もう1つが、そうした作物を評価してくださる、お客様への感謝でした。その気持ちを伝えたくて、請求書には乃愛さんが、一人ひとりに一筆箋で、必ずメッセージを添えています。

　また、娘さんたちがつくり続ける『只野農場通信』には、米の生育状況などとともに、日々の農作業や生活について、楽しいイラスト入りで記してきました（図表96）。

　そんな一家にお客様は、払込用紙の通信欄などを利用し返信してくれるといいます。電話や手紙がくることも多く「面識はないけれど、お客様は父母兄弟のよう」と、只野さん一家は感じています。

　これまで電話や手紙、Eメールでのお付き合いだったお客様と、ダイレクトに触れ合うことができないだろうか。只野さんは、こう考え、新たなチャレンジを始めています。

　それは、お客様を農場に招くことです。実際に畑や田んぼをみてもらい、採れた作物を一緒に食べ、ともに語らうことで、お客様と更に心を通わせたいと考えているのです。

　「只野農場の場合、CSは無意識の領域なのです」

　繰り返し発せられる「おかげさまで」という言葉に、無意識が意識よりも強いことを実感します。

【図表96　只野農場の"心を伝える"様々な工夫】

方　　法	説　　明
①『只野農場通信』	米の生育状況などとともに、日々の農作業や生活について記したA3サイズのオリジナル通信。商品と一緒にお届けする
②オリジナルレシピ	畑で採れた小麦を利用したうどん「おさなご」や、季節の野菜など作物について「美味しい食べ方」を記したもの。商品と一緒にお届けする
③バラの花	農場の産品をオールセットした「大地乃詩」をご注文いただいた方には、町内で栽培されている切り立てのバラの花をサービス。商品が入った段ボールをあけると、最初に目に入り感動を呼ぶ
④お礼のお手紙	お客様への感謝の気持ちを、一人ひとりに。具体的には、乃愛さんが一筆箋にメッセージをしたため、請求書に同封する

事例23 主婦の目でみた徹底的な消費者志向で右上がりの顧客増

Point
♠ 「経営理念」「会社が目指すもの」をしっかり共有。
♠ "あくまでもお客様を基準に判断できる"人材の確保。

NBBデリコム 【高齢者向け弁当の宅配】
◆所　在　地／愛知県清須市阿原宮東53
◆設　　　立／1983年
◆従業員数／32人（うちパート・アルバイト20人）

▲ 愛情たっぷりの家庭の味・おふくろの味を追求

　高齢者の生活を支え、真に役に立つサービスを提供したい。――こうした強い思いのもと、持帰り弁当「ほかほか弁当」のフランチャイズ本部であるNBBデリコムが、電話やファックスで注文を受け食事を宅配する「高齢者配食事業」に乗り出したのは2000年夏のこと。開始して約6年。売上は確実に伸びています。

　とはいえ、最初から思いどおりに運んだわけではありません。

　例えば、事業の根幹をなす献立と味。当初、栄養士に献立とレシピの作成を委託したものの、それは「どこか・企画された・味」でした。それを不満に思った会社が栄養士にどう指摘し指示しても、またどう工夫してみても、同社が目指す「毎日食べても飽きない、愛情たっぷりの家庭の味、おふくろの味」にはならなかったのだといいます。

▲「会社が目指すもの」に共感

　目指すものははっきりしているのに、実現ができない。同社はそんなジレンマ状態に陥っていました。

　しかし、それを解消する人物が、ある日突然、現れます。それが、新しく雇用されたばかりの主婦・加藤千恵美さんでした。

　加藤さんは、夫の両親と同居しながら2人の子どもを育てた主婦のプロ。その子どもが高校を卒業し、時間的な制約から続けていた事務パートを辞めました。そして「これからは、大好きな料理を仕事にしたい」と思っていたまさにそのとき、NBBデリコムの求人募集広告をみて応募、メニュー担当として採用されたのです。

　同社営業部の中川和博さんは振り返ります。

❿ お客様に「心」を届けて業績アップに成功した事例

「応募の電話で、料理に対する熱意を聞いて、ぜひ会ってみたいと思いました。実際の面接では、初対面にもかかわらず、私どもの経営理念や目標までよく理解して、共感してくれました。それで、目下の課題だった"献立づくり"をお願いすることにしたんです」。

♠ 制約の中でベストを尽くす

"仕事は毎食の献立を考えること"——言葉にすれば簡単ですが、これは並大抵のことではありません。

まずはその種類です。同社の配食サービスは月～土曜日の週6日、昼と夜の1日2回が基本です。この毎食に、4品のおかずがつくのです。つまり1週間に最低48品が必要で、それを栄養や味のバランスを考え、飽きが来ないようバリエーション豊かに組み合わせていかなくてはなりません。

しかも値段は「年金生活者でも負担できるように」と、1食546円に押えています。ご飯は180グラム105円の別売ですが、546円の中には宅配の手数料まで含まれています。このコスト制限の中で、やりくりするのは容易ではありません。

♠ 判断基準は「お客様に支持される内容か」

毎日、こうした苦労に直面しているはずの加藤さんは、それでも笑顔で、こう話します。

「生活に刺激の少ない高齢者にとって、食事は大きな楽しみです。私の願いは"お客様の食にかかわるすべてを豊かにしてさしあげる"こと。ですから食材も、可能な限り試食をして、味を確かめてから発注します」。

たとえ割安でも、納得できない食材は使用しません。こうなると、利益を確保したい営業担当とは、常に相対する関係になります。

しかし加藤さんは、「お客様に支持される内容か」を第一に考える姿勢を崩しません。そこで両者は、お互いの立場を尊重しつつ、「お客様にいいか、悪いか」を基準に、解決の道を探ることになるのです。

献立が、お客様の期待に沿ったものになっているかを確認するため、加藤さんが社内の女性スタッフらに「自分の両親に届けたいと思う？」と聞いて回るのも、すでに日常的な光景です。

そんな加藤さんのこだわりは、献立にとどまりません。例えば、容器も「毎回同じでは飽きるし、料理との相性もある」と、今では8パターンにまで増えています。

♠ お客様の立場で会社に提案

「本当は、容器は瀬戸物にしたいんです。それにお花の一輪も添えられれば、もっと食事が豊かになるのに」と加藤さんのアイデアは、とどまるところをしりません。

しかし会社側は、加藤さんのこうした姿勢を高く評価しています。ですから、「可能かどうかは経営判断です。加藤さんは、まずはご自身がやりたいと思うことを、どんどん提案してください」と伝えています。

営業社員だとどうしても利益や効率面から考えてしまうところ、主婦でもある加藤さんなら、徹底的に「お客様の立場」で意見できます。

これに対して会社側は、「会社の役割は、一見不可能に思えることについても、何とか実現する手段を考えること」だといい切ります。

♠ たゆまぬ工夫がリピーターを増やす

「営業社員の中川さんとは、やりたいことと、できることをめぐって、いつもいい合いです。でも、お客様のことを思う気持ちは同じなので、後に残らないんです」と加藤さん。

一方の中川さんは、「加藤さんは私たちの"思い"を献立という形で、見事に具現化してくれました。採用は、大成功でした。得がたいパートナーだと思っています」と、加藤さんを絶賛します。

常に「お客様にとってベストな状態を目指す」ため、仕事の細かな仕様は日々変化します。

例えば、メニューも、今では昼と夜の定番に加え、土用の丑の日には「うなぎ会席」など、季節の特別料理が加わっています。和菓子などこだわりの一品を付ける日もあります。

したがって、入社以来加藤さんがつくっている毎週の献立表のレイアウト・パターンも、日々変わっています。現在では、パターンは実に30種類にふくれ上がりました。

弁当は、実際には「飽きられがち」な商品です。

そこに多くのリピーターや、固定客がついている理由は、第一に真の「家庭の味・おふくろの味」を提供できていることです。

そこには、加藤さんが地元の出身で、子どもの頃から"地域の味"になじみ、その味をつくり続けてきた事実が生きています。そのうえで、たゆまぬ工夫と努力によって、「バリエーションの豊かさ」を実現していることにあるのです。

♠ 鍵を握るコミュニケーション

　NBBデリコムで、高齢者配食事業がお客様の支持を得てうまく進んでいる理由は、何といってもスタッフ同士の「コミュニケーション」が良好なことにあります。

　コミュニケーションとは、単なる雑談や、笑顔や声掛けだけを指すのではありません。最も重要なポイントは、情報の共有です。

　しかも同社の場合、多種多様な情報の中でも、「経営理念」と「会社が追求する価値」という2つが、しっかり共有されていることが、とても大きく影響しています。しかも「経営理念」「会社が追求する価値」の2つが、すべての土台となり、判断基準となっています。

　「経営理念」と「会社が追求する価値」という、仕事において極めて重要なことについて"同じものを目指している"実感は、従業員同士の信頼感を、高めます。このことが、不必要な遠慮のない、率直で生産的な意見交換を可能にしているのです。

　この結果、職場は創造的なものとなり、それが「固定客の確保～右上がりの顧客の増加」のもととなっています。

　お客様との直接的・間接的なコミュニケーションもあります。それは「美味しかったよ」という直接的な声であり、注文増という間接的な数値評価です。加えて、加藤さんが献立づくりという仕事の一切をまかされ、更にそれが「自分の得意分野」であり、会社からもお客様からも評価されていることが、やる気の大きな原動力となっています。

♠ 好きな仕事で役に立てる喜び

　実は、入社時、加藤さんは前職からかなりの引き止めにあいました。

　それでも転職したのは「何より好きな料理の仕事がしたかった」から。そして「社会へのお役立ちを真剣に考える会社の姿勢に、涙が出るほど共感した」からだ、と振り返ります。

　一方、中川さんはこう話します。

　「実は、高齢者配食事業に参入したとき、あちこちから『そんな値段で、そんなに手間を掛けて、やっていけるものか』といわれたんです。でも、実際はできた。無駄なコストは極力省いて"お客様が望むこと"に特化した姿勢を、お客様自身がしっかり評価してくださったんです。加藤さんが入社した頃は1日30食だった注文も今では500食。質を維持するため、ゆっくりとではありますが、サービスエリアも着実に広げています」。

㉓ 主婦の目でみた徹底的な消費者志向で右上がりの顧客増

事例24 菓子職人のこだわりがリピート客を魅了

Point
♠ 閑静な住宅街にありながらケース一杯のケーキが2時間で売切。
♠ 味・素材・鮮度・接客・サービス・新商品など、職人のこだわりが理由。

ニコラス【ケーキ・洋菓子の製造販売】
- 所 在 地／川崎市麻生区百合丘1-16-18
- 創　　業／1970年
- 従業員数／正社員20人、パート10人
- URL／http://www.rakuten.co.jp/nicholas/

♠「地元客」が一杯の住宅街のケーキ店

　新宿と小田原を結ぶ私鉄で30分。小田急線百合ヶ丘駅近くに、ケーキと洋菓子の店「ニコラス」の本店はあります。ほぼ各駅停車しか止まらず、背後に閑静な住宅街の広がる、決して人通りの多くない立地です。

　しかも売り場は、「5人もお客様が入れば一杯」といった程度のスペースしかありません。奥に喫茶コーナーがあるものの、こちらも「ちょっとお茶ができる」程度の広さです。ところがここに、日々お客様が、引きもきらないのです。

　取材で訪れた当日も、平日の午後にもかかわらず、次から次へとお客様が店の扉を開けて入ってきます。

　途切れることなく入ってくるお客様は、その様子から、多くが「地元客」であることが明瞭です。同店が、近くに住む人々に、いかにしっかり受け入れられているかが、伝わってきます。

♠ 生ケーキ500個・焼菓子1,000個を1日で

　そうしたお買上の結果、同店の売上は、安定的に伸びています。すごさは、数でみるとよくわかります。

　例えば、売上の半分を占める生ケーキ。1個あたりの単価が300〜400円程度ですが、生ケーキだけで1日400〜500個が売れています。

　売上の残りの半分を占める焼き菓子は、1つ100円程度から様々な種類がありますが、これも毎日1,000個が売れています。ちなみに焼菓子は、2,000円程度の詰め合わせがプレゼントに人気があります。

　売行きのスピードとそのすごさは、店にいれば一目瞭然です。

　例えば、この記事の取材当日の場合。午後2時の取材開始時には、ショー

ケースに15種類ほどの生ケーキが、それこそびっしり並んでいました。ところが、取材が終了した2時間後にショーケースを見てみると、ケーキはほぼ売り切れて、実に3種類しか残っていなかったのです。

販売拠点は、本店と、本店から車で10分ほどの距離にある支店2つの計3店舗です。創業して35年、ここ10年は前年比107％の右上がり曲線を描きつづけてきました。

♠30年前からポイントサービス

都心から離れた住宅地で売上を伸ばすには、なによりもリピート率がものをいいます。そのためニコラスが30年以上前から行っているのが、来店客向けのポイントサービスです。

ポイントは、シールをさしあげることで付与しています。具体的には24枚台紙に張ると500円の金券として使えるシールを、購入金額500円につき1枚配っています。

こうしたポイントサービスは、今でこそよくみるサービスの1つですが、30年前の洋菓子店では大変珍しかったといいます。

「ポイントサービスは、アメリカのドーナツ店でやっているのを見かけて、導入しました。繰り返しご利用くださるお客様に、ご恩返しがしたいと思ったのです。もちろん『繰り返し来てください』というメッセージも、そこに込めてはいましたが」

ニコラス洋菓子店の代表取締役加藤元久さんは、振り返ります。

♠自由な発想で「お客様に喜んでいただけること」を

ポイントサービスについて同業他店からの評判は、『割引サービスは洋菓子のイメージダウンになる』など芳しくありませんでした。

しかし、このアメリカ仕込みの新サービスは、お客様には大変な好評を博しました。今ではひと月に500〜700枚もの台紙を回収します。この数字こそが、同店の高いリピート率の証しです。

「最初はシールでなくハンコにしていました。ところがハンコの押し忘れが思わぬクレームになったり、お客様がカードを忘れて再発行が必要になったりします。そこでハンコに代わるものを考えシールに切り替えてみたら、これが好評で」と加藤社長。

自由な発想で「お客様に喜んでいただけること」を模索し実行し続けた結果が、30年後の好調を支えているのです。

♠菓子職人のこだわり①/素材

　ケーキは純粋な嗜好品。おいしい、食べたいと思わなければ、買いはしません。リピート率の高さは、加藤社長の味に対するこだわりも物語ります。
　例えば、卵の仕入先は、実際に生産農家を視察して「親鶏が健康的」と思えたところに決定しました。栗の仕入先は四国で300年続く和菓子店に教えを請い、秋には"讃岐のモンブラン"として並べています。
　「技術で素材はカバーできない」。これが、加藤社長の信条です。

♠菓子職人のこだわり②/豊かな商品バリエーション

　こうした"職人としてのこだわり"と、"お客様に喜んでいただきたいという熱い思い"は、同店の商品バリエーションという形でも表れます。
　「職人として、まだまだたくさん勉強したいことがあります。それを商品化していくと、自然と毎月7～8種類の新作ができるんです」。
　常時20種類ほどある生ケーキのうち、常に3分の1以上が"今月のおすすめ"つまり新作です。このうち、継続希望の声が多く聞かれたものは、定番商品に昇格する仕組みです。売行きが落ちてくれば廃番です。
　これが「いつ行っても新しい商品がある」ことにつながっています。お客様は飽きることがないのです。

♠菓子職人のこだわり③/季節やトレンドに敏感に

　2004年からは、毎月下旬に3日間、月替わりの"フェア"も開始しました。フェアでは、季節にちなんだものや、そのときどきのトレンドに応じた新商品を並べています。
　そもそもは、その時期に売上が落ちることに対応した企画です。しかしこれが、大きく売上アップに貢献しました。例えばロールケーキが話題になっていたときには、すかさず"ロールフェア"を開催し、5種類のロールケーキを工夫し店に並べてみました。すると、前年に比べ、売上が2割も上がったのです。
　フェアの案内は店頭で行いますが、口コミでも広がっているようで、問合せも多いのが実際です。フェアは、7月は「桃フェア」など季節感を重視するほか、チーズフェアなど厳選素材をテーマにすることもあります。

♠菓子職人のこだわり④/いつもフレッシュな商品を

　丹精込めたケーキだからこそ「味も見た目も最高」の状態で届けたい――

こう思った社長は、従来"丸一日"と設定していた生ケーキの賞味期限を、"半日"に短縮。最初は「廃棄ロスが増えるのではないか」と懸念もしましたが、結果的にはさらなる売上アップにつながりました。

「つくったものをその日に売り切る」姿勢に信頼が集まり、冒頭で紹介したような「つくったそばから売れていく」流れを生んだのです。

ちなみにケーキ工房は、本店の2階。「気温の変化や素材の状態に合わせて」常に最高の商品に仕立てるため、すべての作業工程において「手づくり」にこだわっています。

♠菓子職人のこだわり⑤/お客様の声を聴く

「お客様が、ニコラスに求めていらっしゃることは何か」

加藤社長は、創業から30年が経ち順風満帆の経営を続ける今も、常にお客様と真正面から向き合う姿勢を崩しません。若手を指導しながら、自ら工房に立ち、日々ケーキをつくり続けるのはこのためです。

「例えば新商品は、店に出す前に必ず、常連のお客様に、試食していただくことにしています。どんなに珍しい素材だったり、奇抜な組合せなど新しいアイデアにあふれた商品も、『お客様が求めていない』のであれば意味がありません。もちろんみた目の美しさも大切で、自分でも繊細な飾り付けに気を配ります。一方で、お客様のご意見やセンスも大切で、こちらもしっかりと聴いています」。

ちなみに営業は朝9時から20時まで。開店時間が早いのは「都心に行くときの手土産にしたい」というお客様の要望に応えてのことです。

♠「お客様を想う」気持ちでクレーム対応

CS（顧客満足）を考えるとき、避けられないのがクレームへの対応です。

食品を扱う場合、最も起こりがちであり、気を遣うのは、髪の毛などの混入です。

「私どもでは2時間ごとに目覚まし時計を鳴らして、作業服についた毛をはがし取るローラーがけと手洗いを行っています。また、木ベラやハケの使用は欠けたり抜けたりして異物が混入する恐れがあるため止めました。それでも年に2～3回は混入によるクレームが出るのが実際です」。

起こってしまったクレームには、迅速な対応が第一です。同店の場合、クレームの内容を一覧表に書き入れ、即座に原因の解明を行い、相手に電話や手紙でおわびをします。どんなことも「ご納得いただけるまで」対応するの

が信条です。またそうした逐一を朝礼等で、従業員に周知徹底しています。
　「つくり手として本来聞きたくない」クレームだからこそ、真摯に正面から、受け止める。そのことを常に、スタッフ全員が胆に命じています。

♠職人でも、1年間は販売経験

　そんな同店では、接客の感じの良さも印象的です。
　「お客様に喜んでいただくことが第一なのだと従業員に伝えているだけ」と加藤社長はいいますが、その真剣な想いは「たとえ菓子職人として入社した社員であろうとも、1年間は必ず店舗で販売を経験させる」ということに、端的に表れています。
　「職人は菓子づくりが本職です。販売をさせられることを不本意に思う人もいるでしょう。でも当店のお客様を肌身でじっくり感じてこそ〝お客様に喜んでいただくことに徹し、どんなに苦しくてもそこから逃げない〟基礎体力がつくと思うのです」。
　こうしたすべては、加藤社長が「常に顧客を基盤にし」「顧客の心を大切にする哲学をもっている」ことの表れです。

♠味プラスアルファの価値

　常にお客様を基準に考え、お客様の心を大切にする同店の姿勢は、お客様にしっかりと伝わっています。
　つまりお客様は、ケーキの味という「技」だけでなく、ケーキを通してそこに込められた目にみえない温もりを感じ、それに価値を見い出しているのです。
　「『家族の誕生日には必ずニコラスのケーキを買うんです』とか『手土産はニコラスの焼菓子に決めているのよ』といった話をよくお聞かせいただくんです。本当にありがたい話です」と加藤社長。
　このお客様の言葉こそが、お客様が同社に「味プラスアルファ」の価値を感じていることの証しです。
　一方で加藤社長は、数値目標もしっかり掲げます。
　ちなみに営業利益の目標は売上高の5.8％です。そして売上は12万5,000世帯の商圏で、現在の約1.7倍を目指しています。
　「処遇や働く環境の整備などで従業員に報い、納税など社会貢献するためにも、このくらいは狙いたい」。こう加藤社長は考えているのです。

⓫ 「気づく心」で新商品を開発し業績向上を果たした事例

　⓫では、"気づく心"で新商品を開発し業績向上を果たした6つの事例をまとめています。

事例25 愛犬家の「真の願い」をかなえる商品を

Point
♤ 愛犬家の願い「犬とのコミュニケーション」を徹底追求。
♤ 犬の生態を基本に、犬の健康を真に考えたドッグフードを日本へ。

ジャジーズチョイス・ジャパン
【ドッグフードの輸入・製造販売】
◆本社所在地／東京都中央区日本橋1-17-4
◆設　立／2000年
◆従業員／14人
◆URL／http://www.royaldog.tv/

♠「売れない時代」に伸びた企業

　ジャジーズチョイス・ジャパンは、イギリスのドッグフードメーカー、ジャジーズチョイス社からドッグフードを輸入・販売する目的で、2000年に設立された会社です。

　2000年といえば、日本経済が深刻なデフレに突入した年です。日銀がゼロ金利を解除したことなどをきっかけに株価が下落、国内のモノやサービスの価格もどんどん下がっていきました。つまり、多くの企業が「安売り競争に身をやつしてなお、売れなかった」時代です。

　ところがそんな中、ジャジーズチョイス・ジャパンの製品は、順調に売れ行きを伸ばしました。

　理由は「価格が安い」からではありません。例えば主力商品の「ロイヤルフード」は、成長犬用が500グラムで945円、幼犬および老犬・肥満犬用は500グラムで997円という価格です。ちなみにサプリメントフードの「マザー」は、1キログラム9,030円です。

　一方、同じドッグフードでも、ホームセンターに行けば、10キログラムで1,000円という商品を、目にすることができるのです。

♠ 飼主と愛犬が"真に幸せになれる"ドッグフードを探して

　「日本のペットフードは、大きく2つに分かれます。とにかく安い商品と、徹底的な『健康志向』商品です。低価格商品は、景気が低迷する中での、いわば時代の申し子です。しかし品質的には、疑問が残るものが少なくありません。一方、『健康志向』の商品は、犬ではなく人のため。つまり飼い主の自己満足のように思えてなりませんでした。

そうではない、飼主と愛犬が"真に幸せになれる"ドッグフードはないのだろうか。こう考えて、粘り強く情報収集していたときに出会ったのが、イギリスのドッグフードメーカー、ジャジーズチョイス社だったのです」

ジャジーズチョイス・ジャパン代表取締役の児玉賢史さんは、同社設立のきっかけをこう話します。

イギリスは、もともと狩猟民族の国であり、"犬と生活を共にしてきた"長い歴史をもっています。児玉社長は、そのことを熟知し、その大切さを強く認識していたからこそ、「犬に関して最も深い知識をもち、犬に最も厳しい国のメーカーに学ぼう」と考えたのでした。

♠ 英国ジャジーズチョイス社との出逢い

ジャジーズチョイス社は、英国王室御用達指定業者です。

1981年の創業以来、徹底的な品質重視の姿勢を貫いています。そして、その完成度と安全性が認められて1996年、栄えある"ロイヤルワラント（エリザベス女王の称号）を掲げること"を、英国王室に許されました。

現在では、エリザベス女王の愛犬らをはじめとする英国王室の約300匹と、王室関係者の所有する約2,000匹が、同社の「ロイヤルドッグフード」で育っています。

「どうしても社長のジェイムズ・チェスター氏とコンタクトを取りたくて、ファックスやEメールを送り続けました。私があまりにしつこいので、根負けしたのでしょうね。ようやくアポイントが取れたんです」。

こうして実現したイギリスでの面談で、児玉社長は驚きます。

♠ 片道8時間のお客様訪問

「面談後、ジェイムズ・チェスター英国社長から突然、一緒にお客様のお宅へ行こうと誘われたのです。しかもお客様のお宅を訪問後、そのお客様と一緒にパブに行き、愛犬を話題に、飲食まで楽しみました」。

すぐわかったことですが、こうした行動はジェイムズ・チェスター英国社長にとって、"ごく日常的なもの"でした。つまり、徹底的なお客様志向なのです。例えばこんな具合です。

「お客様からのご質問に答えたり、お客様の声やご要望を聞くために、車で片道8時間の距離をものともせずに、社長自らお客様のところへ出向きます。もちろん"声"は、商品にきちんと反映させます。例えば北極圏に住むお客様のご要望で『マイナス30度になる地域で飼うための、超高カロリー

ドッグフード』を開発し、商品化しています」。

　飼主と愛犬とが"真に幸せ"かどうかは、実際に飼い主に会ってこそ分かるはず——こう考える児玉社長にとって、これは運命の出会いでした。

　運命的な巡り合わせは、実はもう1つあります。それは、ジェイムズ・チェスター英国社長が大の親日家だったことです。奥さまも日本人であり、35年前に3年半、自ら日本に居住していた経験ももっています。

　つまり、ジェイムズ・チェスター英国社長は、日本というマーケットを熟知していました。

♠ 英国王室犬専用フードを日本へ

　「ジャジーズチョイスのドッグフードは、大きく分けて2種類あります。王室専用で一般の人は買えない"ロイヤル"と、一般市場で流通している"プレミアム"です。しかし私は、どうしても"ロイヤル"を、日本のお客様にお届けしたいと思ったのです」。

　"ロイヤル"の原料は、鴨やウサギの生肉です。それも「ゲームキーパーと呼ばれる"エリザベス女王の狩猟場"で、王室の愛犬らが狩猟した」というものだけです。つまり、同じ鴨やウサギでも、檻の中で養殖されたものでなく、より自然の状態に近いものなのです。

　豚や牛などの肉は使いません。理由は「狼族である犬が、本来自然界で食べていた食材こそが、犬にとって最善」であるからです。もちろん添加物も加えません。しかし、それだけ品質管理は難しいのも確かです。

　欧州でも一般流通させていなかった商品を、気候も異なる遠い日本で一般流通させるには、多くの困難が伴って当然です。しかし、ジェイムズ・チェスター英国社長はこれを了承、問題克服のため全面協力してくれました。

♠ お客様を大切に"ジェイムズとケンジの共通点"

　「それもこれもジェイムズが、品質にこだわる日本の消費者を、よく知っていたからだと思います」と児玉社長。

　一方で、ジェイムズ・チェスター英国社長はこう話します。

　「何より大切だと思ったのは、ケンジ（児玉社長）が私と同じ考えをもっていたことです。志が同じなら、きっと成功すると思いました」。

　同じ考えとはつまり、「徹底的にお客様の声を聞くことで、飼い主と愛犬の幸せのためにドッグフード提供者として常に最善を尽くすことを、心から大切にする」考えです。そしてこれを、真摯に追求する姿勢です。

「ジャジーズチョイス・ジャパンでは、電話応対とお客様訪問を、とても大事にしています。電話は、ご質問もあればクレームもあります。でも、じっくり聞いていると、お客様の本当の気持ちがみえてきます」。

もし電話で解決できない問題や、実際にお会いしたほうがいいと判断すれば、児玉社長自ら、沖縄から北海道まで、どこへでもお客様を訪ねもします。こうした姿勢は、まさにジェイムズ・チェスター英国社長と同じです。

児玉社長は続けます。

「お客様と直接お会いするチャンスは、"販売代理店が企画する相談会"などでも得られます。しかし、実際にお宅を訪問し、1対1でお会いすることに勝るものはありません」。

♠コミュニケーションのお手伝い

飼い主と接して児玉社長が感じるのは、愛犬は「心の友」「最高の癒し」ということです。

「当社のお客様は、高齢者・独身女性・子どものいない夫婦が70％です。そうした飼主の方々は、愛犬を家族だと思っています。愛犬に、より親しく接したいと、切に願っているのです。一方で、集団生活を営む狼を祖先にもつ犬も、仲間とのコミュニケーションは生きていく上で不可欠です。であれば、食べ物という"最大のコミュニケーションツール"を扱う当社にこそ、日本のお客様と愛犬とが"もっともっとコミュニケーションできる"フードを開発し、ご提供する責務があると思ったのです」。

こうして開発したのが、新商品の「なごみ」と「北のめぐみ」です。具体的には、「肉じゃが」「ハンバーグ」などを、イギリスのジャジーズチョイス社の技術力と、日本の料理職人との共同開発で、塩分は一切加えず、昆布などのうまみをじっくりきかせた、レトルトパウチ食品に加工しました。

これを、犬はそのまま食します。一方、飼主は、塩や醤油などでちょっと味を足すことで、犬と「一皿を分け合える」というわけです。

開発のきっかけは、児玉社長がエリザベス女王にお目にかかって聞いたこと。つまり「朝は完全栄養食品であるドッグフードを与えるが、夜はウサギなどの生肉を愛犬用に調理させて、一緒に食事を楽しむ」との話から、"コミュニケーションのためのドッグフード"を思いついたのです。

ジェイムズ・チェスター英国社長はいいます。

「私はケンジが大好きなんだ。彼は若く、改革者で、すばらしいアイデアをもっているからね」。

最高の二人三脚が続きます。

事例26 ニーズ追求型新商品でシェア20%アップ

Point
♠ 高齢化する農家の「お困り」を、心で気づいて商品化。
♠ 達成困難な目標をメンバー同士の競争心でクリアし成功。

ヤンマー農機【農機具の製造販売】
◆所在地（本社）／大阪府大阪市北区茶屋町1-32
　（ヤンマー中央研究所）／滋賀県坂田郡米原町大字梅ヶ原1600-4
◆創業／1961年
◆従業員数／1,071名（2003年度）
◆URL／http://www.yanmar.co.jp/index-agri.htm

♠「目標の3倍売れた」田植機

　日本人のコメ離れが進んでいます。1960年に1人あたり年間100キログラムあったコメの消費量は、今では60キログラムに落ちています。コメの作付面積も減る一方。農業人口も減り、半面、その高齢化は右上がりです。

　農機具メーカーにとって、これは「自社の努力ではいかんともしがたい」既存市場の縮小にほかなりません。

　そんな中、発売直後から大ブレイクを起こし、初年度販売目標の3倍も売れた田植機があります。ヤンマー農機が1998年に投入した"世界一軽くて、安心、低価格な"乗用田植機「Pe−1」です。

　1998年といえば、山一証券などが経営破たんした翌年です。企業は淘汰され景気もぐっと冷え込みました。なのに、なぜ3倍も売れたのでしょうか。それは「Pe−1」が、農家にとって"新しい価値"だったからにほかなりません。

　少し前の事例ですが、学ぶべきところが多いので、紹介しましょう。

♠ 先行機が売れなかった理由とは

　当時、開発チームのリーダーだった中尾敏夫部長は振り返ります。

　「農家の二極化が進んでいました。あくまで生産性を追求する大規模農家と、小さな土地で細々と続ける高齢者中心の農家です。『Pe−1』は、後者に狙いを絞った商品でした」。

　田植えは大変な重労働。しかも4〜5月の一定時期に、一斉に行う必要があります。手で植えるなど論外で、「歩行型」田植機はすでに普及。しかし歩行型は、機械と一緒に田に入り、ぬかるみを歩き続ける必要があります。

座って操作できる「乗用型」の導入は、高齢化が進む農家の夢でした。
「ニーズがあるのに当時の『乗用型』が売れなかった１番の理由は、１台100万円もしたことです。田植機は、１年に３日ほどしか使いません。そこを"買おう"と思ってもらうために、どうしたらいいかを考えました」

♠農家を訪ねニーズを肌身に

安さだけではだめだろう。では、どんな付加価値が必要か。結果的に打ち出したのが"軽くて、安心、低価格"というコンセプト。入社以来一貫して「田植機」の開発に取り組んできた中尾部長が、近年肌身に感じていた農家のニーズでした。

開発部では毎年、田植期に実際に田植えをする農家を訪ねて、商品の使い勝手などをリサーチします。翌年あるいは将来に向けた新商品開発のためです。また、この時期は、１年間倉庫で眠っていた機械が一斉に使われる時期ですが、その年ごとに田んぼや苗の状況も異なるので、どうしても地域的な不具合が生じます。その結果、全国から調査要員として、お呼びがかかったりもするのです。

「自ら田んぼに入り、農家の声を聴くうちにみえてきたのが、重過ぎることでした。歩行型が１台100キログラム程度なのに比べ、乗用型は最小でも300キログラム以上もあり、高齢者には扱い切れないのです。また速度調整が難しく"あぜ越え"などの操作が不安だという意見も多くありました」。

♠目標達成できたわけ

"軽くて、安心、低価格"この３つを実現すれば、売れるはず。そこで、打ち出したのが「65万円、200キログラム」という、具体的な目標です。

要するに、価格も重さも従来の３分の２。しかも強度や安定・安全性を確保し、速度調整等の機能はアップさせなくてはなりません。

「これは大変に厳しい目標でした。商品化できる可能性は半々だと思っていました」と中尾部長。ところが実際には、２年で商品化を成し遂げます。勝因は"明確な目標"にあったと、中尾部長は確信しています。

「実は、この開発は『プロジェクト65』という名前でスタートしました。ズバリ65万円です」。

そして65万円を達成するには、"重量"の軽量化が不可避であると考え、それを200kgに設定しました。少ない材料でつくれれば、当然価格も安くなるからです。

♠ コツは目標の細分化

　農機具の開発は、エンジン部、ミッション部など部分ごとに、専任スタッフが担当します。全体像を把握し完成形にもっていくのがリーダーの仕事です。そこで中尾部長は「担当者A君は部品〇点、総重量〇キログラムまで」など、目標を個人に細分化しました。

　数値はどの担当者にも大変に厳しいものでした。しかも当初200キログラムだった総重量目標は、途中でさらに下げられたのです。最初の試作で200キログラム強を達成した時点で「これでは65万円を達成できない」ことがみえたからです。

　「更なる軽量化のため、シャーシ構造を根本的に見直すこと。そして最後は"10グラム以上軽くできる部品はすべて交換せよ"と指示しました」と中尾部長。

　その結果、新たなシャーシ構造を生み出すことに成功し、脱落者なく全員が軽量化目標を達成して、総重量を実に180キログラムにまで落とすことができたのです。

♠ 熱い気持ちが原動力

　「個人目標に落とし込んだことで、良い競争意識が生まれました。ただ競争が創造的であるためには、お互いの信頼関係が大切です。そこで、常に本音でぶつかり合えるよう、週に1度は担当者全員でミーティングを行っていました。全く新しい商品コンセプトだったので、全員に"こんな機械をつくりたい"という熱い気持ちがあったのも大きいですね」と中尾部長。

　しかし、誰より熱かったのは本人です。

　毎年、北海道から沖縄まで様々な田んぼに入り、農家の声を聴いてきて、その声に応じたいとの強い思いがありました。

　そして、今でもコメをつくり続ける田舎の両親の存在です。農家の高齢化を当事者として目の当たりにし、農業の苦労がわかるだけに、農業に従事する高齢者に、何とか楽をしてほしかったのです。

♠ 爆発的な「売行き」を記録

　本格的な試作は2回。部分的には20回以上の改造を経て「Pe-1」は誕生しました。発売と同時に、販売店や営業社員から「これは売れる」という手ごたえが聞こえてきました。

　事実、生産台数は8か月で1万台を突破。それまで3位に甘んじていた

「乗用4条田植機」のシェアは発売翌年、2位を15ポイント以上引き離し45％を獲得、トップに踊り出ます。

「その後、同業他社が同種の商品をあっという間に投入してきました。商品を分解し研究すれば、似たような製品は簡単につくれます。競争は本当に厳しいです」。

更なる競争に勝つためには、更なる"新しい価値"の創造が必要です。

「そのためには、今回の成功などで得た"売れる商品開発の5ポイント"を、きっちり押さえていくことだと考えています」。

中尾部長の考える"売れる商品開発の5ポイント"は、図表97のとおりです。

【図表97　売れる商品開発の5ポイント】

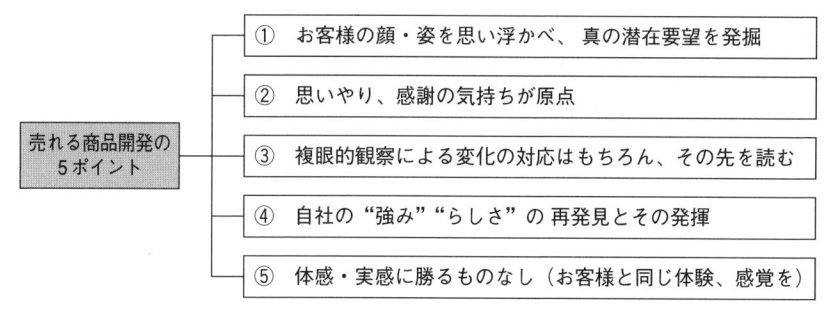

売れる商品開発の5ポイント
① お客様の顔・姿を思い浮かべ、真の潜在要望を発掘
② 思いやり、感謝の気持ちが原点
③ 複眼的観察による変化の対応はもちろん、その先を読む
④ 自社の"強み""らしさ"の再発見とその発揮
⑤ 体感・実感に勝るものなし（お客様と同じ体験、感覚を）

♠「答え」は現場にあり

各社が新商品制作にしのぎを削る現在「必要とされる、ひととおりの商品」は、すでに市場にあるといっていいでしょう。一方の消費者も、多様な機能をもつ商品を前に「自分はすでにもちたいモノをもち、体験したいサービスを満喫している」と考えています。

つまり、消費者に「買いたい」と思ってもらうには、「自分では気づいていなかった、新しいモノやサービスの提供」が必要です。これがあって始めて、商品に「魅了される」のです。

では、顧客の心の底に潜んでいる要望は、一体どのようにして発見したらいいのでしょうか。「答えは現場にあり」と、中尾部長はいい切ります。特に顧客の「要望」「困っていること」「不満」をじっくり観察し、課題を顧客と共有し検証し、共に新たな価値を生み出す姿勢です。

中尾部長が考える「次なる価値」は、「母親が喜ぶ機械」です。

考えの基軸となっているのは、田植え作業全体をみた省力化。そして環境対策にあるようです。

事例27 おから100%ケーキに「4〜5日待ち」心が人を引きつける

Point
♧「おからが産業廃棄物なのはおかしい」との気づきを訴える。
♧売るための商品化へ、あくなき努力と追求と。

そ屋【おからケーキの製造販売】
◆所在地／東京都港区白金1-11-15
◆設立／1989年12月
◆従業員数／3人（パート）
◆URL／http://www.okara-soya.jp

♠「健康ブーム」だけが理由ではない

よくある"おから入り"ではありません。小麦粉を一切使わない"おから100%"のケーキです。

商品説明を耳にして、「え、おからだけで、本当に膨らむんですか？」と、ほとんどの人が驚くといいます。それだけ「一般的ではない」商品といえるでしょう。

そのおからケーキが、支持者を増やし続けています。広告・宣伝費はほとんどゼロ。なのに「注文しても、実際に入手できるのは4〜5日待ち」ということが珍しくありません。

人気の理由は何でしょうか。もちろん健康ブームの後押しはあります。しかし、それだけでは説明できないこともあるのです。

♠おからが産業廃棄物？

「おからは産業廃棄物」。

日本中が好景気に沸いた1980年代半ばのある日、ラジオで流れたこの言葉が、そ屋の「おからケーキ」の始まりです。

「うの花や酢の物など、私はおから料理が大好きでした。そのおからが家畜の餌にもならず、ガソリンで焼却処理されてしまうなど、絶対に許せなかったのです」。

おからケーキの生みの親でそ屋の店主である若菜セイ子さんは、振り返ります。

「大好きなおからを、何とか活かす道はないものだろうか」。

そこで考えたのがケーキにすることです。当時東京・京橋で、自ら店に立ち営んでいた喫茶店で、早速試作を開始しました。

♠ 子どもの支持を信じて

　おからは生では、とても傷みやすい性質をもっています。ですから、近所の豆腐店で買ったおからは、まずはフライパンでじっくり煎る必要がありました。また、これを小麦粉の代わりに使ってケーキを焼くには、煎ったおからを更にフードプロセッサーにかけ、細かなパウダー状にしなくてはなりませんでした。

　こんなに手をかけても開発当初、でき上がったケーキは、いつも「ぼそぼそ」。それでもあきらめず改良を重ねるうち、いつしか「手土産に」と渡した喫茶店の常連客たちから、再注文が舞い込み始めました。

　中でも「子どもにせがまれて」という声が、若菜さんを支えます。子どもの舌は正直で、お世辞とも無縁だからです。

　子どもの支持に自信を得て、若菜さんはケーキでの独立を決意します。そして12年続けた、都心の一等地の喫茶店をあっさり閉じてしまいました。

♠ 原材料「おからパウダー」から開発する

　商品化の関門は、主材料「おからパウダー」の確保でした。なぜなら、一般に流通していなかったからです。

　「あるとき、地方のトーフセンターでつくっていると耳にして、すぐに出向きました。そして、ケーキ用に卸してもらう商談をまとめたんです」。

　ところが、せっかく確保したはずのおからパウダーも、蓋をあけてみれば「日によって焦げ臭かったり、びちゃっとしたり」。そのたびにクレームをいう繰り返しです。

　そんな状況に限界を感じていたところ、別の業者から「うちでやりませんか」と声がかかりました。これこそが今に至るパートナーとの運命の出会いでした。以来13年、まさに二人三脚で、「おからパウダー」の改良を続けています。

　こうした努力の末、やっと軌道に乗せたおからケーキ。これを若菜さんは、今も毎日、卵を泡立て、粉をふるい、オーブンをフル稼働させて自ら手づくりしています。

♠ ケーキは「おから」を売り出すため

　おからケーキづくりを始めたのは、「捨てられるおからを鮮やかによみがえらせた例として、ケーキが世間へのアピール度が、最も高いと思った」から。

㉗ おから100％ケーキに「4～5日待ち」心が人を引きつける

更に、おから100%にこだわることで「おからのおいしさはもとより、栄養が豊富で体にもいいことを、最大限に伝えられる」と考えたのだと、若菜さんは話します。
　ケーキなど商品は、キャロット、パンプキンなど味にバリエーションをつけてはいますが、いずれも香料など添加物は一切加えていません。理由は、味と栄養という2つの良さを「一層高めるため」に尽きます。
　そんな"おから100%"のケーキの味を守りたい。
　こう思った若菜さんは、「スポンジ状おから100％ケーキの製造方法」で、日本とアメリカで特許も取りました。

♠小麦粉がわりに使って欲しい

　広めたいのは、ケーキではなく、あくまでも"おから"。
　「まったくの手づくりだけに、どんなに頑張っても1日80本のケーキを焼くのが限度」という"そ屋"は、あくまでおからケーキのアンテナショップ的役割です。
　若菜さんの真の願いは「おからが家庭で、日常的に用いられること」に尽きます。そ屋のおからケーキが簡単に手づくりできるミックスパウダー「Soyaケーキ」を500円で販売するのは、このためです。
　一方で若菜さんは、「ケーキは日常的な食物ではない」という認識ももっています。つまり、おからがより日常的に用いられるには、ケーキ以外の用途を探る必要があると考えました。
　そこで2005年5月、満を持して売り出したのが「おからdeクッキング」。おからパウダーを目の違うふるいにかけ、2種類のおからパウダーにし、商品化しました。具体的には、小麦粉同様に使えるようにしたごく細かなパウダー状の「そやフラワー」と、パン粉のような目の粗い「そやミール」。これにケーキ用ミックスパウダーの「Soyaケーキ」がセットで880円という商品です。
　近年、大豆イソフラボンなど栄養面から、従来にも増して大豆に注目が集まっています。また、おから料理の本もヒットしていました。
　「商品化するなら今だ」と判断したのです。

♠大きなリスクを敢えてとる

　日々の料理で簡単に使え、体にも良いおからパウダーは、家庭へのおからの浸透を後押しします。

だからこそ、水で戻して簡単に「卯の花料理」がつくれたり、パン粉の代わりにフライの衣などに気楽に使える「そやフラワー」と「そやミール」の発売は、若菜さんの長年の夢でした。
　生協や自然食品店からの引合いは多く、手応えはあります。しかし賞味期限は6か月。在庫を抱え、大きな廃棄ロスにつながる危険も、決して低くはありません。
　それでいて価格は、「やっと利益が出る程度」の設定だと明かします。新たに商品化した「そやフラワー」と「そやミール」の売価は、いずれも190円にすぎないのです。
　大きなリスクを覚悟して、それでも事業化したのには理由があります。それは「自分自身、おからが本当に好きだから」。ここがそ屋の、すべてのスタートになっています。

♠ **商品に心を感じて支持をする**
　環境問題を解決するため、日本語の「もったいない」を世界の合い言葉にしようという取組みがあると聞きます。
　そ屋のおからケーキの、もう1つのスタートは、まさにこの「もったいない」という想い。
　「好き」と「もったいない」からわかること。それは、そ屋の商売が「これはもうかりそうだ！」ということに立脚していないということです。
　「もったいない」「何とかしたい」「この味、この素材を残したい、活かしたい」という想いが商品に、しっかり詰まっているのです。
　そんな若菜さんに、おからケーキに注文が切れない理由を聞くと、こんな答えが返ってきました。
　「第一においしいこと。そして、つくり手の心、おからに対する信念が、お客様に伝わっているからだと思います」。
　毎日休まず、人がようやくすれ違うほど小さなケーキ工房で、おからケーキを焼き続ける。これを実際に実行するのは、大変なことです。一方、利幅の薄い「そやフラワー」や「そやミール」をあえて商品化し売ることには、ケーキとは違うリスクもあります。
　「自分が考えて、生み出したものを、途中で放り出すことはできません。おからを捨てるなんてもったいないと、自ら言い出したのですから、中途半端はできません。もっともっと、浸透させたいのです」。
　お客様は、商品に心を感じ、その商品を支持することがあるのです。

㉗ おから100％ケーキに「4〜5日待ち」心が人を引きつける

事例28 コンビニ的戦略とサービスがマンションをブランド化

Point
♠ お客様が真に求める価値への「気づき」が成功の源。
♠ お客様相談室で「心のアフターサービス」を。

穴吹興産【マンションの企画・販売】
◆所在地(本社)／香川県高松市鍛冶屋町7-12
◆設　立／1964年
◆従業員数／186人
◆URL／http://www.anabuki.ne.jp/

♠ 人口減少という「逆風」

2004年の出生数は111万人。合計特殊出生率は1.29を記録しました。共に過去最低の数字です。年間の出生数よりも死亡数が多いという、人口の「自然減」も、2005年に初めて記録しました。

これは、住宅メーカーにとって、大きな逆風です。なぜなら住宅は、多くの人にとって「1人でいくつも所有することがない」性質のものだからです。

♠ スピードとCS重視の経営を

「おかげさまで、今年は"完成未契約物件ゼロ"で新しい期を迎えることができました」。

完成未契約物件ゼロとは、売れ残りナシ、すべて完売ということです。

言葉の主は、穴吹興産株式会社の穴吹忠嗣代表取締役社長。香川県高松市に本社を置き「地元中心の不動産事業による地域への貢献と密着」の姿勢を貫いてきました。

スピード重視の同社ですが、21世紀に入りその動きを活発化させています。例えば、2002年にCI（企業イメージ確立戦略）を実施し会社ロゴマークを変更。2006年6月には大証一部に上場するなど、まさに大躍進しています。

CS（顧客満足）については、2000年4月から本格稼動。具体的には、定期的な顧客不満足度調査や、全社的な小集団活動も、継続的に実施しています。

♠ マンションをブランド化

しかしこれらはすべて過程。"ブランド確立"への道筋であり手段だと、穴吹社長は説明します。

⓫「気づく心」で新商品を開発し業績向上を果たした事例

「同じ機能のバッグが数千円で売られているのに、何十万円もするエルメスを買う人がいます。それは、購入者が『エルメスをもつ自分』を素敵だと思い、そこに価値を感じているからです。当社は『穴吹のマンション』が、エルメス同様"機能だけ"ではない商品であること、価値を感じていただけるものであること、を目指しています」。

一定以上のシェアをもち、他社とは違う上質で独創的な商品があってこそブランドは成り立ちます。

それには「まず信用を獲得し、地域にとってなくてはならないオンリーワン企業になることです。そしてお客様の視点に立ち、穴吹興産のお客様が欲しいと思う商品を着実に提供していくことです」と、穴吹社長は考えました。

同社のCSは、ここに端を発しています。

♠ 常識を覆えす新商品が大ヒット

お客様の「欲しい」に応えた独創的な商品——抽象的な概念ですが、幸いなことに同社には、これを具象化したようなヒット商品がありました。これまでの価値観を覆えし、住環境より利便性を重視した低価格ブランド「アルファライフ・マンション」です。

「繁華街が近いなど、これまでファミリーマンションには向かないとされてきた土地を用い、販売管理費削減のため"発売3か月で売り切る"姿勢を徹底することで、全戸2,000万円以下の低価格を実現しました。これが、30代前半までの若手世帯や、単身者にヒットしたのです」。

従来の常識では、買う人はいないと判断するような立地。しかしそこに、それまで誰も気がつかなかった「ニーズ」があったのです。

♠「欲しいもの」の答えはお客様の中に

次はどこに狙いを定めるか。

同社ではプロジェクトを結成し、答えを求めてお客様に、徹底的に問い掛けました。例えば、アンケートは「検討したが買わなかった人」にも行って、不買の理由を聞いています。

その結果、お客様が考える「広さ」は、同社が考える広さより、各部屋1畳ほど大きいことが判明しました。

一方、主婦をモニターとし、5人ほどのグループで、徹底的なヒアリングも実施します。こちらは、アンケートでは取れない「生の声」の吸収が目的です。

更にマーケティングは、建設予定地の半径500メートル圏内に的を絞った"コンビニ的戦略"で実施。想定顧客をギリギリまで絞り込み、豊富な過去データの蓄積から近隣の賃貸居住者などを抽出して、そのウォンツを模索しました。

♠ 人のサービスがあってこそ

　商品はブランドの大切な要素です。しかしそこに、信頼される"人"と"サービス"がなければ、真のブランドの確立はありません。

　そこで同社では、建設部の管轄だった「アフターサービス部」を、各支店の直轄としました。「つくって」「売る」だけでなく、その後の継続的なサービスまで、支店の責任下に置いたのです。

　「お客様は営業社員に"あの人から買った"という感覚をおもちです。購入後のメンテナンスまで一貫して担当すれば、ご安心いただけるうえ、地域密着性もアップします」。

　穴吹社長はこうも考えます。

　「トップの考えは、営業現場に浸透・定着させることが何よりも大切です」。

そのため、こんな施策も実施しました。

　「当社では、毎年7月に全員参加のキックオフミーティングを開催し、『最優秀営業表彰』などを行います。そこに、お客様との関係強化を評価する『オーナーリレーションシップ表彰』と、お客様視点で行った改善・改革活動を評価する『優秀CS提案賞』を加えました」。

♠ お客様の「真の思い」を聞くお客様相談室

　この関係強化を別の角度から行っているのが、お客様相談室です。直通の専用フリーダイヤルを、パンフレットなど「お客様の目に触れるあらゆるところ」で公開しました。受付は、2000年7月の相談室開設を機に採用された額田朋子さんが担当しています。

　額田さんは、消費者窓口担当者同士の勉強会に参加するなどしてスキルを上げ、今では産業カウンセラーの資格も取得しました。常に「臨機応変な」「決して"たらい回し"にしない」対応を徹底しています。

　小集団活動では"電話が通じると同時に相手の購買履歴や電話履歴がパソコンに立ち上がるシステム"の導入を提案。これが採用されて、対応はさらにスムーズになりました。

　電話は受けるだけではありません。例えば、修理の依頼をしてきた人には、

２週間後に「修理時の対応はいかがでしたか？」と、確認とフォローの電話をします。昨年からは、購買顧客に電話して「住み心地」を聞き出すという、より難しく積極的な活動も開始しました。

お客様のことを真に思った対応は、電話の先のお客様に、自然と通じていくものです。不満で電話してきた人も、「いいたいことを聞いてもらい」「すっかり気持ちを晴らして」電話を切ることが少なくありません。

今ではお客様に「彼女のファン」がいるほどです。

♠真のお客様は誰か

お客様相談室が最初の１年間に受けた電話は700本。うち14％が"人"がらみのクレームでした。ところが2003年度のそれは、同1,400本のうちの４％。クレームは激減しました。

「クレームが減ったのは、CS浸透の成果だと思います。CSという共通語ができたために『それ、CSに反しない？』など、他部署との意見交換も活発になりました。また、お客様相談室という、支店とは別の顧客接点ができたことで、社員の気持ちも引き締まったようです」。

実は、同社のCSは、ある事件をきっかけに軌道修正をしています。購入後２年間に100回以上も電話をかけ、理不尽な要求を執拗にするお客様に社員が振り回されているのをみて、社長が毅然と判断を下したのです。

「つまり"真のお客様は誰か"ということです。CSにはコストがかかります。これを"ご紹介""口コミ"などの形で回収できなければ、企業の継続はありえません」。

穴吹社長は、はっきりいいます。

♠100年続くのれんを目指して

ブランドは、一級であり一流である証しです。つまり、品質などが、総体的に、ハイレベルで維持されているという「保証」です。

一方でブランドは、常に進化し続けなければ、お客様から支持されません。ブランドを維持するには、感激・感動を生み続ける努力が、どうしても必要です。

それには組織のDNAづくり、業績向上に関するトップの熱意、経営哲学、企業理念が明確でなくてはならないのです。

"100年続くのれん"を目指し、日々着実に前進している同社。その理由は、上記の３つのいずれもが備わっていることにあります。

㉘ コンビニ的戦略とサービスがマンションをブランド化

事例29 伝統工芸「津軽塗」をイタリアのブランド万年筆に

Point
- 伝統工芸復活のために「見学」の付加価値を提示。
- 「モダン」という新たな価値を発見、新製品の開発を。

田中屋【津軽塗の製造販売】
- 所在地／青森県弘前市一番町角
- 創　立／明治30年
- 従業員／正社員8人、パート等10人
- URL／http://www.jomon.ne.jp/~tanakaya/

♠ 伝統工芸にある「モダン」に着目

日本が誇る、美と技の粋、伝統工芸品。その1つ津軽塗は、青森県弘前を中心につくられてきた、わが国最北端の漆器です。

着物の小紋の柄のように粋な「七子塗（ななこぬり）」、つや消しの黒地が渋くモダンな「紋紗塗（もんしゃぬり）」。こうした様々な手法による柄が、現代に通ずる普遍性をもっています。

このことに着目し、自由な発想で商品化。伝統に縛られず、あぐらをかかず、自ら顧客に近づいて「伝統工芸品に新たな息吹を注いだ」老舗が頑張っています。

♠ 激減する伝統工芸

織物、陶磁器、和紙、人形、木工品……伝統工芸品は、日本各地に伝わっています。しかし、その存続は容易ではありません。

実際、経済産業大臣が指定する「伝統工芸品」の数は、この20年間で半分になったといいます。主な原因は廃業です。

青森県に伝わる津軽塗も、そんな伝統工芸品の1つです。

津軽塗は、いろいろな色の漆を塗り重ね、研ぎ出して、抽象的な文様を描く「変塗（かわりぬり）」。「変塗」は、粋でありモダンさを備えたところが魅力の半面、蒔絵や沈金で黒や朱の地に文様を描く輪島塗などと違って、正式なお茶席等で使われることはありません。つまり需要のほとんどが家庭用か贈答用というわけです。

「これが厳しい状況に拍車をかけているんです」

弘前で明治30年に創業した、津軽塗りの製造販売の「田中屋」4代目・田中久元代表取締役社長は、こう話します。

♠ 鍵を握るのは "本物" であること

　田中社長が東京から地元に戻った20数年前には、まだ「お膳を10組そろえておく家庭があった」といいます。当時は高度成長期で消費も拡大の一途であり、地位の高い人への贈り物は「漆の硯箱」が定番の１つでした。一方、街には、まだまだげた履きで歩く人もいました。

　このいずれもが、今はもう全滅です。

　といって、手をこまぬいてはいられません。老舗の伝統は重く、職人には生活があるからです。

　「お客様に、振り向いてもらうには、いったいどうすればいいのだろう。津軽塗りに魅力を感じてもらうには、製造元としてどんな工夫をすればいいのだろう」。

　漆塗り風のお椀なら、100円ショップでも買える今、鍵となるのは "本物" ということ。──こう考えた田中社長は、工房の公開を決意します。

♠ 工房の公開を決意

　津軽塗は、50もの工程を経て完成します。進むのは、１日たった１工程。２か月かけて、ようやく商品になるのです。

　これこそが、"本物" の "本物" たるゆえんです。そこで田中社長は、「地元の人でさえよく知らない」この現実を、まずはお客様の目で見てもらうことだと考えました。

　しかしそこには、職人の協力が不可欠でした。ガラス越しとはいえ、衆目にさらされる作業が職人にとって、大きな負担になるのは確実だったからです。

　工房の公開について「どうだろうか」と不安げに社長は打診します。ところが職人は、一様に協力的でした。30年以上のキャリアをもつベテランでさえ、不満を見せなかったのは、田中社長にとって「意外」以外の何ものでもありませんでした。

　そればかりか、公開を機に一気に増えたテレビや観光ガイドブックなどの取材は、逆に職人の励みになったといいます。常に工房にこもりきりだった職人に、華やかなスポットがにわかに当たったのでした。

♠ 津軽塗を万年筆に

　津軽塗りは、箸なら１膳1,300円程度からあり、観光土産にも人気です。しかしそれだけでは、経営していくことは困難です。

「もっと付加価値の高い商品ができないだろうか」。

そう考えた田中社長がアプローチしたのが、万年筆のトップメーカー・アウロラ社でした。

アウロラ社といえば、常に機能とデザインを調和させ、「１本120万円、世界限定99本」などファン垂ぜんの品を世に出し続ける、イタリアの老舗です。その万年筆の、軸の素材に、もし津軽塗りが採用されたなら……大変な高付加価値商品となることが確実でした。

「漆の手触りの良さは、万年筆にぴったりだと思いました。しかも津軽塗の抽象的な柄は、伝統的でありながら、実はとってもモダンです。この融合を、どうしても実現させたいと思ったのです」。

田中社長が最初に打診したのは1999年。相手は興味こそ示しましたが、何しろ超一流のブランドメーカーです。何度軸を試作して送っても、そこにOKの返事は出ませんでした。

そこで、とうとう田中社長は、アウロラ社の製品を可能な限り分解し、まるで完成品のごとき試作品をつくって送りました。

「OKが出たときは本当にうれしかったですね」。

ここまで、実に丸３年。最初にファックスで打診したとき、Ａ４サイズ１枚を送るのに260円かかった通信費が、途中で120円になり、最後はＥメールで10円になったとき、ここまでの月日を実感したといいます。

♠ 万年筆ファン以外のお客様に

アウロラ・ブランドの津軽塗万年筆は、塗りの種類によって４万7,250円と５万7,750円。これを計600本生産し、うち300本は欧米に輸出しました。同じ漆でも蒔絵や螺鈿（らでん）と違い、堅牢であり実用に向く品ではありますが、やはりこれは、万年筆ファンのための商品です。

「一部のファンのためだけでない、一般の人も買いたくなるような、同様の高付加価値商品ができないだろうか」。

工場でロボットが自動生産するのではない。シンとした工房で、職人が漆を何度も何度も塗り重ね、研ぎ出して、そしてようやく完成する津軽塗。この美しさ、この質感、このぜいたくさが、現代に生きる場が、万年筆のほかにもあるはずに違いない――こう考える田中社長には、津軽塗りへの想いがあふれます。

だからこそ、より多くの人に必要な商品として、世に送り出したいと思うのです。

♠ 本ものの良さを伝えるために

　同じ人でも、対象によって、2つの価値観をもつことは普通です。

　つまり、「安くなければ購入しない」と思うものもあれば、「価値あるモノなら高くても買う」と思うものもあるわけです。

　例えば、本当においしいものならガソリン代や宅急便費用を払い、そのほうが商品より高くついても、あえて産地から取り寄せて購入することがあります。一方で同じ人が「会社で仕事をしているときに、1人で食べるランチは○○円以下」と決めていたりするのです。要は、こだわりの問題です。

　人が何かにこだわるとき、そこには条件があります。それは、「本物の良さがわかる」こと。本物をつくる人は、それが本物であり、いかにすばらしいかということを、消費者に発信していかなければなりません。

　でなければ、一般の消費者は、そのものの良さはもとより、そのモノ自体の存在すら、知ることができなかったりするからです。

　例えば、栃木県の益子焼・笠間焼は、陶器市を開催することで、新たなお客様づくりに成功しました。陶器市というイベントによって、陶器に縁遠かった人たちにその良さを知ってもらい、日常生活の中で本物を雑器として使用してもらうことを、実現したのです。

♠ ブランドは宝物

　「1,000円、下手をすれば500円でも腕時計が買える時代に、なぜ人は何十万円もするロレックスを買うのでしょうか。なぜ、そんな買い物を『バカみたい』といわずに『えー、いいなあ！』と称賛するのでしょうか。

　それは、ロレックスに価値を感じる人にとって、ロレックスが宝物だからです。そんな"宝物"を舞台に、もっと津軽塗の魅力を伝えたい。津軽塗の持つ普遍性、現代性、世界性が生きる宝物、第二の万年筆を探すのが、目下の私の課題です」。

　まるで下りのエスカレーターを一生懸命上り続けているようだ、と田中社長は笑います。一方で「何かあるはず」とも信じています。

　この粘り強さ、職人など「守るべき」社員との協力と、何よりも津軽塗への愛情が、同社を苦しい環境下に生かしています。

　経済産業省指定の伝統工芸品が、相次ぐ廃業で激減する中、売上は年間1億5,000万円を死守しています。

㉙ 伝統工芸「津軽塗」をイタリアのブランド万年筆に

事例30 生徒の人間性を育て「第一志望校合格率100％」の塾に

Point
♠ 日本一の塾激戦地にありながら「空席待ち」が出る人気。
♠ 「人として」の成長と、「成績アップ」の両方を確実に実現。

新学フォーラム【学習塾】
◆所在地(本部)／千葉県船橋市前原東1-5-1
◆設　立／1994年
◆従業員／正社員5人、パート等／5人
◆URL／http://www.shingakuforum.com/

♠ 子をもつ教師が「こぞって通わせる」理由

「新学フォーラム」。日本一の塾激戦地とされる千葉県船橋市の津田沼駅近くにありながら、空席待ちが出る学習塾です。

親が学校教師である子ども、つまり子どもの教育のプロであり、塾に対してはとりわけ厳しい目をもつ親の子どもが、数多く通う塾として知られます。また、そんなうわさを聞きつけた親が、わざわざ遠くから電車に乗せてまで、子どもを通わせる塾でもあります。

しかし少子化が進む今、学習塾の経営環境は、年々厳しくなっているのが実際です。しかも「日本一の塾激戦地」といわれるだけに、塾同士の生徒の奪い合いは激しく、広告チラシの配布合戦が繰り広げられている状態です。

そんな中新学フォーラムは、なぜ空席待ちが出るほど人気なのでしょうか。

理由は明解。「ここに通えば合格できる」。究極的には、この1点です。

例えば、2002年春には「生徒の第1志望校合格率100％」を達成、その後もこれに準じる数字を上げ続けます。

つまり新学フォーラムは、子どもを塾に通わせる親の究極の願いであり目的をきっちり実現させることで、高い満足を提供しているのです。

♠ トップ営業マンから窓際族へ

そんな同塾を主宰する西口正さんは、もともと教育業界にいた人ではありませんでした。それどころか全くの異分野である大手損害保険会社出身であり、現役バリバリの頃は「社内で常にベストテン内に入る営業成績をあげ続けた」まさに、トップ営業マンでした。

ところが、あるとき体をこわし、営業の第一線から退きます。身銭を切って社業に明け暮れ、誰もがうらやむ数字をあげる「花形スター」から一転、

毎日定時に仕事が終わる「窓際族」へ。失意のなか西口さんは、ナポレオン・ヒルなどいわゆる成功哲学の本を読み漁ります。

そんな折、中学生のお嬢さんが受験期を迎えました。娘の将来を思う親として「娘に合った塾を」一生懸命探しますが、期待に応えてくれる塾はみつかりません。そしてこう考えます。

「親の希望にかなう塾がないならば、自分で立ち上げればいいではないか」
「自分同様、既存の塾に満足しない親のニーズは、きっと高いはず」。

当時51歳。1,000万円以上あった年収を捨て、塾の経営で独立しました。

♠既存の概念を振り払う

そんな思いが出発点だからこそ、塾の目標は「子をもつ親と、子ども本人の望みを、徹底してかなえる」こと。つまり、通い続けることによって、どの子も「勉強がわかるようになり」「勉強が楽しくなり」「成績が良くなって」「希望の学校を受験し合格できる」ようになることです。

「これは、簡単なことではありません。子どもは一人ひとり違います。また、従来の『詰込み教育方式』では実現できないことも明らかでした。なぜならどれだけ有名だったり、規模が大きな塾であっても『どの子も勉強がわかるようになり、勉強が楽しくなり、成績が良くなって、希望の学校を受験し合格できる』結果を、出せてはいなかったからです。少なくとも、私が探した限りでは、存在しませんでした」。

では、どうするか。西口さんは、いわゆる「学習塾」の概念を、まずは徹底的に振り払います。そして、過去の人生経験をもとに、まったく一から「効果的な勉強の仕方とは何か」を考え、構築していきました。

♠具体的な学習計画を生徒本人に立てさせる

そうして出てきた効率的な勉強の仕方。それは「子どもに合格という『目標』を明確に意識させ、自ら『学習計画』を立てさせて、それを『実行』することを、徹底して行うこと」だと西口さん。これが、新学フォーラムの学習方法の軸となっています。

え？　たったこれだけ？　これくらいは定期試験の前などにも、多くの生徒がやっているのでは——そう感じる人も多いでしょう。しかし新学フォーラムの「学習計画」は、いわゆる普通の「学習計画」とは違います。そこに、徹底的に"具体性"を求めるからです。

「実際には学習計画は、1人の生徒が年に4回、自分で書いて作成します。

1学期、2学期、3学期、そして夏休みです。その計画に、私どもでは、一切の"あいまい"を許しません。

例えば、ここに当塾に通っている中学3年生の、3学期の学習計画がありますが……目標は"1日2時間勉強し、復習を忘れない"となっていますね。

そして、目標達成のための毎日の課題は『①漢字を3つ覚える、②英単語を3つ覚える、③計算を3問解く、④英語の教科書を音読する（2回）』となっています。つまり、必ず数字を入れて、具体的に書かせるのです。"漢字を覚える"と"漢字を3つ覚える"では、1か月後の成果に、雲泥の差が出ます」。

♠コミュニケーションを大切に「人間性」を育んで

合格率が高い理由は、もう1つあります。それは、親と子と塾の対話です。3者の密接なコミュニケーションです。

例えば、学習計画は、子どもが自ら立てますが、「勝手に立てさせている」わけではありません。講師のサポートのもと、親と子が話合いながら、毎回約1時間半かけて、じっくり作成していきます。

授業も講師1人に対して、生徒2～3人という、個別指導です。通常の授業以外に、泊りがけで勉強する"合宿"も実施します。

更にユニークなのが、生徒を裁判所や国会議事堂などに連れていく"社会科見学"。そして餅つき大会や短期留学生交歓会といった"行事"です。これらは、合わせて1年に10回近くも実施します。

「こうした行事では、無反応、無表情といわれる現代っ子の顔が変わるのが、手に取るようにわかります」と西口さん。子どもたちが心から楽しんでいるのです。

「新学フォーラムの基本姿勢は『対話重視型教育』です。まずは生徒と講師がお互いを理解しあう。生徒が講師に心を開いてくれなければ、効果的な学習は見込めないと考えます」。

そして、講師とのコミュニケーションを通じて、生徒が「多くの情報から自分に必要だったり大切なものをより分ける判断力や思考力、問題解決"脳"力を養い」「人間性あふれる大人に成長する」ことを、目標としているのです。

♠小さな成功体験の積み重ねを

「当塾のやり方は、とても手間がかかります」と西口さん。

手間がかかるということは、コストがかかるということです。それでもあえて、このやり方を続けるのは「今の子どもにある精神的な弱さ、例えば受験を数日後に控えると、一様に自信を失ってしまうことを、何とか克服させたかったから」だと西口さんは話します。
　どんなに努力してきても、受験の場合、合否を決める試験当日に実力発揮できなければ、努力の意味がないからです。
　「実は、ここで役に立ったのが、私が損保会社の"窓際族"時代にどっぷりはまった成功哲学でした。『自信をもつには、小さな成功体験の積み重ねが効果的』なわけですが、これを子どもに、体感させてあげたかったのです。つまり、それが具体的な目標を子どもに自分で設定させ、着実にクリアさせることでした。
　なお、具体的な目標を立てさせる際には、私が自分で開発したオリジナルの学習計画表などシートやツールを使います。これらの開発においては、トップ営業マン時代に自らつくった"目標達成シート"や"日報"のノウハウを、存分に活かすことができました」。

♠ 成功するまでやり抜く
　そんな西口さんが、生徒にいい続けていることがあります。それが「成功するまでやり抜く」です。
　「道半ばであきらめれば失敗ですが、時間をかけてもやり遂げれば"成功体験"になるのです。そして、どんな大きな目標でも達成できる方法があります。それは、決まったことを決まった時間に決まった場所で毎日着実に実行することです」。
　西口さんは自らの人生を振り返り、こう話します。
　実は、西口さん自身、10年前から"実行"し続けていることがあります。それは、同じ本を毎朝朝食前に１項目・十数ページ程度音読し、翌朝続きの十数ページをまた読んで、終わったらもう一度１ページ目から読み始める、ということです。
　「今では本は６冊です。一番古い本は、すでに200回以上読みました。それでも毎回発見があり"内容の理解"という目標に近づいているのを感じます」。
　実は、起業直後に阪神大震災に見舞われて、一時は数億円の負債も経験している西口さん。今の姿は、まさに絶望・どん底からの復活であり、「成功するまでやり抜いた」結果です。いうことなすこと「すべて本物」だからこそ、子どもは成長し、生徒が集まってくるのです。

著者略歴

武田　哲男（たけだ・てつお）

㈱服部時計店（現・セイコー）入社・姉妹会社の銀座・和光勤務。約10年間勤務後退職。ビッグプロジェクト参加以降中小企業の役員を経て武田商品研究所設立。その後現在の社名に変更。和光勤務時代から一貫してサービス・サービスマネジメント・CS（顧客満足）に取り組み「業績＝顧客の支持率」を達成するコンサルティングに成果を上げている。「顧客『不』満足度調査」、「気づき」「創造性」を生むVCG（バリューチェーン・ゲーム）は、同社が独自に開発した手法で広く企業に採用されている。
——顧客・サービス研究所——㈱武田マネジメントシステムズ代表取締役。
著書：「完全版・顧客不満足度のつかみ方」「顧客離れを防ぐ営業戦略」PHP研究所「よくわかるCSのすすめ方」日本能率協会マネジメントセンターほか多数。

平田　未緒（ひらた・みお）

1968年東京生まれ。早稲田大学第二文学部社会学科美術専修卒業。編集プロダクション２社を経て、1996年に総合求人広告企業株式会社アイデムに入社。情報企画部（現：人と仕事研究所）人事マネジメント情報誌『Ring』編集部に配属。2000年４月に人事マネジメント情報誌『MOVE』を創刊し編集長。2005年４月に人とマネジメントWeb情報誌『現場イズム』を創刊。
現在、同編集長。
著書に『パートのやる気を120％活かす法』（ダイヤモンド社）があるほか、「パート・アルバイト活用Q&A」（労務事情＜産労総合研究所＞）、「具体例に学ぶパート・アルバイトの戦力化・活性化策」（労政時報別冊／パートタイマー・契約社員管理の実務＜労務行政研究所＞）など執筆多数。

「気配り経営力」が業績を伸ばす！

2006年8月23日　発行

著　者	武田　哲男	ⓒ Tetsuo Takeda
	平田　未緒	ⓒ Mio Hirata

発行人　森　忠順

発行所　株式会社セルバ出版
　　　　〒113-0034
　　　　東京都文京区湯島１丁目12番６号高関ビル３Ａ
　　　　☎ 03（5812）1178　FAX 03（5812）1188
　　　　http://www.seluba.co.jp/

発　売　株式会社創英社／三省堂書店
　　　　〒101-0051
　　　　東京都千代田区神田神保町１丁目１番地
　　　　☎ 03（3291）2295　FAX 03（3292）7687

印刷・製本所　中和印刷株式会社

● 乱丁・落丁の場合はお取り替えいたします。著作権法により無断転載、複製は禁止されています。

● 本書の内容に関する質問はFAXでお願いします。

Printed in JAPAN
ISBN4-901380-55-9